Carl Ludwig von Haller

Geheime Geschichte der Rastadter Friedensverhandlungen in Verbindung mit den Staatsha?ndeln dieser Zeit : Nebst den wichtigsten Urkunden

Carl Ludwig von Haller

Geheime Geschichte der Rastadter Friedensverhandlungen in Verbindung mit den Staatsha?ndeln dieser Zeit : Nebst den wichtigsten Urkunden

ISBN/EAN: 9783741170997

Hergestellt in Europa, USA, Kanada, Australien, Japan

Cover: Foto ©Andreas Hilbeck / pixelio.de

Manufactured and distributed by brebook publishing software (www.brebook.com)

Carl Ludwig von Haller

Geheime Geschichte der Rastadter Friedensverhandlungen in Verbindung mit den Staatsha?ndeln dieser Zeit : Nebst den wichtigsten Urkunden

Achter Abschnitt.

Vorzüglich merkwürdige Eingaben einzelner Reichs = Stände und Reichs = Angehörigen bey der Deputation.

1. Circulairschreiben des Churpfälzischen Hofes an alle geistliche und altfürstliche Stände. dd. München, den 27. Jan. 1798.

Frankreichs Absichten, die Reichslande des linken Rhein-Ufers mit ihrer Republik zu vereinigen, und derselben Besitz mit Gewalt zu behaupten, wovon das Gerücht bis jetzt nur auf allgemeine Muthmassungen, die vielleicht absichtlich unter das Publikum ausgestreuet worden, beruhte, scheinen, nach den uns zugekommenen officiellen Nachrichten, sich nun, nach den zu Rastadt ausgewechselten Vollmachten zwischen der Reichs-Deputation und den französischen Gesandten, deutlicher zu enthüllen, und lassen uns befürchten, daß dieser für die Constitution des deutschen Reichs, und seine auf dem linken Rhein-Ufer possessionirten Stände gleich bedeutende Schlag seiner Ausführung sehr nahe sey, indem die bey dem Friedens-Congreß sich befindenden Minister der französischen Republik eine hierauf abzielende Erklärung gemacht haben.

Welche nicht zu berechnende Folgen die Ausführung dieses Vorhabens für ganz Deutschland haben würde, kann den tiefen Einsichten Ew. Liebden nicht entgehen; und wir enthalten uns daher auch einer ausführlichern Schilderung davon, da Ew. Liebden, so wie wir, den

Werth dieser überrheinischen Besitzungen kennen, und dieser empfindliche Schlag, der mit der gänzlichen Zerrüttung der deutschen Staatsverfassung auch sicher die äusserste Zurücksetzung jener hieran betheiligten Ständen mit sich führen wird, die aus dem Verlust solcher ansehnlicher Landesstrecken und der damit verbundenen beträchtlichen Gefäll- und Einkünften entstehen muß, wogegen eine gleichhaltige und hinreichende Entschädigung den erlittenen Verlust zu decken kaum denkbar, und eine sonstige auf keinen Fall anders, als durch Secularisation oder Hinwegnahme minder ansehnlicher Reichslande auf dem rechten Rhein-Ufer, welches immer Deutschlands Verfassung zusammenstürzen wird, zur Ausführung gebracht werden kann.

Diesem weitumgreifenden allgemeinen Uebel, bey der Ohnmacht, worinn das deutsche Reich im Verhältnis mit Frankreich sich unter den gegenwärtigen Umständen befindet, Schranken zu setzen, giebt es, unserer Meynung nach, nur ein wirksames Mittel, nämlich: Eine enge Verbindung unter Deutschlands Ständen zu bilden, und eine übereinstimmende, standhafte Sprache zu führen; dann auch die Unterstützung Sr. K. K. Majestät als Oberhaupt und Beschützer des Reichs, so wie der übrigen mächtigen Reichs-Angehörigen und auswärtigen Fürsten, in dieser drückenden Verlegenheit nachzusuchen.

Wir haben dieses uns möglich scheinende Mittel bereits ergriffen, und an Se. Kais. Königl. auch Kaiserl. Russische, so wie an des Königs von England und Preussen Majestäten, hiernach geeignete Ersuchungs-Schreiben unverzüglich ablaufen lassen, wovon wir Ew. Liebden, so wie wir es auch den übrigen Churfürsten und Fürsten des Reichs, die hieran, so wie wir, betheilige find, mitgetheilt haben, die vertrauliche Eröfnung hiermit machen, und dieselbe zu ähnlichen Fürschritten und einverständlichem Benehmen, dann gefälliger Bekanntmachung Dero hierüber seyenden Meynung auffordern.

Wir erwarten von dieser unserer Verfügung einen gedeihlichen Erfolg, und verbleiben in solcher Zuversicht Ew. Liebden zu angenehmer Dienstweisung wohl beygethan.

2. Erklärung über vorstehendes Schreiben.

Ganz Deutschland war über die von den französischen Ministern in Rastadt eröfnete erste Friedens-Proposition bestürzt, und der Churfürst von Pfalzbayern sah in der vorgeschlagenen Basis des Reichsfriedens die Grundlage seiner Zernichtung. In dieser schreckbaren Ahndung, und aufgefordert von dem Gefühle der Pflicht für sein hohes Churhaus, für seine Erbstaaten, für seine braven Unterthanen, beschloß er, den Kaiser als das Oberhaupt des deutschen Reichs, Rußland, als eine die Erhaltung des Pfalzbaierschen Hauses garantirende Macht, Preussen und England in ihrer hohen Reichsständischen Eigenschaft, und die sämtlichen Chur- und Reichsfürstlichen Höfe, als seine Mitstände, zur gemeinsamen Berathung und constitutioneller Einwirkung in einer das ganze Reich betreffenden so wichtigen Angelegenheit aufzufordern. Dieses geschah, mittelst derjenigen Schreiben, welche in ihrem buchstäblichen Innhalt der Oeffentlichkeit übergeben werden können; es geschah in dem Zeitpunkte, wo der Besitzstand des ganzen linken Rheinufers schon durch die That feindlicher Occupation aufhörte, die förmliche Friedenschlußmäsige Abtretung gefordert wurde, und wo das bedrängte deutsche Reich in dem wehrlosesten Stande, worinn es sich je befand, seine Gränzen bis auf 70. Stunden weit entblößt, und durch eine, in der Geschichte beyspiellose Vereinigung der sonderbarsten widrigen Verhältnisse ohne mindeste Vertheidigung sich allein überlassen sehen mußte. Der Schritt, den der Churfürst von Baiern übernahm, und den jeder der betheiligten Reichsstände unternehmen konnte, war nicht außer dem constitutionellen Gange; er war ganz in dem Geiste des Verbandes, welcher die Mitglieder des deutschen Staatskörpers, zur Berathung mit ihrem Oberhaupte, und unter sich berechtigt, und zur wechselseitigen treuen Hülfsleistung vereiniget, da, wo nicht nur die Existenz der Einzelnen, sondern die Erhaltung des Ganzen mehr als Gefahr läuft. Nach dem Verstande dieser gesetzlichen Vereinigung heißt Hülfe fordern, nicht Coalition stiften wollen. Wie könnte nun die Vermuthung eintreten, daß der Churfürst von Pfalzbaiern, dem die Erfahrung einer 50jährigen Regierung zur Seite stehet, je den Entwurf einer Coalition zu machen fähig sey, in welche das Interesse der höhern Mächte nicht einstimmen wird? Und auch in dem Falle, daß die Politik mächtigerer Höfe die Fortsetzung des Kriegs wünschen könnte, so würde man sicher nicht den Rath und Vorschlag des Churfürsten von Pfalzbaiern abgewartet haben, um die Verbindung zu einem feindseligen Angrif zu erneuern. Also nur eine absichtliche Auslegung, welche weder auf den Ausdruck Coalition, noch auf eine entfernte Deutung dieses Worts mit Unbefangenheit sich gründen kann, wagt es, den gehässigen Vorwurf von feindseligen Verabredungen einem Fürsten aufzubürden, der vor dem Ausbruche und während des ganzen Laufs des in allen seinen Wirkungen verheerenden Krieges die friedliche Stimme geführt; von dem man mit dem Zeugnisse des ganzen deutschen Reichs, selbst die Franzosen läugnen es nicht, sagen muß, daß er dem unglücklichen Beschlusse des Reichskriegs öffentlich und standhaft widersprochen, und bey den im Jahre 1795. gepflogenen Reichstags-Deliberationen über die Fortdauer oder Endigung des Kriegs, der Erste für die Zurückkehr des Friedens laut gestimmt habe.

Wer unter den Fürsten des Reichs hat bis jetzt seine Anhänglichkeit an deutsche Verfassung, seine Treue gegen das gemeinsame Vaterland, seine Aufopferungen zu diesem Zwecke, in allem Sinne mehr und stärker, als eben dieser Fürst bethätigt, dem die Verläumdung nun zur Schuld anrechnen will, einen Schritt gethan zu haben, der von dem ersten Gesetz der Selbsterhaltung vorgezeichnet ist. Kein Reichsstand ist bey der Abtretung des linken Rhein-Ufers mehr und wesentlicher betheiliget, als der Churfürst von Pfalzbaiern; seine dortigen Besitzungen betragen die Hälfte des abzutretenden ganzen Theils. Mit diesem Verluste drohet ihm Gefahr für seine politische Existenz; zwey der schönsten Provinzen sollen aus dem alten Bunde seiner Erbstaaten auf immer losgerissen werden. Kein Pfalzgraf kann und wird bey diesem Vorbild der Zernichtung gleichgültig bleiben. Der Churfürst von Pfalzbaiern durfte und konnte nicht in eine, seinem Hause so nachtheilige Verausserung geradezu willigen, ohne sich dem Vorwurf der spätesten Nachkommenschaft auszusetzen, und jede eilfertige Erklärung über die wichtigste Ereignis, welche Er leider überleben muß, würde das verdammende Urtheil der Geschichte dann gegen ihn begründet haben. Der Churfürst von Pfalzbaiern betrachtet seinen Verlust in dem drohendsten Gesichtspunkte. Ihm ist jede auf die gemeinsame Wohlfahrt seiner Mitstände wirkende Begebenheit, der Grund wichtigerer Besorgnisse; noch jezt bekümmert Ihn das Schicksal der von allen Seiten bedrängten Vaterlandes. Die Trennung aber von so vielen hundert tausenden seiner alten, treuen, schätzbaren Unterthanen, die nun in fremde Gewalt übergehen sollen, kann Er nicht ohne Wehmuth denken. Fünfzigjährige Beweise von Ihren treuen gutherzigen Gesinnungen, müssen wohl den Wunsch der Dankbarkeit, solche brave Unterthanen zu behalten, über alle andere eigennützige Betrachtungen erheben. Dieses Regenten- und Pflichtgefühl war es, welches den Churfürsten von Pfalzbaiern aufforderte, das lezte Rettungsmittel, das Ihm die constitutionelle Hülfeleistung anboth, anzurufen. Er war es der Erhaltung seines Hauses, der Sicherheit aller seiner Erbstaaten, seiner Würde, und, mehr als all' diesem, seinem patriotischen Gefühle schuldig nichts unversucht zu lassen, was nach seinen Verhältnissen zu dem deutschen Reiche noch möglich schiene, eine günstigere Wendung durch mehr vereinte Friedens-Unterhandlungen für das gesammte deutsche Vaterland hervorzubringen. In dieser heilsamen Absicht unternahm der Churfürst von Pfalzbaiern, den Kaiser, als des deutschen Reichs Oberhaupt, und übrige Fürsten und Stände noch einmal anzurufen, zur gemeinsamen und nur auf friedliche Handlungen zielenden Berathung. Diese constitutionelle Vereinigung war nicht gegen Frankreich gerichtet, vielmehr bezweckte sie eine wirksame Verwendung bey Frankreich; sie sollte das erste Mittel werden, um sich denjenigen, womit man um des Friedens willen unterhandelt, leichter und freundschaftlicher zu nähern, und um jene Grundsätze, welche die Staatsklugheit der französischen Regierung in Bezug auf das deutsche Reich, so lange und mit beherrlicher Anstrengung ihrer Kräfte beschäftiget hat, auch jetzt zu ihrem eigenen Vortheil, und zugleich zur Erhaltung Deutschlands Interesse, desto freyer entwickeln zu können, als die Sicherheit der deutschen Reichsstände in ihrer politischen Existenz die Größe der französischen Republik unter keinem Gesichtspunkt schwächen kann. Das Urtheil der Vernunft spreche nun aus, ob die Anrufung einer, zu allen Zeiten constitutionell erkannten Hülfe, dem verheerenden Unternehmen neuer Coalition nur gleich geachtet werden könne? Dem unpartheyischen und einzig unfehlbaren Gerichte der Nachwelt, kann man die Entscheidung einer reinen Thatsache überlassen, worüber Verläumdung und Ungunst eine Anklage zu verbreiten, sich nicht schämen.

3. Memoire, pour les membres de la noblesse immédiate d'Empire, nés sous la souveraineté de France, qui ont été inscrits contre le droit des gens et même contre les termes les plus précis des décrets de l'assemblée nationale de France, sur la liste des émigrés François. 1796.

§. I.

Les trois cercles Equestres de l'Empire, formant le Corps de la Noblesse Immédiate, ont été maintenus ainsi que les individus, qui les composent, dans leur existence politique, leurs privileges et leurs propriétés, lors de la paix de Westphalie, par toutes les puissances garantes de ce traité et notament par la France; les recés de l'Empire et les capitulations Imperiales jusqu'aujourd'hui inclusivement, maintiennent egalement leur existence politique.

§. II.

L'Amnistie et la réstitution reciproque des propriétés particulieres de deux peuples, qui ont été en guerre, ont toujours été un des premiers articles des traités de paix; sans cela lorsque la guerre finiroit entre les Gouvernemens, elle commenceroit entre les sujets spoliés l'un par l'autre, et toute communication ainsi que tout commerce seroit impossible. Cette vérité eternelle n'a pas été méconnuë de nos jours, puisque dans les traités, que la France vient de faire avec les rois de Prusse, d'Espagne, de Sardaigne, le Landgrave de Hessen-Cassel etc. la restitution des propriétés en fait toujours un des principaux Articles. (1.) *)

§. III.

Les membres de trois cercles equestres d'Empire peuvent donc en qualité d'Allemands, reclamer la restitution de leurs propriétés en France, en vertu de l'amnistie générale, qui fera nécessairement partie du traité de paix à conclure, et doivent être traités à l'instar des Princes et Etats d'Empire possessionés en France conformément à la paix de Westphalie et à la Constitution Germanique.

§. IV.

Parmi les membres des cercles Equestres d'Empire plusieurs sont nés sous la souveraineté de France; ils ont néanmoins constament joui de la qualité de citoyens mixtes de France et de citoyens immédiats d'Empire, jusqu'au 6. Aout 1791. Cette double qualité, qui ne leur a jamais été contestée, et dont

*) Voyés à la fin les pièces justificatives.

ils jouïssoient en vertu du droit, qu'ils en avoient conservé lors de la soumission de leurs provinces respectives à la France, a encore en dernier lieu été solemnellement reconnuë par le traité d'abolition du droit d'Aubaine, fait entre la France et les trois Cercles Equestres de l'Empire, du mois de Février 1769. (2.)

§. V.

Le serment de fidélité, que les membres des Cercles Equestres d'Empire, nés sous la souveraineté de France, aussi bien que leurs confreres nés en Allemagne, prétent à S. M. Impériale et à l'Empire, lors de leur réception ou admission au droit de suffrage, est une reconnoissance autentique de cette double qualité, et une véritable naturalisation, qui se renouvelle de génération en génération.

§. VI.

C'est en vertu de ce serment, qui naturalisoit formellement Allemands. les membres des Cercles Equestres de l'Empire, nés sous la souveraineté de France, ou qui les empêchoit de cesser de l'être, qu'ils exerçoient simultanément sous les deux dominations les droits, qui leurs compétoient, et y occupoient toute espece d'emplois civils et militaires; témoins entre autres les Barons de *Wurmser*, de *Neuenstein* et de *Bodeck*; tous les trois successivement Conseillers de S. M. Impériale et Directeurs de la Noblesse immédiate d'Empire du District de l'Ortenau, dont le premier étoit en même tems Lieutenant Général au service de France, le second Stettmeistre du Magistrat noble de la ville de Strasbourg, et le troisième l'un des Directeurs au Directoire de la Noblesse immédiate de la basse Alsace, breveté à cet effet par le Roi de France.

§. VII.

Tel fut, sans interruption, l'etat civil et politique des membres des cercles equestres d'Empire, nés sous la souveraineté de France, jusqu'au 6. Aout 1791, epoque du Décret d'abolition des ordres de Chevalerie, qui, aussi bien que la Constitution de la même année, a dépouillé ces mêmes membres de leur qualité de François, s'ils ne renonçoient à celle d'Allemands.

§. VIII.

C'étoit le moment de la dissolution de la monarchie; toutes les loix particulieres de la France étoient abrogées par l'Assemblée nationale, qui réunissoit en elle tous les pouvoirs de la nation Françoise; il ne restoit, que les traités faits avec les puissances étrangeres, qu'elle ne pouvoit pas revoquer de sa seule autorité. Or on a vû §. IV. V. et VI., que plusieurs nobles, sujets de la France, étoient en même tems membres des cercles equestres d'Empire, et en cette qualité citoyens mixtes de France et d'Allemagne; la paix entre la France et l'Empire subsistoit encore; l'Assemblée nationale ne voulant donc plus de citoyens mixtes, et ne pouvant pas, sans violer en pleine paix le droit des gens et les traités, contraindre les membres des cercles equestres d'Empire nés sous la souveraineté de la France, à renoncer à la qualité d'Allemands, dont jusqu'alors ils avoient joui simultanément avec celle de sujets du Roi, comme le prouvent les lettres d'abolition du droit d'Aubaine citées plus haut (§. IV.), elle ne put, que leur offrir l'option entre ces deux qualités; et c'est aussi ce qu'elle fit par l'Article 4. du Décret d'abolition des ordres de Chevalerie du 6. Aout 1791. et le Titre 2. Art. 6. de la Constitution de la même année. (3.)

§. IX.

Il est d'ailleurs impossible à la France, de contester aux autres nations de l'Europe le droit de naturaliser chez elles des etrangers, puisqu'elle même se l'est reconnu par ses constitutions de 1791. 1793. et 1795. (4.), et quand on voudroit supposer une prétention aussi contraire au droit des gens, et à la réciprocité de droits, qui doit subsister entre des peuples indépendans, on seroit du moins obligé de convenir, que les membres des cercles equestres de l'Empire, nés sous la souveraineté de France, ayant été dépouillés en pleine paix de leur qualité mixte de François par le Décret d'abolition des ordres de Chevalerie et la Constitution de 1791, il ne peut relativement à eux rester aucun doute, qu'à dater de cette epoque, ils sont devenus purement Allemands, l'Assemblée nationale, en vertu des deux Loix ci-dessus, ayant pleinement abdiqué en faveur de l'Empire la communauté de droits qu'elle avoit exercée jusques là sur eux. D'un autre côté les membres des cercles equestres, nés en Alsace ou en Lorraine, s'étant engagés par le serment de fidélité, qu'ils ont prêté à l'Empereur et à l'Empire, de ne jamais se separer de la confédération Germanique, n'ont pas même eu la liberté du choix, que leur laissoit l'assemblée nationale: celle-ci pouvoit bien a la verité les dèlier de leurs engagemens mixtes envers la France, mais non de ceux, qu'ils avoient contractés envers l'Empereur et l'Empire, qui n'y ont pas même renoncé conditionellement. En réclamant en effet dans les instructions données par la Diète le 14. Octob. 1795. à ses deputés pour traiter de la paix, ainsi que dans l'avis adressé à S. M. l'Empereur et le Décret de ratification de la Cour Impériale intervénu en conséquence le 19. Nov. suivant, le Corps entier de la Noblesse Immédiate, comme membre intégrant de l'Empire, la Diète n'a fait aucune différence entre les individus de ce corps, nés en Empire, ou nés sous la souveraineté de France, comme il n'y en avoit réellement aucune à faire, les droits, les prérogatives et l'état civil des derniers étant absolument les mêmes en Allemagne, que ceux des premiers.

§. X.

Quoique la non acceptation de la Constitution de 1791, qu'il étoit impossible aux membres de la Noblesse Immédiate d'Empire, nés en Alsace ou en Lorraine, de jurer sans perdre leur état civil et leurs droits en Allemagne, fut une manifestation suffisante, qu'ils avoient opté pour conserver leur qualité d'Allemands; cela n'empêcha pas plusieurs d'entre eux, de le déclarer formellement par surabondance de droit, soit à leurs départemens, soit aux Ministres du Roi, soit à l'assemblée nationale; le Baron de *Berstett*, alors l'un des Directeurs du Canton Equestre de l'Ortenau en Suabe, fit même une renonciation générale à la qualité de citoyen François, pour tous les membres des cercles equestres d'Empire, par une note remise au Département du Bas-Rhin séant à Strasbourg le 10. Avril 1792;

cette note fut envoyée également aux Ministres des affaires étrangeres et de l'interieur le 30. du même mois, et ceux-ci lui en accuserent la réception le 10. et 18. Mai suivant.

§. XI.

Les membres des cercles equestres, nés sous la souveraineté de France, dépouillés par la loi du 3. Aout 1791. (§. VIII.) de la qualité de citoyens mixtes de France, dont ils avoient joui jusques là du consentement formel des Rois de France, furent dès ce moment réduits en pleine paix, et sans avoir antérieurement commis aucun delit, dont cette privation fut la peine, à la qualité de purs Allemands, possessionés en France, jouïssant de leurs biens situés dans cet état, comme tout autre étranger, sous la sauvegarde des Loix Françoises, des traités, et du Titre 6. de la Constitution de 1791. (5.)

§. XII.

Ce ne fut que le 9. Février 1792, que l'émigration devint un crime et que les biens des *émigrés François* furent séquestrés, ensuite confisqués (6.). Il y avoit déja alors six mois, que les membres des cercles equestres d'Empire, nés sous la souveraineté de France, n'avoient plus aucun rapport avec cet état, ayant été dépouillés par le Décret d'abolition des ordres de Chevalerie du 6. Aout 1791. et la Constitution de la même année, qui servoit alors de loi à la France, de leur qualité de citoyens mixtes de France pour demeurer purement Allemands; ainsi ces Loix, faites contre les *émigrés François*, ne pouvoient pas plus regarder ceux d'entre eux, qui à cette époque avoient déja quitté le territoire François ou qui l'ont quitté depuis, que leurs autres confreres, nés en Allemagne, *puisqu'assurément personne ne pouvoit contester à l'assemblée nationale le droit de leur oter la qualité de François mixtes*, et qu'une fois cet acte de souveraineté éxercé, il n'étoit plus au pouvoir du corps législatif, *à moins de s'opposer à l'éxecution de ses propres loix*, de revenir sur ses pas, et de les assujettir aux Décrets rendus contre les émigrés François, six moix après l'époque, ou il les avoit dépouillés *de la qualité et des droits de citoyens François!* D'ailleurs le traité d'abolition du droit d'Aubaine et autres traités faits avec l'Empire étoient encore en pleine vigueur, *la paix avec l'Empire n'ayant été rompuë, qu'à la fin de* 1792; ainsi l'assemblée nationale, en privant en 1791. les membres des cercles equestres d'Empire de leur qualité mixte de citoyens François, ne pouvoit pas s'empêcher de les reconnoître immédiatement après pour de purs Allemands, vû que jusques là ils avoient toujours jouï simultanément de ces deux qualités.

La privation enfin de la qualité et des droits de citoyens François étoit la seule peine, infligée par l'assemblée nationale aux membres des cercles equestres d'Empire, s'ils ne renonçoient point à leur qualité d'Allemands, et non la confiscation de leurs biens; or l'assemblée nationale, en leur otant le 6. Aout 1791. leur qualité de François sans confisquer leurs biens, ayant en cet instant exercé son dernier acte de souveraineté sur eux en qualité de citoyens François mixtes, pour l'abandonner dorénavant sans partage à l'Empire, s'étoit privée par cet acte, du droit d'en exercer de nouveaux à ce titre; elle n'a donc
pas

pas pu depuis, ni aggraver cette peine, en les comprenant dans la classe des émigrés François, puisqu'elle leur avoit ôté la qualité de François six mois avant que l'émigration fut declarée un crime; ni elle ne peut à la paix les traiter relativement aux proprietés, qu'ils ont en France, d'une maniere differente des autres Allemands, vu que *c'est par sa volonté uniquement et en vertu de ses propres Décrets*, qu'ils sont demeurés tels sans partage.

§. XIII.

A la fin de 1792. parurent les lettres avocatoires de S. M. l'Empereur, qui défendoient sous peine de confiscation, même de mort, à tout Vassal ou sujet de l'Empire d'Allemagne, *soit qu'il fut né tel ou qu'il le fut devenu*, de prendre aucun emploi militaire ou civil au service de France (7.) , en même tems, que de son côté la convention nationale obligeoit tout habitant de la France, citoyen ou étranger, à porter les armes contre l'Empire. Ces lettres avocatoires furent adressées par S. M. Impériale aux trois cercles equestres de l'Empire en Général, et par les Cantons respectifs à chaque membre en particulier (8.); il étoit donc impossible à ceux d'entre eux, qui étoit possessionés en France, soit qu'ils fussent nés sous la souveraineté de France ou non, *puisqu'il n'y avoit plus de différence entre eux à cet égard depuis le Décret du 6. Août 1791, qui les avoit réduits à la qualité unique d'Allemands*, de rester en France sans se rendre coupables du crime de haute trahison envers l'Empereur et l'Empire, la seule patrie qui leur restat. Nul moyen humain ne pouvoit en effet dans ces circonstances les empêcher d'être contraints à porter les armes contre l'Empire, s'ils avoient continué à demeurer en France; aucun motif ni pretexte ne peuvent donc autoriser la nation Françoise à punir aujourd'hui l'obéissance des membres des cercles equestres de l'Empire, possessionés sous la domination Françoise, aux ordres de leur légitime souverain; puisqu'elle même a proscrit et confisqué les biens des François, qui ont refusé d'obéir à ses ordres, en rentrant sur le térritoire de France avant le 6. Mai 1792. (9.), et le droit que la République exerce en cette occasion sur ses citoyens, appartient également à l'Empire d'Allemagne et à tout autre état indépendant. Ainsi de même que la convention nationale de France étoit autorisée par le droit des gens à rappeller chez elle les François possessionés en Allemagne, l'Empire étoit autorisé à défendre, même sous peine de mort, aux Allemands possessionés en France, de prendre aucun service militaire ou civil chez cette puissance; defense à laquelle ceux-ci ne pouvoient se soumettre qu'en sortant de France, ou restant en Empire, s'ils y étoient déja; et l'obéissance, que les individus des deux puissances en guerre ont témoignée dans ces circonstances aux Gouvernemens de leurs pays, ne peut en aucune maniere les rendre criminels aux yeux de la nation avec laquelle la leur étoit en guerre, n'y autoriser, qu'à l'époque de la paix on les excepte de l'amnistie et de la réstitution générale, tant relativement à leurs personnes, que relativement à leurs biens.

§. XIV.

Ces principes ont été si bien sentis dès les commencemens de la guerre, que la convention rendit

le 14. Nov. 1792. un Décret pour renvoyer à ses comités de Diplomatie et de legislation réunis la question de sçavoir, „*si les Princes et Seigneurs étran-*
„*gers, possessionnés dans la République et qui en sont*
„*sortis depuis la révolution, devoient être reputés émi-*
„*grés ou non*". Question sur laquelle la convention n'a jamais prononcé. C'est en consequence de ce décret, que le ministre de l'interieur, Rolland, écrivit au Département du Bas-Rhin pour ordonner la suspension de toute espece de poursuites, autres que celles du sequestre de leurs biens, contre les Princes et Seigneurs étrangers et notament le Baron de Berstett (*né sous la souveraineté de France*), jusqu'à ce qu'il eut été prononcé sur leur sort (10.); afin, dit ce ministre, *de ne pas exposer la République à des indemnités considerables*. Le Département du Bas-Rhin, en execution de cette lettre, prit de son côté un Arrêté par lequel il ordonna, que les membres des cercles equestres de l'Empire, qui ont des propriétés dans le Département, seroient seulement inscrits sur la liste des sequestres et non sur celle des émigrés (11.), et en consequence les noms de plusieurs d'entre eux, qui avoient déja été portés sur la liste des émigrés du Département du Bas-Rhin du 28. 7bre 1792, en furent rayés, pour être inscrits sur la nouvelle liste, publiée le 15. Janv. 1793. dans la classe des sequestrés avec leurs autres confreres ; ce qui prouve irrévocablement, qu'à cette époque decisive les propriétés des membres de la noblesse immédiate d'Empire, nés sous la souveraineté de la France, comme celles des autres étrangers, ont uniquement été sequestrées, ensuite confisquées, à l'occasion de la guerre actuelle.

§. XV.

La Disposition, dont nous venons de parler, fut confirmée solemnellement, par l'exception faite en faveur des naturalisés étrangers avant le 1. Juillet 1789, dans la loi du 28. Mars 1793; mais bientôt sous la tyrannie de Roberspierre, on foula aux pieds tous les principes ainsi que le droit des gens, et le 20. Aout 1793. sous pretexte, que les Princes étrangers avoient accordé des lettres de naturalisation antidatées à des émigrés François, on suspendit l'execution de cette exception en faveur des naturalisés Allemands avant le 1. Juillet 1789, en ordonnant de nouveau la saisie de leurs biens (12.); et quoique d'après cette suspension les biens des naturalisés étrangers dussent seulement demeurer sous le sequestre, on n'en vendit pas moins une très grande partie, aussi bien que des propriétés appartenantes à des Princes souverains et à des Gentilshommes nés Allemands, tels que Msgr. le Landgrave de Hesse-Darmstatt; les Barons de Schmidtbourg et autres, sans qu'aucun Décret autorisat cette violence, *ni que le rapport relatif à l'état civil des Princes et Seigneurs étrangers possessionés dans la République, ordonné par le Décret du 14. Nov. 1792. (§. XIV.) ait jamais été fait.* On ne parle au reste ici de ce Décret du 20. Aout 1793, que pour ne rien laisser à desirer sur cette matiere; car les membres de la Noblesse immédiate de l'Empire, nés sous la souveraineté de France, ayant cessé, nous le répétons, d'être François mixtes le 6. Aout 1791, toutes les loix faites relativement à des François, depuis cette epoque, ne peuvent en aucune maniere les regarder.

§. XVI.

La convention ayant cependant secoué le joug affreux de Roberspierre, elle revint à des sentimens plus moderés et déclara enfin : 1.) Dans son dernier Décret relatif aux émigrés du mois de 7bre. 1794. que *les François, naturalisés en pays étrangers avant le 1. Juillet 1789, seroient traités pour ce qui concerne les biens qu'ils possedent en France comme les differentes nations chez lesquelles ils résident.* 2.) Par celui du 4. Janvier 1795. *qu'elle reconnoissoit ne pas avoir le droit de confisquer les biens des étrangers en France, et ordonnoit la levée du séquestre de ceux des particuliers*, en exceptant toutes fois les biens des Princes étrangers possessionés en France, ceux des Corps, Communautés et bénéficiers ecclésiastiques.

§. XVII.

D'où il suit, que le droit, qu'ont les membres des cercles equestres de l'Empire, nés sous la souveraineté de France, d'être traités sur le même pied que leurs confreres nés en Allemagne, relativement à l'amnistie générale et à la restitution de leurs possessions sous domination Françoise, est egalement fondé sur le droit des gens, la Constitution Germanique, les traités avec la France, et *les Décrets de la Convention, qui forment une autorité, que celle-ci ne peut contester ; à moins de s'opposer à l'éxecution de ses propres volontés.*

§. XVIII.

Les immatriculés sont donc autorisés à demander :
1.) Comme Allemands, à être réintégrés lors de la paix future en vertu de l'amnistie générale, qui aura

lieu à cette epoque, dans toutes les propriétés qu'ils ont en France, et qu'on a séquestrées ou confisquées à l'occasion de la guerre actuelle. 2.) A reclamer, en leur qualité de membres de la Noblesse immédiate de l'Empire, les mêmes dédommagements et indemnités, pour leurs droits feodaux et dixmes supprimés, que ceux qui seront accordés aux Princes et états d'Empire, conformement aux instructions de la diète données à ses deputés et revetuës de la ratification impériale.

Liste

des membres de la Noblesse immédiate d'Empire, nés sous la souveraineté de France, qui ont été inscrits sur la liste des émigrés François.

S. E. Mr. le Feld-Maréchal Comte de Wurmser,
Mrs. les Barons de Berstett.
— — de Bodeck.
— — de Bock.
— — Ekbrecht de Dürckheim.
— — Geyling d'Altheim.
Les Comtes et Barons Vogt de Hunoldstein.
Les Barons d'Ichtrazheim.
— — de Neuenstein.
— — d'Oberkirch.
— — de Rathsamhausen.
— — de Schauenburg.
— — de Serpes.
— — de Türckheim.
— — Wurmser de Vendenheim.

Pieces justificatives et Notes.

Nro. (1.)

„Il sera accordé respectivement aux individus des deux nations, la main levée des effets, revenus ou biens de quelque genre qu'ils soyent, détenus, saisis ou confisqués à cause de la guerre, qui a eu lieu entre la France et la Prusse, de même qu'une prompte justice à l'égard des créances quelconques, que ces individus pourroient avoir dans les états des deux Puissances contractantes".

Art. VIII. du traité de Basle entre la Prusse et la France.

(2.)

Lettres - Patentes du Roi, pour l'exemption du droit d'Aubaine en faveur de la Noblesse immédiate de l'Empire des Cercles de Suabe, de Franconie et du Rhin. Données à Versailles au mois de Février 1769.

Régistrées en Parlement le 18. Mai suivant.

Louis, par la grace de Dieu, Roi de France et de Navarre : A tous présens et à venir, *Salut.* Les Directoires de la Noblesse immédiate de l'Empire des Cercles Equestres de Suabe, de Franconie et du Rhin, nous ont fait très - humblement représenter que le droit d'aubaine exercé jusqu'à présent contre les membres de ladite Noblesse, et contre ses vassaux et sujets dans notre Royaume, ne pourroit être que très- prejudiciable au grand nombre de nos propres sujets que leurs affaires particulieres et le commerce attirent fréquement dans les villes, villages, terres et possessions appartenantes à ladite Noblesse, et qu'ils étoient résolus de laisser jouir dorénavant nos sujets dans toute l'étendue de leurs territoires de la libre faculté de recueillir tous legs, donations, successions testamentaires ou *ab intestat*, mobiliaires ou immobiliaires qui leur écherront, sans que pour raison de ladite faculté ils soient tenus à aucuns droits envers ladite Noblesse, et de traiter nosdits sujets, tant pour leurs biens et leurs personnes, que relativement à leur commerce, de la même maniere qu'elle traite actuellement, ou qu'elle pourra traiter dans la suite la nation étrangere la plus favorisée; pourquoi lesdits Directoires nous auroient très-respectuesement supplié qu'en considération de ces déclarations, et des relations multipliées de parenté et d'alliance qui subsistent entre les nobles des cercles equestres, et ceux de nos Provinces qui sont limitrophes de l'Empire d'Allemagne, vu les liaisons qui résultent des possessions respectives dont plusieurs d'entre eux jouissent sous les deux dominations, *ainsi que du droit que les Nobles nos sujets ont en vertu de leurs possessions en Allemagne, d'être membres desdits cercles equestres*, et de la réciprocité en vertu de laquelle lesdits nobles des deux dominations sont indistinctement admis dans plusieurs Chapitres et Abbayes situés dans nosdites Provinces, et dans un nombre considérable de Chapitres et d'Abbayes situés en Allemagne; attendu en outre la tranquilité qui résultera par l'abolition du droit d'aubaine en faveur des membres de ladite Noblesse immédiate et de ses vassaux qui servent dans nos troupes, ou que le commerce et d'autres motifs attirent dans le Royaume; enfin par une suite des bontés dont les Rois nos prédécesseurs ont honoré le corps et plusieurs membres particuliers de la même Noblesse, ainsi que du zéle qu'elle a montré pendant la derniere guerre pour notre service, il nous plût accorder à tous et chacun des membres de ladite Noblesse immédiate, à ses vassaux, et aux sujets des territoires qu'ils possédent dans la mouvance directe et immédiate de l'Empereur et de l'Empire, l'exemption du droit d'aubaine, pour en jouir par eux en France, comme les régnicoles et nos propres et naturels sujets; et pour les en faire jouir efficacement, ordonner l'enrégistrement de nos Lettres de concessions dans toutes nos Cours de Parlement, et autres nos Cours Souveraines. A *ces causes* voulant traiter favorablement tous et chacun les membres de la Noblesse immédiate de l'Empire des cercles equestres de Suabe, de Franconie et du Rhin, en considération de l'exposé qu'elle nous a très-humblement fait; et voulant de plus favoriser et faciliter le commerce réciproque, et la communication entre nos sujets et les membres, vassaux et sujets de ladite Noblesse immédiate, Nous, de l'avis de notre Conseil, et de notre grace spéciale, pleine puissance et autorité Royale, avons déclaré et déclarons tous et chacun des membres de ladite Noblesse immédiate de l'Empire, leurs vassaux et sujets des territoires qu'elle possède sous la mouvance directe et immédiate de l'Empereur et de l'Empire, affranchis du droit d'aubaine : Voulons qu'ils jouissent dudit affranchissement et exemption, pleinement, paisiblement et perpetuellement dans toute l'étendue de notre Royaume, et qu'en conséquence ils puissent y recueillir, sans aucun trouble ni empèchement, tous legs et successions testamentaires, ou *ab intestat*, comme les régnicoles et nos propres et naturels sujets, sans que pour raison de ladite faculté, ils puissent être tenus à aucuns droits envers nous. Voulons en outre que les sujets de ladite Noblesse immédiate soient traités favorablement en France pour leurs personnes et leur commerce, le tout à condition que la Noblesse usera d'une entiere réciprocité envers nosdits sujets, et qu'ils jouiront dans son territoire des mêmes exemptions relatives au droit d'aubaine dans toute leur étendue, et qu'ils y seront traités tant pour leurs biens et leurs personnes, que relativement à leur commerce, aussi favorablement que les sujets d'aucune autre nation étrangere. Si *donnons en mandement* à nos amés et féaux les gens tenant notre Cour de Parlement, Chambre des Comptes et Cour des Aydes à Metz, que ces présentes ils ayent à faire régistrer, et le contenu en icelles garder, observer et exécuter de point en point selon leur forme et teneur, cessant et faisant cesser tous troubles et empêchemens contraires: *Car tel est notre plaisir;* et afin que ce soit chose ferme et stable à toujours, nous avons fait mettre notre scel à cesdites présentes. *Donné* à Versailles au mois de Février, l'an de grace mil sept cent soixante-neuf, et de notre régne le cinquante-quatrième. Signé, L o u i s. Et plus bas : Par le Roi, *le Duc de Choiseul. Visa, de Maupeou.* Pour exemption du droit d'aubaine en faveur de la Noblesse immédiate de l'Empire des Cercles de Suabe, Franconie et du Rhin, signé, le Duc de Choiseul. Et scellées du grand sceau de cire verte, avec lacs de soye rouge et verte.

Lues, publiées et registrées, ouï et ce requérant le Procureur général du Roi, pour être executées selon leur forme et teneur, suivant l'Arrêt de vérification du onze du présent mois: Ordonne que copies collationnées en seront incessamment envoyées dans tous les Bailliages et autres Siéges ressortissans nuement à la Cour, pour y être pareillement lues, publiés, régistrées et exécutées : Enjoint aux Substituts du Procureur général du Roi sur les lieux d'y tenir la main, et d'en certifier la Cour au mois. Fait en Parlement, à Metz, audience publique tenant, le Jeudi dix-huitième Mai mil sept cent soixante-neuf.

Signé, Brouet.

Collationées à l'original par Nous Conseiller du Roi, Greffier en chef soussigné.

(3.)

Décret sur la suppression des Ordres de Chevalerie du 6. Aout 1791.

Art. 4.

„Tout François, qui demanderoit ou obtiendroit,
„ou qui conserveroit l'affiliation à un ordre de Cheva-
„lerie, ou autre corporation établie en pays étrangers,
„fondée sur des distinctions de naissance, perdra la
„qualité et les droits de citoyen François".

Constitution Françoise du 14. 7bre. 1791.

Tit. II.° Art. IV.

„La qualité de citoyen se perd".

„1.) Par la naturalisation en pays étrangers...

„4.) Par l'affiliation à tout ordre de Chevalerie
„étranger, ou à toute corporation, qui suppose-
„roit, soit des preuves de Noblesse soit des distinc-

„ tions de naissance , ou qui exigeroit des vœux
„ religieux ".

(4.)

Constitution Françoise de 1791.

Tit. II. Art. III.

„ Ceux qui , nés hors du Royaume de parens
„ étrangers, résident en France, deviennent citoyens
„ François après cinq ans de domicile continu dans
„ le Royaume , s'ils y ont en outre acquis des im-
„ meubles , ou épousé une Françoise, ou formé un
„ établissement d'agriculture, ou de commerce, et
„ s'ils ont preté le serment civique ".

Art. IV.

„ Le pouvoir législatif pourra, pour des considéra-
„ tions importantes , donner à un étranger un acte
„ de naturalisation, sans autres conditions, que de
„ fixer son domicile en France et d'y preter le ser-
„ ment civique ".

(5.)

Constitution Françoise de 1791.

Tit. VI.

„ Les étrangers, *établis ou non en France*, succédent
„ à leurs parens étrangers ou François ".
„ Ils peuvent contracter, acquerir et recevoir des
„ biens situés en France, et en disposer, de même,
„ que tout citoyen François, par tous les moyens
„ autorisés par les loix ".

(6.)

Les premiers Décrets contre les émigrés sont du 9. Fevrier et 8. Avril 1792.

(7.)

„*François* Second, par la grace de Dieu, Em-
„pereur Romain etc..... Sçavoir faisons à tous et
„chacun de nos Vassaux ou sujets de l'Empire Ro-
„main, *soit qu'ils soyent nés tels ou qu'ils le soyent de-*
„*venus*, de quelqu'état, qu'ils soyent, qui se trou-
„vent au service militaire ou civil de France, dont
„les noms sont supposés inclus dans les presentes,
„*sans en excepter personne*, que les actes de violence
„illicite et autres hostilités dont l'Empire Germani-
„que, ses états et sujets sont les victimes de la part
„de nos voisins les François, ont engagé les Elec-
„teurs, Princes et états à s'y opposer par une resi-
„stance legitime etc..... Nous ordonnons en conse-
„quence en vertu de notre autorité Imperiale... que
„vous tous sans exception, vous ayés à l'instant à
„quitter tout emploi civil ou militaire, que vous
„pourriés occuper au service de France... sous peine
„d'être mis au ban de l'Empire, de perdre tous vos
„privilèges, graces, fiefs, biens de quelque nature
„'qu'ils soyent... même la vie... ex ceux, qui, mal-
„gré la presente défense, persisteront à demeurer au
„service de notre susdit ennemi... s'ils sont pris,
„seront punis corporellement, même de mort; quant
„aux absents, qui refuseront d'obéir aux presentes,
„ils seront executés en effigie". Donné à Vienne
le 19. Xbre. 1792.

Signé François, mppr.

(8.)

Extrait de la lettre de S. M. Imperiale aux trois Cercles Equestres de la Noblesse immédiate d'Empire.

„*François*, second, par la grace de Dieu, Empereur Romain", etc. ....

„*Nobles et bien nés, chers et fidèles*".

„Vous ne pouvés pas ignorer, que sur notre Décret „Imperial du 7. 7bre. de l'année courrante, que nous „avons fait mettre à la Dictature publique, les Elec„teurs, Princes et états de l'Empire après l'avoir pris „mûrement en consideration, dans les differens collè„ges, ont decidé et resolu, vu le danger evident „et toujours croissant... et comme nous avons à ces „causes trouvé necessaire, de publier entre autres „mesures, les lettres Patentes ci-jointes en original, „qui ont pour objet, les *lettres Avocatoires* d'usage „dans les circonstances urgentes, de la nature de „celle-ci, et les *lettres Inhibitoires* portant defense „de sortir de l'Empire, des provisions, chevaux et „munitions de guerre. Nous vous ordonnons gracieu„sement" etc.

„Nous Nous reposons en cela sur vous, et vous „assurons de notre bienveillance Imperiale" etc.

Inscription de la lettre.

„Aux Nobles et bien nés nos chers et fidèles „et du St. Empire N. N. Directeurs, Capi„taines, Conseillers et Deputés du Corps de „la Noblesse libre de l'Empire du pays de „Suabe, à tous ensemble et chacun en par„ticulier" etc.

(9.)

Loix contre les émigrés du 9. Fev. et 8. April 1792.

qui ordonnent le sequestre du bien des absens.

Loi du mois d'Octobre 1792.

qui prononce la confiscation des biens de ceux, qui ne seront pas rentrés avant le 8. May, et le bannissement perpetuel des personnes sous peine de mort, si elles revenoient.

(10.)

Copie de la lettre du Ministre Rolland au Département du Bas-Rhin, du 14. Xbr. 1792.

„L'Assemblée nationale ayant renvoyé par son „Décret du 14. du mois dernier à ses comités de „Diplomatie et de Legislation la question de sçavoir, „si les Princes et Seigneurs étrangers possessionés dans „la Republique, et qui en sont sortis depuis la re- „volution, doivent être reputés émigrés ou non; il „est necessaire d'arrêter les poursuites, que l'on pour- „roit faire contre ces prétendus Princes et Seigneurs, „jusqu'à ce qu'il ait été prononcé sur leur état, *afin* „*de ne pas exposer la République à des indemnités con-* „*siderables.* Je vous prie en consequence de donner „des ordres pour faire suspendre les poursuites, qui „ont été commencés contre ces soi disants Princes „et Seigneurs, et notament contre M. *Berstett*, en „laissant neanmoins le sequestre sur leurs biens, „jusqu'à ce que la Convention ait prononcé sur leur „état".

Signé **Rolland.**

(11.)

Délibération du Directoire du Département du Bas-Rhin du 21.,Xbre. 1792, l'an premier de la Republique.

„Vû la lettre du Ministre de l'Interieur en date „du 14. de ce mois, relative aux propriétés des „Princes et Seigneurs étrangers, qui ont des posses-„sions dans la République, et qui en sont sortis „depuis la revolution, et à la suspension de tou-„tes poursuites contre eux en qualités d'émigrés, „notament contre le Sr. *Berstett*, jusqu'à ce que „la Convention nationale ait prononcé sur leur état,-„en laissant neanmoins le sequestre sur leurs biens";

„Ouï le Procureur Général Sindic, „les administrateurs composans le Directoire du Dé-„partement du Bas-Rhin, considerant, que tous les „Nobles immatriculés au Directoire de l'Ortenau, „qui ont des propriétés dans ce Département, sont „fondés à reclamer en leur faveur les mêmes excep-„tions accordées au Sieur *Berstett:*

„Ont arreté en séance publique, „que copies de la dite lettre seront adressées aux „Directoires des Districts, avec invitation de faire „arrêter toutes poursuites de ventes de meubles et „effets, appartenans aux Princes et Seigneurs étran-„gers, dans laquelle derniere classe seront compris „les dits Nobles immatriculés au Directoire de l'Or-„tenau, dont l'état sera adressé aux Directoires de Di-„stricts, dés que le Procureur général Sindic aura trou-„vé moyen de se le procurer, et seront en consequen-„ce les biens du Sr. *Berstett* mis sous le sequestre, si „fait n'a été etc." *Sig. et collationné* Barbier S. G.

(12.)

Extrait du Moniteur du 21. Aout 1793.
Nro. 233. Pag. 991.

Seance du Mardi 20. Aout.

Fayau dit : „Je denonce un abus, qui se com-
„met dans l'execution de la loi contre les émigrés;
„l'article des exceptions porte, que *ceux, qui se se-
„ront fait naturaliser en pays étranger avant le mois
„de Juillet* 1789. *ne seront pas considerés comme
„émigrés*; Il en resulte, que les émigrés les plus cou-
„pables, favorisés par les puissances ennemies, en ob-
„tiennent des lettres de naturalisation antidatées, et
„les administrations auxquelles ils les presentent, sont
„obligées aux termes de la loi de leur accorder main
„levée de leurs biens. *Je propose à l'assemblée de
„suspendre l'execution de cet Article*, et d'ordonner la
„saisie des biens dont on aura donné main levée".
Cette proposition est decretée.

NB. Il est bon d'observer, que, quoique l'article
exceptionel en faveur des naturalisés étrangers,
avant le 1. Juillet 1789, ait été decreté, cet
article a été omis dans les exemplaires envoyés
aux Départemens, du moins à ceux des frontiè-
res, et on n'en auroit peut être pas eu connoissance, si on ne l'avoit point lu dans les Journaux
du tems et le Bulletin officiel des séances de la
convention, dont l'envoi a précedé celui de la
loi entiere. La motion faite ensuite par Fayau et
le Décret ci-dessus rendu sur cette motion, achè-
ve de prouver, d'une maniere invincible, l'existence de cette exception et la mauvaise foi de
Roberspierre ainsi que de ses adherens.

Réfutation

d'un Arrêté du Département du Bas-Rhin, qui, en interprétant contre les termes précis de la loi le Décret contre les èmigrés, du 28. Mars 1793. déclare émigrés les membres de la Noblesse immédiate d'Empire nés sous la souveraineté de France, et confisque tous leurs biens.

Pour servir de suite au Mémoire pour les membres de la Noblesse Immédiate d'Empire nés sous la souveraineté de France etc.

Afin d'éclaircir la chose, il est nécessaire d'instruire le lecteur des faits, qui ont précédé cet Arrêté.

Le Département du Bas-Rhin séant à Strasbourg dans le Ressort duquel le plus grand nombre des Gentilshommes, nés sous la souveraineté de France, et en même tems immatriculés à la Noblesse Immédiate de l'Empire, se trouvoient possessionés, étoit indécis sur la maniere dont il devoit traiter ces Gentilshommes, relativement aux Lois rendues contre les émigrés, aucun principe n'ayant encore été décreté sur cette question particuliere d'état. Les noms de quelques uns d'entre eux, dont on ignoroit la qualité, avoient été inscrits sur des listes d'émigrés, tandis que d'autres, qui se trouvoient dans le même cas, n'étoient pas même sequestrés. Enfin une lettre du Ministre Rolland mit fin à cette indécision. Il écrivit le 14. Xbre. 1792. au Département dans les termes suivans :

„ L'Assemblée nationale ayant renvoyé par son
„ décret du 14. du mois dernier à ses comités de
„ Diplomatie et de Legislation, la question de sçavoir,
„ si les Princes et Seigneurs étrangers possessionés
„ dans la République, et qui en sont sortis depuis
„ la révolution, doivent être reputés émigrés ou
„ non ; il est nécessaire d'arrêter les poursuites que
„ l'on pourroit faire contre ces prétendus Princes et
„ Seigneurs jusqu'à ce qu'il ait été prononcé sur leur
„ état, *afin de ne pas exposer la République à des in-*
„ *demnités considérables*. Je vous prie en conséquence
„ de donner des ordres pour faire suspendre les pour-
„ suites qui ont été commencées contre ces soi disant
„ Princes et Seigneurs, et nottament contre M. *Ber-*
„ *stett*, en laissant néanmoins le sequestre sur leurs
„ biens jusqu'à ce que la Convention ait prononcé
„ sur leur état": *Signé* Rolland.

En conséquence de cette lettre le Département prit
l'Arrêté suivant :

„ Délibération du Directoire du Département du
„ Bas-Rhin du 21. Xbre. 1792, l'an premier
„ de la République".

„ Vû la lettre du Ministre de l'Intérieur en date
„ du 14. de ce mois, relative aux propriétés des
„ Princes et Seigneurs étrangers, qui ont des posses-
„ sions dans la République et qui en sont sortis de-
„ puis la révolution, et à la suspension de toutes
„ poursuites contre eux en qualité d'émigrés, not-
„ tament contre le Sr. *Berstett*, jusqu'à ce que la
„ Convention nationale ait prononcé sur leur état,
„ en laissant néanmoins le séquestre sur leurs biens":

„Ouï le Procureur Général Sindic:
„Les administrateurs composant le Directoire du Département du Bas-Rhin, considérant, que tous les nobles immatriculés au Directoire de l'Ortenau, qui ont des propriétés dans ce Département, sont fondés à réclamer en leur faveur les mêmes exceptions accordées au Sr. *Berstett*":
„Ont arrêté en séance publique:
„Que copies de la dite lettre seront adressées aux Directoires des Districts avec invitation de faire arrêter toutes poursuites de vente de meubles et effets appartenans aux Princes et Seigneurs étrangers, dans laquelle derniere classe seront compris les dits Nobles immatriculés au Directoire de l'Ortenau, dont l'état sera adressé aux Directoires de Districts, dès que le Procureur Général Sindic aura trouvé moyen de se le procurer, et seront en conséquence les biens du Sr. *Berstett* mis sous le sequestre si fait n'a été" etc.

Les Barons de Bodeck, de Serpes et de Wurmser, frères, avoient déja été inscrits sur les listes d'Emigrés, publiées antérieurement à cette époque, la vente même des meubles des deux premiers étoit déja annoncée par affiches publiques à Strasbourg: toutefois en conséquence de l'Arrêté ci-dessus les ventes furent suspenduës et les noms de ces quatre Gentilshommes ne parurent plus sur la nouvelle liste d'Emigrés formée le 15. Janvier suivant, que sous la Rubrique des sequestrés, ajoutée à la fin de la dite liste, où il est dit:

„Quant aux nobles immatriculés au Directoire de „l'Ortenau, qui se sont absentés de l'Empire François „sans être revenus dans le mois après la publica-

„tion de la loi du 8. Avril 1792. ci-après désignés,
„sçavoir :
„Philippe Jacques Reinhard *Beristett.*
„François Jean *Bodeck.*
„Gervais Henri Charles Louis Adam *Serpes de Lafage.*
„Auguste Samson *Oberkirch.*
„Christophe Philippe *Rathsamhausen.*
„Louis Samson *Rathsamhausen.*
„Jean *Türckheim.*
„Maximilian Constantin *Wurmser.*
„François Otto *Wurmser.*
„Dagobert Sigismund *Wurmser* *).
„Comme aussi N. *Wangen*, Chanoine d'Arlesheim,
„considerant , «que les dits nobles se qualifient au-
„jourd'hui d'Etrangers , que la Convention nationale
„a. renvoyé par son Décret du 14. Nov. dernier à
„ses comités de Diplomatie et de Legislation, la
„question de sçavoir, si les Princes et Seigneurs
„étrangers, qui ont des possessions dans la Républi-
„que et qui en sont sortis depuis la Révolution, doi-
„vent être réputés émigrés ou non, arrête, que leurs
„propriétés demeureront sous le sequestre, jusqu'à
„ce que la Convention nationale ait prononcé sur
„leur état, conformèment à la lettre du Ministre de
„l'Intérieur du 14. Xbre. dernier " etc.

Quoique les deux arrêtés ci-dessus, ainsi que la lettre du Ministre, contiennent la reconnoissance la plus formelle de la qualité d'Allemands des Gentilshommes réclamans, le Département, empressé à les dépouiller, n'en rendit pas moins quatre mois après sous le régime tirannique de Roberspierre, qui avoit pris naissance six semaines auparavant, et sans at-

*) Son Excellence M. le Feld-Maréchal Comte de Wurmser.

tendre la décision annoncée par la Convention, l'Arrêté suivant, qu'il suppose fondé sur la nouvelle loi contre les émigrés.

„Délibération du Directoire du Département du „Bas-Rhin, du 22. du mois d'Avil 1793." etc.
„Vû l'Art. 7. Sect. III. du Décret de la Convention „nationale du 28. Mars dernier contre les émigrés, „qui range dans la classe des émigrés ceux qui, quoi-„que nés en pays étranger, ont exercé les droits de „citoyens en France, ou qui ayant un double domi-„cile, sçavoir un en France, et un autre en pays „étranger, ne justifieront pas d'une résidence sans „interruption en France depuis le 9. Mai dernier. „Vû aussi le Décret du 27. du dit mois, qui annulle „tous les sursis à la vente des biens des émigrés, „accordés par le Ministre et qui ne sont point fon-„dés sur la loi".

„Ouï le Procureur Général Sindic :
„Les administrateurs composant le Directoire du Département du Bas-Rhin, *Considerant*, que par ar-„rêté du 15. Janvier dernier les biens appartenans „aux nobles immatriculés au Directoire de l'Ortenau, „qui se sont absentés de l'Empire François sans être „revenus dans le mois après la publication de la loi „du 8. Avril 1792. ont été mis seulement sous le „sequestre, attendu que ces Nobles se qualifioient „d'étrangers, et que la Convention n'avoit pas en-„core prononcé sur leur sort ; *Considérans que cette question se trouve aujourd'hui décidée par la disposition du Décret du 28. Mars alleguée cidessus* :

„Arrètent en séance publique :
„Que Philippe Jacques Reinhard *Berstett* ; François „Jean *Bodeck* ; Gervais Henri Charles Louis Adam *Ser-*

„*pes* de Lafage; Auguste Samson *Oberkirch*; Christo-
„phe. Philippe *Rathsamhausen*; Louis Samson *Rath-*
„*sambausen*; Jean *Türkheim*; Maximilian Constantin
„*Wurmser*; François Otto *Wurmser*; Dagobert Sigis-
„mund *Wurmser*, et Charles François Eleazar *Wum-*
„*gen*, Chanoine d'Arlesheim, *et tous les autres quel-*
„*conques, qui se trouperont dans le même cas, seront*
„*déclarés émigrés*, et traités comme tels ; à moins
„qu'ils ne justifient d'une résidence non interrom-
„pue en France dépuis le 9. Mai 1792. et ce dans le
„délai d'un mois à compter de la notification du pré-
„sent arrêté, conformément à l'Art. 64. du dit Décret
„du 28. Mars dérnier. Invitent les Diréctoires des
„Districts, à prendre incessament les mesures de su-
„reté, pour la conservation des droits acquis à la
„République, sur les biens des dits nobles, et nom-
„mément pour la conservation des Archives et titres
„de propriété, et seront les Procureurs Sindics per-
„sonnellement responsables de l'exécution du présent
„arrêté, dont il sera adressé copie aux quatre Districts
„et à l'Inspécteur de la régie des domaines".
Signé Burger V. P. etc.

C'est cet arrêté qu'on va réfuter ici, vû que c'est par suite des erreurs grossieres qu'il contient, que la planche a été faite, pour dépouiller non seulement les Gentilshommes dénommés ci-dessus, mais aussi tous les autres, qui se trouvent dans le même cas.

Cet arrêté est nul de plein droit, par sa forme; attendu, qu'un corps administratif n'a pas le droit de faire, ni d'interpréter les Loix, et encore moins, lorsque le Corps législatif s'est formellement reservé de prononcer sur un objet particulier et qu'il ne l'a point fait. Tel est le cas ou se trouvent les membres de la Noblesse immédiate de l'Empire, puisque par le Décret du 14. Nov. 1792. la Convention s'étoit formellement reservé le droit de prononcer sur leur état, et qu'il n'est point question du cas particulier où ils se trouvent dans le Décret du 28. Mars suivant.

Il ne l'est pas moins pour le fond; car l'Article du Décret, sur lequel le Département appuye sa décision, en déclarant émigrés

„ceux qui, quoique nés en pays étrangers, ont „exercé les droits de citoyens en France, ou, „qui ayant un double domicile, sçavoir l'un en „France et l'autre en pays étrangers, ne justi„fiéront pas d'une résidence sans intérruption en „France dépuis le 9. Mai 1792",

n'est en aucune maniere applicable aux membres de la Noblesse immédiate d'Empire, nés sous la souveraineté de France:

1.) Parceque les individus nés en pays étrangers, qui, par leur longue habitation en France, l'exercice temporaire des droits de citoyens François, ou leur mariage avec des Françoises, ont acquis la naturalité en France, étoient réellement et légalement devenus François, par leur libre choix à l'époque de la revolution, *et avoient ainsi cessé d'être étrangers en France*. Or aucun Décret ne leur ayant permis ou ordonné d'opter entre la qualité, que leur donnoit leur naissance, qualité, *qu'ils avoient abondonnée*, et celle, que leur donnoit leur naturalisation Françoise, ils étoient necessairement assujettis en vertu de leur qualité adoptive, qui étoit le dernier état des choses, aux loix Françoises, comme tout autre François né tel.

Les membres de la Noblesse immédiate de l'Empire, quoique nés sous la souvéraineté de France, se trouvent dans un cas absolument opposé.

L'exercice des droits de citoyens François, qu'ils ont fait antérieurement au 6. Août 1791, daté du Décret d'abolition des ordres de Chevalerie en France, ne peut en aucune manière leur être opposé comme une fin de non recevoir à leur qualité d'Allemands, puisqu'il conste par le traité d'abolition du droit d'Aubaine du mois de Février 1769, qu'ils ont toujours jouï simultanément jusqu'au mois d'Aout 1791. de la qualité et des droits de citoyens François et de citoyens Allemands, que le dit traité leur a solemnellement reconnus. Par le Décret du 6. Aout 1791. et la Constitution Françoise du mois de 7bre. de la même année, l'Assemblée nationale a non seulement laissé aux immatriculés la liberté d'optet entre leur qualité d'Allemands ou de François, mais elle l'a de plus exigé ; ce n'est donc pas comme étrangers domiciliés et naturalisés en France, et de leur propre mouvement, mais par nécessité et afin d'obéir aux Loix Françoises, qui les y obligéoient, que les immatriculés sont devenus purement allemands six mois avant que l'émigration fut déclarée un crime; et cette option exigée de leur part par les Loix Françoises, les met dans une cathegorie diamétralement opposée à celle des étrangers naturalisés en France, qui, sans y être plus autorisés, que tout autre François, ont *abdiqué volontairement* la qualité de citoyens François, qu'ils avoient acquise par leur naturalisation, pour reprendre celle, qu'ils tenoient de leur naissance et à laquelle ils n'avoient plus de droit.

2.) Quant à l'induction, qu'on veut tirer contre les immatriculés de la seconde partie de l'Article cité ci-dessus, elle tombe d'elle même, du moment ou ce n'est point un François, ou un naturalisé tel, qui a un double domicile; mais bien un individu mixte, François et Allemand, reduit à cette derniere qualité seule, par les Loix même de la France, dixhuit mois avant le 28. Mars 1793, date du Décret que le Département a voulu mal à propos, par son arrêté du 22. Avril 1793. appliquer aux immatriculés.

Rien enfin ne découvre mieux la fausseté et la mauvaise foi de l'interprétation, que les Administrateurs du Département du Bas-Rhin, influencés par le régime de Roberspierre, ont donné à l'Art. 7. de la Sect. III. du Décret relatif aux émigrés du 28. Mars 1793, que l'exception précise faite dans ce même Décret en faveur des François naturalisés en pays étrangers avant le 1. Juillet 1789. Inutilement voudroit on chercher à les excuser en disant, que cet article exceptionel ne faisoit point partie de l'exemplaire tronqué de ce Décret envoyé au Département du Bas-Rhin sous la tirannie de Roberspierre; on leur répondroit toujours: 1.) Qu'ils ne pouvoient pas ignorer cette exception, puisqu'elle avoit été insérée dans tous les journaux et même dans le Bulletin officiel publié, imprimé et affiché par le Département, d'après les ordres de la Convention. 2.) Que cette exception en faveur des François naturalisés étrangers fait si bien partie du Décret du 28. Mars 1793, que ce n'est que le 20. Aout de la même année, que son exécution a été suspendue et non revoquée °), puis ensuite

°) Extrait du Moniteur du 21. Aout 1793. Nro. 233. pag. 991.

confirmée par le Décret du mois de 7bre. 1794; d'ou il suit, que tous les biens des immatriculés ont été non seulement vendus en vertu d'une fausse interprétation de l'Art. 7. du Décret du 28. Mars 1793, mais encore contre les termes les plus positifs de l'article exceptionel, fait en leur faveur dans ce même Décret et confirmé depuis par tous les autres Décrets rendus sur cette matiere, inclusivement jusqu'aujourd'hui. Quoiqu'il en soit, il est du moins incontestable, que tous les biens des immatriculés, vendus depuis le 20. Aout 1793, ont été vendus de mauvaise foi par les Administrateurs du Département du Bas-Rhin, puisque d'après ce Décret, ils ne pouvoient plus douter ni de l'infidélité de la Copie du Décret du 28. Mars 1793, qui leur avoit été adressée, ni de l'injustice atroce de leur arrêté du 22. Avril 1793; et cependant ils n'en ont pas moins continué à vendre et non obstant le Décret du 20. Aout, qui suspendoit seulement l'exécution de l'article exceptionel fait en faveur des naturalisés, ils n'en ont pas moins laissé subsister leur arreté spoliateur.

En un mot, *les Gentilshommes reclamans étant devenus purement Allemands par la volonté de la nation, dès le 6. Aout 1791, les Décrets rendus postérieurement pour des François, nés ou devenus tels, quand même ils ne leur auroient pas été favorables, ne pouvoient plus les atteindre, puis-qu'ils étoient légalement séparés de la France avant la promulgation de ces Décrets.*

Ces deux réponses semblent être sans replique, à moins de supposer, qu'on peut donner aux loix un effet rétroactif, ce qui n'existe chez aucun Gouvernement, et encore moins lorsqu'il est question de traiter avec des puissances étrangeres.

La suspension accordée par le ministre, dont parle l'arrêté, n'étoit d'ailleurs point une de ces graces révocables à volonté, puisqu'elle étoit fondée sur le Décret du 14. 9bre. 1792, qui ordonnoit un rapport sur la question d'état des immatriculés, rapport, qui n'a jamais été fait; la révocation décretée le 27. Mars 1793, sur laquelle se fonde le Département, ne pouvoit donc pas être étendue aux réclamans, puisque comme naturalisés Allemands, ils étoient formellement éxceptés par le même Décret, et que ce n'est que par une fausse interprétation de la loi du 28. Mars 1793, dont on avoit retranché l'article qui leur étoit favorable, et non en vertu d'un Décret applicable à leur position, que les Gentilshommes reclamans ont été déclarés émigrés, contre le droit commun, celui des gens et le Décret même, qui les protégoit, dont on s'est servi contre eux, en le tronquant et en supprimant une partie afin de pouvoir les spolier au profit de la Republique. Tous les autres Gentilshommes immédiats, ainsi que les princes et états d'Empire, possessionés en France, seroient au reste dépouillés, de même que leurs confrerés, nés sous la souveraineté de France, si ces nouveaux principes pouvoient jamais être adoptés.

4. Schreiben der Fürstlich Baselschen Gesandtschaft an die Reichs-Friedens-Deputation, vom 22. und 23. Dezember 1797.

Aus denen abschriftlich hier beyliegenden zwey Schreiben, die der französische Geschäftsträger Bacher, am 13. d. l. M. an die löbliche Eidgenossenschaft erlassen hat, und die in Basel durch öffentlichen Druck bekannt gemacht worden sind, ist zu ersehen:

a) Daß die französische Regierung, die theils im Reiche, theils in der Schweiz gelegene Hochfürstlich Baselische Lande, welche unter dem Schutze der helvetischen Neutralität bishero verschont geblieben, nunmehro ebenfalls in Besitz nehmen zu wollen, sich erkläret habe.

b) Daß in dem einen der gedachten Schreiben vorgegeben werde, als wenn Frankreich allen Rechten und Zugehörungen des Bisthum Basel auf dem linken Rheinufer subrogirt oder untersezt wäre, da doch eine solche Subrogation anders nicht als durch den Friedensschluß rechtmäßig beschehen kann. Sodann auch

c) Daß die französische Republik, gegen wen es sich fügen wird, alle ihre Rechte und Ansprüche über die dem Bisthum Basel an dem linken Rheinufer zugehörige bewegliche und unbewegliche Habseligkeiten mit einer Entschädigung wegen bisherigen Nichtgenusses, und überhaupt auch wegen des durch bisher behinderte Besitznahme der befraglichen neutralen Länder verspührenden Schadens, nebst der Restitution der Zehnten, Zinsen, herrschaftlichen Rechten, Zöllen ꝛc. und sämmtlicher Einkünfte, welche seit der Reunion der übrigen Hochstifts-Länder mit Frankreich, dem Vorgeben nach, indebite bezogen worden seyn sollen, sich ausdrücklich, und eben so vorbehalte, als wenn die französische Republik die Neutralität der jezt einnehmenden Länder zu seiner Zeit nicht förmlich anerkannt hätte.

Wenn nun aber dieser Eingriff, der denen eingelangten übereinstimmenden Nachrichten zufolge in dem Münster-Thale und Ergdu bereits vollzogen worden ist, dem beschlossenen Waffenstillstand, und denen zu Leoben am 18. April d. J. zwischen den K. K. und den französischen Bevollmächtigten abgeschlossenen wechselseitig ratificirten Friedens-Präliminarien, ganz widersprechend, und um

so auffallender und bestürzender ist, als solcher in eben
der Zeit unternommen wird, wo des Herrn Fürst-Bischofs zu Basel Hochfürstl. Gnaden nach denen seit ganzen 9. Jahren her erlittenen so unverdient als ungerecht
und härtesten Verfolgungen in der nunmehrigen Eröfnung des Congresses zur Abschliessung eines auf die Integrität des Reichs begründeten Friedens mit dem term.ab
einstigen Ende ihrer erlittenen beyspiellosen Drangsalen,
viel eher die Ersetzung ihres Schadens, als aber neue
Eingriffe zu erwarten, sich berechtiget glauben sollten,
also kann höchstderoselbige endesgefertigte Gesandtschaft
Pflichten halber nicht umhin, einer bey dem gegenwärtigen Congresse anwesenden höchstansehnlichen Reichs-
Deputation dieses allen Völkerrechten widersprechende
Unternehmen ehrerbietigst anzuzeigen, und anmit auch
die Bemerknisse beyzulegen, daß, wenn es bey diesem
neuen Eingriffe sein Bewenden haben sollte:

1.) Se. Hochfürstl. Gnaden, die Ihrem Sitze bisher annoch übriggebliebene einzige Unterhaltungsmittel,
mit einer Bevölkerung von ohngefähr 20000. Seelen,
nun auch vollkommen vermissen, und kein anderes weltliches Gebiet mehr, als die alleinige am rechten Rheinufer, gelegene, nur in 5. kleinen Dorfschaften bestehende Herrschaft Schliengen beybehalten würden, womit dann
die Reichsständische Ehr und Würde der Hochansehnl.
Fürstbischöfe ganz natürlich nicht mehr bestehen könnte.

2.) Daß die Unterthanen der von Frankreich neubesetz-
ten Landen Sr. Hochfürstl. Gnaden an verfallenen rückständigen Einkünften, wenigstens bey 80000. Gulden
schuldig verbleiben, welche mit dem Werthe der Fürstl.
Mobilien, welche so in die Neue-Stadt als in einen ver-
meinten sichern Orte geflüchtet worden, ebenfalls verloren
seyn würden, und dahero Se. Hochfürstl. Gnaden mit

Dero Ministers und Räthen, welche Höchstdenenselben zur Behauptung ihrer Reichsständischen Pflichten beygestanden, und denen ihre Güter ebenfalls sequestrirt und zum großen Theile verkauft worden sind, um so unerträglicher an den Bettelstab kommen müßten, als Höchst Sie kein anderes Vermögen mehr besitzen, und das ohnehin schon mit schweren Schuldenlasten beladene Hochstift keinen Credit mehr haben kann; bey alle dem aber

3.) Annoch das bedauerlichste ist, daß durch die erwähnte französische Besitznahme der besagten bisher neutral gewesenen Lande, die Aufhebung der katholischen Religion in einem Theil des Münster-Thals, in einem aus 12. meistentheils adlicher Glieder bestehenden dasigen Chorstift und der berühmten Abtey Bellelai Prämonstratenser-Ordens, nicht zu vermelden seyn dürfte.

Einer Hochansehnlichen Reichs-Deputation werden daher diese so wichtige Verhältniße von gedachter Gesandtschaft mit der dringendsten Bitte zur hochgeneigten Beherzigung anheimgestellt, daß Hochdieselbe in Ihrer Weisheit, die Mittel ausfindig machen mögte, um, durch nachdrucksamste Verwendung bey den französischen Bevollmächtigten, dem androhenden Uebel und dem vollkommenen Ruin Sr. Hochfürstl. Gnaden, Ihres Hochstifts und Angehörigen schleunigst abzuhelfen, allerwenigstens aber zu bewirken, daß bis zum tractatenmäßigen Austrage der Sache alle Eigenthümer Sr. Hochfürstl. Gnaden und Ihres Domstiftes sowohl, als auch Ihrer sämmtlichen Angehörigen und Unterthanen, behörig respectiret und salviret werden möchten.

Rastadt, den 22. Dec. 1797.

Freyh. von Ligertz, Domherr zu Basel.
Von Billieux. Schumacher.

Da der endesunterzeichneten Hochfürstl. Baselischen Gesandtschaft anheute den 23. dieses, die so verläßig als traurige Nachricht eingelaufen ist, daß in Folge der zwey Schreiben des französ. Geschäftsträgers Bacher vom 13. des l. M. (wovon die Abschriften dem Memorial vom gestrigen Tage beyliegen) der Stand Basel die daselbst gelegene bischöfliche Residenz, sammt dem Domhofe mit Wachen besezt, und nicht nur die Hochfürstliche und Domcapitlische, sondern auch die Partikular-Eigenthümlichkeit der Domherren mit Arrest belegt habe, als findet sich die ermeldte Gesandtschaft vermüßiget, einer Hochansehnlichen Reichs-Deputation diese neuen Verhältnisse anmit ebenmäßig pflichtschuldigst anzuzeigen, und die allerinständigste Bitte um vielvermögens de wirksamste Verwendung beyzufügen, auf daß, wann in der Hauptsache selbst sogleich nicht geholfen werden könnte, doch unter einst die Eigenthümer verschont, und allerwenigstens die Sr. Hochfürstl. Gnaden sowohl, als denen Partikular Gliedern des Domstifts zugehörige bewegliche Habseligkeiten indessen zu ihrer freyen Disposition erlassen werden.

Rastadt, den 23. Dec. 1797.

     Freyherr von Ligertz,
     Domherr zu Basel.
     Billieux. Schumacher.

Anlage A.

Schreiben des Bürgers Bacher an die löbliche Eidgenossenschaft vom 23. Frimaire, im 6ten Jahr der französischen Republik.

Il est notoire que la prevoté de Moutier, Grandval, le pays d'Erguèl, la mayerie d'Avint, la Neuveville, et par indivis la seigneurie des montagnes de Diéssen
           étoient

étoient de tout temps des dependances du ci-devant Evêché de Basle, actuellement réuni à la France sous la denomination de Département du Mont-terrible. La Nation Française étant subrogée à tous les droits de souveraineté honorifiques et utiles, domaniaux, biens fonçiers, de mouvances et appartenances etc. du ci-devant Evêché de Basle sur la rive gauche du Rhin, je suis chargé, magnifiques et puissants Seigneurs, de vous notifier, que l'occupation de tous les susdits pays va avoir lieu sous peu de jours; de manière cependant à ne porter aucune atteinte à la neutralité Helvetique, qui sera maintenue dans tous ses points, puisque la République Française ne sera autre chose, que d'exercer tous les droits quelconques, et de se mettre en lieu et place du soi-disant Prince Evêque de Basle, en prenant possession d'une partie integrante et dependante du Département Mont-terrible.

Je dois ajouter, magnifiques et puissants Seigneurs, à ma notification officielle, que la République Française se reserve formellement tous ses droits et actions contre qui il appartiendra, sur tous les immeubles, meubles appartenants au ci-devant Evêché de Basle sur la rive gauche du Rhin, les indemnités, qui lui sont dûes pour la non-jouissance, et en général tous les torts que lui ont causés les obstacles mis jusqu'à present à la prise-possession des ci-dits pays, de même, que la restitution des dixmes, rentes foncières, droits Seigneuriaux de passage etc. en général les sommes et objets induement perçus depuis la reunion du Département de Mont-terrible à la France.

J'ai l'honneur d'être etc.

VI.   D

Anlage B.

Schreiben des Bürgers Bacher, Chargé d'affaires der französischen Republik bey der löblichen Eidgenossenschaft, an das helvetische Directorium zu Zürich. Basel, den 23. Frimaire. Im 6ten Jahre der französischen Republik. (13. Dezember 1797.)

Magnifiques et puissants Seigneurs!

Comme des malveillants pourroient chercher à allarmer les Cantons qui avoisinent la France sur l'occupation que les troupes Françoises vont faire des dépendances du Département du Mont-terrible indiquées dans la lettre ci-jointe, je vous prie, magnifiques et puissants Seigneurs, de vouloir bien la faire circuler parmi les états de la confédération Helvétique et d'y ajouter, que la République Françaisc sera toujours ses efforts pour maintenir la neutralité, et que son voeu constant sera de vivre en paix et bonne amitié avec le peuple Suisse, en assurant son independance et sa liberté.

J'ai l'honneur d'être etc.

5. Vorstellung des Fürst-Bischofs von Basel, wegen Nichtbehandlung der Baselischen Unterthanen als Emigranten. Vom 20. März 1798.

Nicht nur nach der Eppche der am 23. März 1793. vorgegangenen Vereinigung des größten Theils des Reichsfürstlichen Stiftes Basel an Frankreich, sondern fast Jahr und Tag vorher schon, gleich zur Zeit, als die französischen Truppen unter Freundschafts-Vorwand eindrangen, an eine Vereinigung aber noch nicht einmal gedacht wurde, verließen unzählige, alt und junge, geheyrathete und ledige Personen, männlich und weiblichen Geschlechts ihre Wohnstätte, theils um ihrem natürlichen Landesherrn in seiner Auswanderung nachzufolgen, und ihm in Vollziehung seiner aufhabenden Reichspflichten beyzustehen, theils um denen Verfolgungen und der Todesgefahr, womit die Anhänger der verfassungsmäßigen Regierungen bedrohet waren, auszuweichen, theils aber auch, um gegen Kaiser und Reich die Waffen nicht ergreifen zu müssen, sondern denen von Reichs wegen ergahgenen Avocatorien und Inhibitorien die gesezliche Folge und Unterthänigkeit zu leisten.

Obschon nun über diese ihrer rechtmäßigen Landesherrschaft aus Anhänglichkeit und Pflicht getreu verbliebene Stift-Baselsche Unterthanen und Angehörige, Frankreich eine legale Beherrschung auszuüben, offenbarer Dingen, die geringste Befugnis nicht hatte, so ließ selbiges dennoch alle oberwähnte Judividuen, jene nämlich, die vor der Vereinigung ausgewandert waren, eben so wie jene, die nachher ihre Wohnsitze verlassen hatten, und so weiters annoch die durch bekannte Gewissens- und Religions-Kränkungen zur Verlassung ihrer Vaterstädte und Versorgungen genöthigte Clerisey, Religiosen und Klosterfrauen, sogar auch unmündige und minderjährige Kinder, die doch anders nichts als ihren Eltern nachzufolgen vermochten, sämmtlich ohne Unterschied auf eine Liste sezen, und denen für die eingebohrne französische Unterthanen gemachten scharfen Emigrations-Gesezen gemäß behandeln — einfolglich ihre Personen verbannen, ihre liegend und fahrende Habschaften aber sequestriren und zum Theil verkaufen.

Nun ist Einer, mit der Höchstansehnlichen Kaiserl. Plenipotenz vereinten vortreflichen Reichsfriedens-Deputation zwar gefällig gewesen, in denen sub dato 3. d. l. M. an die französische Ministers gerichteten achtzehn Punkten zu Gunsten der Reichs-Angehörigen, welche ungebührlich wie französische Emigrirte angesehen und behandelt werden, ihre beschäftigte milde Fürsorge, im Allgemeinen schon eintreten zu lassen; weil aber die Verbitterung Frankreichs vorzüglich gegen die Emigrirten der vereinigten Länder durch die traurige Beyspiele von Avignon und Belgien, nur zu fast am Tage liegt, und leider! der größte Theil des Reichsfürstl. Stifts Basels ebenfalls an Frankreich vereiniget worden ist, so stehet man nicht ohne Sorgen, daß desselben Angehörige, insofern ihrentwegen eine ausdrücklich benannte Ausnahme in dem zu errichtenden Friedenswerk nicht Plaz greifen sollte, der Strenge der französischen Geseze nicht auch wie die Belgier ferner unterjocht bleiben.

Wenn aber des Herrn Fürst-Bischofen zu Basel Hochfürstl. Gnaden landesväterlicher theuresten Pflicht nicht zu viel obgelegen seyn kann, und selbst auch die Ehre und Würde des gesammten heil. römischen Reichs erfordern, daß Höchstderoselben unglücklichen Unterthanen insbesondere, nicht minder als denen getreuen Reichs-Angehörigen überhaupt, welche wegen Religions-Kränkungen, wegen vorgeschriebener gesezlichen Anhänglichkeit an ihre rechtmäßige Herrschaften, und um anderer obenangeführten löbl. Bewegungsgründen willen, auszuwandern veranlaßt und genöthiget worden, eine bestverdiente Genugthuung vergönnt werde; als haben Höchstdieselben Dero unterzeichnete Gesandschaft specialiter beauftragt, diese schwere Anliegenheit, wovon die Wohlfahrt so vieler Tausenden nunmehro im Auslande, in

Noth und Armuth herumirrenden rechtschaffenen Leuten und getreuen Reichs-Angehörigen abhängt, Einer mit der Höchstansehnl. Kaiserl. Plenipotenz vereinten vortrefflichen Reichs-Friedens-Deputation dringlich an's Herz zu legen, und Höchst- und Hochdieselben sohin inständigst zu erbitten, daß in erfolgendem Abtretungsfall der Fürstlich-Baselischen Reichslanden an Frankreich, zur Vermeidung aller nachherigen zweydeutig- und willkürlichen Auslegungen, in dem abzuschließenden Friedenswerk durch bestimmte und heitere Ausdrücke vorbehalten und schriftlich verzeichnet werden möchte, was massen von den sämmtlichen bis zur erfolgenden friedenstraktatmäßigen Abtretung des Hochstifts Basel, aus desselben Gebiete ausgewanderten Individuen, wessen Namens, Stands, Wesen und Geschlechts sie seyen, und wo sie sich dermalen nur immer aufhalten mögen, keiner als Ausgewanderter angesehen noch gehalten — und mithin die von Seiten Frankreichs wider dieselben, oder wider die französischen Unterthanen gemachte Auswanderungs-Gesetze gegen sie Reichsstifts-Baselische Angehörige und Unterthanen, in keine Weis und zu keiner Zeit anwendbar noch verbindlich seyn — einfolglich denenselben nicht nur ungehinderte Rückkehr und Aufenthalt in ihrem Vaterlande vergönnt, sondern auch freye Hand über ihr sämmtliches vor ihrem Austritt oder Auswanderung besessenes, nicht minder als auch über das ihnen etwa seither und von Anbeginn der Revolution bis zur Zeit der erfolgenden förmlichen Landesabtretung, nach denen Reichsgesetzen angewachsenes oder angefallenes Vermögen, mit allen daherigen Einkünften und Ansprachen, die Nation möge durch Verkauf oder sonst damit schon disponirt haben oder nicht, verstattet — sofort alle auf ihre Eigenthümer und Ansprachen angelegte Verbote unverschieblich aufgehoben und namentlich ihre unter dem irrigen Auswanderungs-Vorwand schon verkaufte, liegende Güter, wieder zurückgegeben — ihre verkauft beweglichen Habseligkeiten aber nach ihrem eigentlichen Werth vergütet, und falls die veräußerte liegende Güter in natura nicht mehr zurückgestellt werden könnten, der Ersatz dafür ebenmässig nach ihrem eigentlichen Werth geleistet — auch allen wegen der Auswanderung an ihren Gütern betheiligten Partikularen eine billige Entschädigung geschöpft, und endlich für die uneingestellte vollgültige Zahlung all' dieser Vergütungen eine genugsame Versicherung mit der Erlaubnis ertheilt werden soll, daß sie, und alle Stifs-Baselische Angehörige und Unterthanen, die nach erfolgter allfälligen Abtretung ihr Vaterland zu verlassen, sich etwa entschließen würden, ihr bewegliches und unbewegliches Eigenthum, und alles was ihnen zugehörig ist, so wie andere Einwohner der Republik, ungehindert benutzen, gutbefindenden Falls aber binnen einer zu verkommenden hinlänglichen Frist veräussern, und in Geld oder in natura Abgabsfrey abführen dürfen.

Wie nun übrigens Se. Hochfürstl. Gnaden im Bewußtseyn, ihre Reichspflichten zu Ihrem und Ihrer Angehörigen selbsteigenen persönlichen Nachtheil unter allen so langwierigsten als härtesten Bedrängnissen immer getreulich erfüllt zu haben, das unwandelbare Zutrauen hegen dürfen, daß über Ihre wiederholte, an Se. Kaiserl. Majestät, an den allgemeinen Reichstag, an die zum gegenwärtigen Friedens-Congreß wohlbestellte Höchstansehnliche Kaiserl. Plenipotenz und vortreffliche Reichs-Friedens-Deputation, namentlich unterm 9. May 1792, 9. Sept. 1793, 21. August 1795, 22. und 23. Dezemb. 1797, auch 11. Januar und 14. Febr. d. l. J. allen unterthänigst und geziemend eingereichte Beschwerds und Bittschriften die Reichsverbandmäßige Rücksicht, Stütze, und Hülfe zuversichtlich eintreten werde; und daß, wenn auch die geographische Integrität des Reichs nicht beybehalten werden kann, Eine mit der Höchstansehnl. Kaiserl. Plenipotenz vereinte vortrefliche Reichs-Friedens-Deputation nur desto beschäftigter und unablässiger besorgt seyn werde, doch allerwenigstens die politische Integrität des verfassungsmäßigen bisherigen Verhältnisses des Reichs unter denen dazu gehörigen geist- und weltlichen Ständen unabänderlich handzuhaben; zumalen St. Hochfürstliche Gnaden aus denen den französischen Friedens-Bothschaftern am 3. des l. M. von Reichs wegen übergebenen hier oben schon erwähnten achtzehn Punkten zum unverkennlichen Danke aller Reichs-Angehörigen, mit besonderm Trost zu ersehen gehabt, wie sehr ihr Interesse im Voraus schon beherzliget, und wie sorgen und einsichtsvoll die Rechte, Forderungen, Ansprachen und Entschädigungen, sowohl der sämmtlichen als auch der einzelnen Reichsstände und Angehörigen, zu Bedacht genommen seyen; also entübriget Höchstdenenselben nur noch für den glücklichen Ausschlag dieser rühmlichsten Bemühungen und Unterhandlungen ihre lebhaftesten Wünsche zu verdoppeln, und in Hinsicht der ganz besondern Lage, worinn Sie sich mit Ihrem Domstift befinden, die hiernach folgende angelegentlichste Bitte beyzusetzen:

1.) Daß Eine mit der Höchstansehnlichen Kaiserl. Plenipotenz vereinte vortrefliche Reichs-Friedens-Deputation, von denen in den obermeldten achtzehn Punkten zu Gunsten der Landesherrschaften, so wie auch ihrer Angehörigen und Unterthanen auseinandergesetzten allergerechtesten Forderungen nicht abweichen — und von allen daher erwartenden Nutzungen und Vortheilen das Hochstift Basel mit denen Seinigen, gleich allen andern betheiligten Reichsständen, theilhaftig machen — zu diesem Ende aber, (und damit wegen der vorberührten Vereinigung, wodurch Se. Hochfürstliche Gnaden, Dero Domstift, Angehörige und Unterthanen theils schon vor fünf Jahren, theils aber auch erst vor drey Monathen durante armisticio aus dem Besitzstand ihrer am linken Rheinufer gelegenen Reichs-Angehörungen herausgewunden und entsetzt worden sind, von Seiten Frankreichs keine Ausnahme vorgeschützt werden möge), in dem zu beschließenden Friedenswerk ausdrücklich erwähnt werde, daß alle zu Gunsten der andern Reichsständischen Besitzern oder rechtmässigen Eigenthümern vorzubehaltende Vortheile, auch namentlich dem Reichsstift Basel und seinen sämmtlichen Angehörigen und Unterthanen ohne einige Ausnahme zustatten kommen sollen.

2.) Daß für den dem Hoch- und Domstift, sowohl im Elsas, als in dem anvertrauten eigenen Gebiethe zugefügten viele Millionen betragenden Schaden, insofern solcher durch die von denen mehr besagten achtzehn Punkten erwartenden Vortheile, hinlänglich nicht vergütet würde, eine ergiebige und billigmässige Entschädigung per Bausch in Geld, vorzüglich aber an Grund und Boden geschöpft, angewiesen, und um so gewisser zugesichert werden möchte, als nicht nur die Religion, sondern auch das unverkennbare Interesse der unmittelbaren Reichs-Ritterschaft, die Conservation dieses uralten Reichsstifts bey seinem bisherigen Ansehen allerdings erheischen, und nicht billig seyn kann, da zumalen es in vorigen Kriegen so sehr schon geschmälert worden ist, daß es zum Nutzen von Allen und für das ganze Reich ein Opfer werde, ohne für seinen erleidenden unermeßlich großen Verlust 'eine Entschädigung zu erhalten.

3.) Daß die auf Sr. Hochfürstl. Gnaden und Dero Dom-Kapitel, so wie auch die unter Höchstderoselben Bürgschaft auf denen Bisthum Baselischen Landständen haftende Pasiv-Schulden, (mit Innbegrif derjenigen, die Se. Hochfürstl. Gnaden und Dero Dom-Kapitel bey Vermissung der denenselben von Frankreich entzogenen Einkünften und Habschaften zu Ihrer und der Ihrigen untereinstiger Subsistenz, und um Ihre aufhabende Reichspflichten erfüllen zu können, seit dem Anfang der französischen Revolution zu contrahiren vermüssiget werden), zu gerechtem Bedacht genommen, und, durch wen es sich fügen wird, bezahlt werden, ohne daß Sr. Hochfürstl. Gnaden, Dero Domstift, noch die ehemalige landständische Repräsentanten jemals darum gesucht noch belangt werden mögen.

4.) Daß Remissive auf den dritten Artikel der mehrbesagten achtzehn Punkten von der französischen Republik auch auf alle Ansprüche, Rechte, Güter und Einkünfte, so die ein- oder andere aufgehobene französische Stiftungen oder Corporationen in denen bey Deutschland verbleibenden Landen besitzen, eine ebenfallsige Verzicht erwirkt, und endlich:

5.) Daß, gleichwie die dem Reichsfürstlichen Hochstift Basel zustehende stattliche Rechten sich auf den Westphälischen und alle nachherige öffentliche Werträge von Nymwegen, Ryswick, Wien u. s. w. ja selbst auch auf den mit der Kron Frankreich im Jahr 1780. beschlossenen feyerlichen Bundesvertrag begründen; also auch in dem neuzuverfassenden Friedenschluß alle zu Gunsten des erholten Hochstifts sprechende vorgehende öffentliche Verträge ausdrücklich und feyerlich bestätiget werden möchten.

Wenn nun endlich zum Beschluß die Anmerkung nicht unbiemlich seyn mag, daß das mehrerholte Hochstift unstreitig einen wesentlichen und ergänzenden Bestandtheil des heiligen römischen Reichs ausmache, und in keiner Rücksicht unter einer andern Cathegorie, als unter derjenigen und ganz nämlichen, worunter alle übrige Sitz und Stimme habende Reichsstände sind, betrachtet werden könne, einfolglich selbiges alle denen andern betheiligten Reichsständen zu statten kommende Nutzungen und Vortheile in gleichem Maß anzusprechen und zu erwarten berechtiget sey; also darf man auch der tröstlichen Hofnung leben, daß eine vortrefliche Reichs-Friedens-Deputation, vereint mit der Höchstansehnlichen Kaiserl. Plenipotenz, die allerbedauerlichste Lage dieses Sr. Kaiserl. Majestät und dem Reich stets unerschütterlich getreu verbliebenen und immer mit Herz und Mund zugewandt verbleibenden unglücklichen Hochstifts nach beywohnendem Biedergefühl zu beherzigen, und nach bestem Vermögen zu unterstützen, nicht entstehen werde.

Rastadt, den 20. März 1798.

Freyh. v. Elgerh, Domherr zu Basel.
Von Billieur, geheimer Rath.
Schumacher, geheimer Raths-Secretair und Hofrath.

6. Fernere Vorstellung der Fürstlich-Baselschen Abgeordneten, vom 23. Junius 1798.

Einer mit der Höchstansehnlichen Kaiserl. Plenipotenz vereinten vortreflichen Reichs-Friedens-Deputation sind bereits unterm 20. März lezthin die aus dem Völkerrecht hergeleitete Gründe geziemend vorgelegt worden,

vermöge deren die Angehörigen des Reichsfürstl. Hochstifts Basel, so ihr Vaterland entweder schon vor, oder
auch erst nach desselben Vereinigung mit Frankreich verlassen haben, nicht als französische Ausgewanderte angesehen werden können.

Auch eine von dieser Wahrheit vorhin schon über-
zeugte hochgedachte vortrefliche Reichs-Friedens-Deputation hat in ihren achtzehn Bedingungen vom 3. des vor-
besagten Monats März schon darauf angetragen, daß
in denen erst durch den Friedenstraktat rechtlich abzutretenden Reichslanden die französischen Gesetze gegen die
Emigration nicht angewendet werden sollen.

So zuversichtlich man daher hoffen darf; daß diese
von Reichswegen eingetretene preiswürdigste Sorgfältig-
keit, und die von allen Völkern allgemein anerkannte
Gründe den gehörigen Eindruck bey der französischen
Gesandtschaft nicht verfehlen werden, so mag jedoch
nicht unnützig seyn, diesen Einschreitungen und unum-
stößlichen Gründen annoch den behülflichen Beweis zu-
zusetzen, daß auch in dem alleräußersten Fall, wo die,
in Folge der von Reichswegen ergangenen allerhöchsten
Avokatorien und Juhibitorien, aus ihrem Vaterlande ge-
tretene Reichsstift-Baselischen Angehörigen wider alle Erwartung nicht nach dem Völkerrecht, sondern selbst nach
den Gesetzen der französischen Republik beurtheilt werden
sollten, sie auch nach diesen nicht strafbar seyn können.

Weil aber dieselben nichts destoweniger der Strenge
der französischen Emigrations-Gesetze stets noch unter-
liegen, und diejenigen aus ihnen, die vermöge erhalte-
ner provisorischer Radiationen in ihr Vaterland zurückge-
treten waren, zufolge des Gesetzes vom 19. Fruktidor
(5. Sept.) letzthin selbiges wiederum zu verlassen, und
ohne ihr sequestrirtes oder gar schon verkauftes Eigen-

thum benutzen zu können, von neuem im Elend herumzu
irren genöthigt worden, als haben diese Unglücklichen,
durch den Drang ihrer leidigsten Umstände angetrieben,
das hiebeykommende subsidiarische Promemoria, worinn
der obenangeführte neue Beweis einleuchtend dargethan
wird, der endesunterzeichneten Fürstl. Bischöflichen Baselischen Gesandtschaft mit dem inständigsten Ansuchen ein-
geschickt, daß der zu ihren Gunsten darinn sprechenden
offenbaren Gerechtigkeit bey denen betreffenden höchsten
und hohen Stellen geneigtes Gehör verschaft, und durch
bestmögliche Behabung ihrer gerechtesten Beschwerden
ihrem so lange schon erduldenden Elend doch endlich das
erwünschte Ziel gesezt werden möchte.

Endesunterzogene Gesandtschaft hält es dahero für un-
ausweichliche Pflicht, Einer mit der Höchstansehnlichen
Kaiserl. Plenipotenz vereinten hochermeldeten vortrefflichen Reichs-Friedens-Deputation das befragliche Promemoria mit der allerangelegentlichsten Bitte gehorsamst
hie beyzulegen, daß Höchst- und Hochdieselben die ihrer
Weisheit und Vielvermögenheit beywohnende zweckmäs-
sigste Mittel einzuschlagen geruhen wollen, damit denen
in keiner Hinsicht strafbaren und dennoch so lange schon
im Unglück und Elend schmachtenden bedaurungswürdig-
sten Bittwerbern in ihrem Gesuch endlich willfahrt werden möchte.

 Freyherr von Ligertz, Domherr zu Basel,
  als Abgeordneter.

 Von Billieux, geheimer Rath, als Abgeordneter.

 Schumacher, geheimer Raths-Sekretär und
  Hofrath, als Abgeordneter.

Observations fondées sur les loix de la République Françoise.

En faveur des absents de la partie de l'Evêché de Basle réunie à la dite République par Décret du 23. Mars 1793. sous le nom de Département du Mont-Terrible.

Quand les principes consacrés par le droit des gens qui lie les nations et les états, ne garantiroient point suffisamment les absents de l'Evêché de Basle de la tâche de l'émigration qu'on leur impute ; les loix mêmes de la République Françoise présentées dans leur vrai jour démontreroient à évidence qu'ils ne peuvent être envisagés ni traités comme des émigrés François.

Rien de plus absurde que la manière arbitraire qu'on a suivie pour former la liste des prévenus d'émigration dudit pays.

A peine le Décret de la Convention nationale du 23. Mars 1793. qui en réunit une partie à la République Françoise sous le nom de *Département du Mont-terrible*, fut-il connu, que les nouveaux administrateurs crurent devoir s'occuper à dresser des listes d'émigrés.

Les municipalités furent donc chargées par eux d'envoyer aux administrations de districts les noms de tous les citoyens absents de leurs domiciles. Elles auroient du donner en même tems tous les renseignemens nécessaires sur l'époque et les motifs de l'absence de leurs concitoyens, afin de mettre les administrations de districts et du Département à même de juger, si quelques-uns pouvoient être dans le cas d'être déclarés émigrés.

Les municipalités ne firent aucune distinction ni observation; elles rapportèrent dans leurs listes généralement tous ceux qui étoient absents depuis peu ou depuis longues années, ceux qui étoient sortis avec passeports, ceux qui étoient possessionnés dans les communes où ils n'avoient jamais eu de domicile, enfin des enfants et des personnes mortes.

Les administrateurs frappés de l'irrégularité de ces listes et sentant l'injustice de les adopter, les gardèrent près de cinq mois sans en former le tableau requis : Ils ne savoient de quelle époque fixer l'émigration.

Il subsistoit à la vérité une loi pour les François, celle du 28. Mars 1793. aux termes de laquelle il falloit être François, il falloit avoir quitté le territoire de la République Françoise, *ou avoir résidé sur son territoire occupé par l'ennemi*, pour être compris parmi les émigrés *). Aucun de tous ces cas n'étoit applicable aux absents du nouveau Mont-terrible : Ils ne sont pas nés François, ils n'ont jamais été naturalisés François, et n'ont point abandonné le territoire de la République. La plupart et presque tous les absents de leurs communes actuellement en réclamation, en étoient sortis un an avant que la France eût réuni l'Evêché de Basle, dans un tems où l'on n'y reconnoissoit d'autre Gouvernement que celui du Prince-Evêque, et que la France même, en envoyant en Avril 1792. ses troupes dans le Porrentrui pour en garder les défilés, ordonnoit de respecter son autorité comme celle d'un ami et allié.

On sentit donc qu'on ne devoit point les envisager comme des émigrés François qui avoient abandonné

*) Voyez Section III. de la dite loi.

leur patrie, et on vit bien qu'il ne pouvoit avec justice y avoir des émigrés dans ce Département. Cependant le Représentant du peuple Bernard de Xaintes qui y étoit en mission, pressoit et menaçoit les administrateurs pour qu'ils imprimassent dans le plus bref délai des listes d'émigrés. Que fit-on? Pourroit-on le croire !
Pour se débarrasser de ces menaces impérieuses, les administrateurs, sans faire aucune distinction ni exception, transformèrent tout uniment en tableau d'émigrés les mêmes listes informes de tous les absents, qui leur avoient été fournies par les municipalités. On ne se borna pas même à cette injustice criante; mais, pour la consommer, le Département prit le 11e jour du 2e mois de l'an deux de la République (11. Octob. 1793.) un arrêté par lequel, en donnant une application fausse à la loi du 28. Mars de la même année, et un effet rétroactif aux loix contre les émigrés *), usurpant en outre le pouvoir législatif, il déclaroit définitivement émigrés tous les habitans de l'Evêché de Basle, qui s'étoient absentés de leurs domiciles depuis le 10. Avril 1792. c'est-à-dire depuis quelques semaines avant la susdite entrée des troupes Françoises dans le Porentrui pour y occuper les gorges, et près d'un an avant que la France eût réuni ce pays.

Cet arrêté inique et révoltant, provoqué par Bernard de Xaintes, en fut sanctionné. Il en ordonna l'exécution ; mais il ajouta la réserve *jusqu'à ce que le contraire eût été statué par la Convention nationale*; réserve qui démontre que Bernard étoit aussi con-

*) Suivant les droits de l'homme Art. 14. aucune loi ne peut avoir d'effet rétroactif.

vaincu de l'injustice de sa loi, que de son incompétence à la porter.

La journée mémorable du 9. Thermidor ayant sur ces entrefaites délivré la Convention de la tyrannie qui la comprimoit, elle ne jugea pas indigne de son attention ce qui se passoit dans le Mont-terrible ; diverses instructions et directions données aux administrateurs, les autorisèrent à prononcer sur les réclamations des prévenus d'émigration : Enfin elle manifesta ses principes par la loi du 25. Brumaire an trois (16. Novembre 1794.) qui *) fixe les époques après lesquelles la sortie des habitans des pays réunis les met dans le cas de l'émigration. Celle pour le Mont-terrible est fixée après le 23. Mars 1793. **) jour de sa réunion.

Cette loi anéantit donc définitivement l'arrêté du Département sanctionné par Bernard de Xaintes, et, en fixant au jour de la réunion l'époque d'où l'on dateroit l'émigration, elle effaçoit irrévocablement des listes d'émigrés les noms de tous ceux qui avoient quitté leurs foyers avant que la France eût pris la mesure de réunir leur patrie.

Leurs radiations, en conséquence des principes établis par cette même loi, devoient donc sous tous les rapports être confirmées comme définitives ; mais la loi du 19. Fructidor (5. Septembre 1797.) ayant prévenu les décisions sollicitées, elle a de nouveau exilé et proscrit nombre de citoyens vertueux et utiles,

*) Section II. Art. VI.
**) Voyez la II. Section où il est dit :
    Art. VI. *Sont émigrés etc. etc.*
    Département du Mont-terrible.
  3°. *Tous citoyens, domiciliés dans le ci-devant Rauracis, qui, sortis de son territoire depuis le 23. Mars 1793. n'étoient pas rentrés sur celui de la République au 23. May suivant.*

les, de vieillards, de pères de famille, de femmes et d'enfants, que la loi du 25. Brumaire an trois non rapportée avoit rappellés définitivement dans le sein de leur patrie. Ils en sont derechef bannis et dépouillés de toutes leurs propriétés : On leur arracheroit la vie, s'ils alloient en personne réclamer l'exécution de la dite loi.

Quant aux prétendus émigrés qui ont quitté leur patrie postérieurement à la date de la réunion, il est notoire qu'ils ont été forcés d'en sortir pour se soustraire aux menaces et insultes dont des hommes féroces, qui par violence s'étoient emparés exclusivement de toutes les places, les chargeoient. De jour on les attaquoit dans les rues, jusque même dans leurs maisons ; de nuit on cassoit leurs fenêtres ; on crayonnoit leurs portes de signes de proscription, et quand ceux qui avoient une mission publique du gouvernement, étoient invités à venir au secours de ces hommes paisibles et persécutés, on se contentoit de répondre que ces secousses étoient inséparables de la révolution etc. etc.

La faction tyrannique qui avoit voulu faire de ce pays un gouvernement indépendant pour le gouverner à son gré, s'emparer des biens nationaux et dépouiller ses concitoyens, menaçoit et persécutoit par dépit : Elle conseilloit sous main à ceux qui lui déplaisoient, de se retirer, et après qu'ils furent partis, plusieurs de ces hommes pervers se vantoient, dans les cabarets et aux sociétés populaires, d'avoir conquis à la nation les biens des individus qu'ils avoient forcés d'émigrer.

C'est donc uniquement pour se soustraire aux vexations, aux arrêts, aux assassinats, auxquels ces malheureux individus ne cessoient d'être en but, qu'ils ont cherché leur tranquillité et sécurité personnelles, la plupart en Suisse.

De pareilles émigrations ayant eu lieu en France comme dans le Mont-terrible, la convention nationale est venue au secours des François, que la terreur avoit forcés de s'expatrier. La loi du 22. Nivose an 4. et celle du quatrième jour complémentaire ont rendu à leur patrie une multitude de François fugitifs.

Or si la loi est la même pour tous *), si les habitans du Mont-terrible sont assimilés aux François depuis le 23. Mars 1793. |toutes les loix postérieures ne les concernent-elles pas? ne doivent-ils pas en pouvoir réclamer la protection, comme ils doivent en craindre la rigueur?

Indépendament de ce que presque tous les réclamants se sont retirés dans les cantons Suisses alliés de l'Evêché, où des uns étoient bourgeois, des autres possessionnés, et que ceux-ci en vertu des décrets du corps legislatif du 27. Brumaire an deux, de l'arrèté du comité de salut public du 28. Frimaire même année, et de la loi du 25. Brumaire an trois, laquelle dernière porte **): *les Suisses et leurs alliés composant la confédération helvétique, ne sont point compris dans les dispositions de la présente loi:* indépendament de ce qu'iceux, d'après la protection spéciale promise à quiconque tenoit à l'Helvétie, ne devoient point être envisagés comme émigré, il est de fait que la loi du 28. Mars 1793. et celle du 25. Brumaire an trois, qui en est le supplément, fixent les époques de la sortie et de la non-rentrée des

*) Droits de l'homme Art 3.
**) Titre I. Section L Art. 5.

absents, hors lesquelles ils sont ou ne sont pas dans le cas d'être envisagés comme émigrés. Ces époques sont pour les anciens départements, depuis le 1. Juillet 1789. jusqu'au 9. May 1792. *); pour le Mont-terrible l'époque de la sortie fixée par la loi du 25. Brumaire est le 23. Mars 1793. Cette époque est pour les citoyens de ce département, ce qu'est celle du 1. Juillet 1789. pour les anciens habitans de la France.

Si donc les pays réunis doivent être assimilés à la nation qui les a adoptés; si la loi est la même pour tous, il ne suffit pas, qu'on ait donné aux prétendus émigrés du Porrentrui leur 1. Juillet 1789. il faut encore, qu'ils ayent eu leur 9. May 1792.

Leur a-t-on accordé ce terme? y a-t-il une loi, un arrêté de corps administratif, qui les eût cités ou rappellés? Bien loin de là, ils n'ont pas eu un instant pour retourner chez eux. Tous ceux qui étoient absents depuis le 10. Avril 1792. étoient, par arrêté du département du 11. Octobre 1793. déclarés émigrés, soumis à la loi du 28. Mars 1793. qui les bannissoit à perpétuité et les condamnoit à la peine de la mort, s'ils rentroient chez eux: ils ne pouvoient donc point rentrer.

Les anciens François émigrés ont eu, pour se repentir de leur émigration, le tems qui s'est écoulé depuis le 1. Juillet 1789. jusqu'au 8. Avril 1792. et depuis cette date ils ont encore eu jusqu'au 9. May suivant un mois de rigueur, ce qui faisoit près de trois années de terme pour réparer leur faute: rien de tout cela n'a été accordé aux absents de l'Evêché de Basle.

*) Voyez la loi du 8. Avril 1792.

La convention nationale sentant qu'il n'y auroit point d'émigrés punissables dans ce pays, s'ils n'avoient un terme pour y rentrer, leur a vraiment accordé deux mois *) par sa loi du 25. Brumaire qui porte : *Sont émigrés tous citoyens domiciliés dans la ci-devant Rauracie, qui, sortis de son territoire depuis le 23. Mars 1793, n'étoient pas rentrés sur celui de la République au 23. May suivans.* Mais bien loin que les absents ayent pu profiter de ce délai, ce ne fut que dixhuit mois après l'échéance de ce terme (car le 25. Brumaire an trois est de 18. mois postérieur au 23. May 1793.) qu'une loi leur annonce, qu'ils avoient eu deux mois pour retourner dans leur patrie: quelle dure injustice !

La loi est la même pour tous et nul ne peut être jugé qu'après avoir été entendu ou légalement appellé **); cependant les prétendus émigrés n'ont été ni appellés ni entendus, et s'ils étoient rentrés en France avant la publication de la loi du 25. Brumaire, on les eût mis à mort, parce que la loi du 28. Mars 1793. qui leur étoit faussement appliquée par arrêté du département du 11. Octobre 1793, les y condamnoit: s'ils y étoient rentrés après la loi du 25. Brumaire,

---

*) Encore ce terme est-il le plus court de tous ceux accordés aux pays réunis. Suivant la Section II. de la loi du 25. Brumaire, les Savoisiens ont eu passés 6. mois depuis le 1. Août 1792. jusqu'au 27. Janvier 1793.

Les habitans du Comté de Nice ont eu 6. mois depuis le 27. Septembre 1792. jusqu'au 25. Mars 1793.

Ceux de Monaco trois mois depuis le 30. Décembre 1792. jusqu'à 1. Avril 1793.

Et les citoyens de tous les autres pays réunis ont eu trois mois à compter du jour, où le decret de la réunion a été proclamé.

**) Droits de l'homme Art. 3. et 11.

ils eussent été guillotinés, parce que le terme de repentir, qu'elle leur accordoit, étoit écoulé depuis 18. mois passés.

Qu'ont donc fait ces malheureux pour être plus maltraités que les anciens François et que les habitans de tous les autres pays réunis? Leur conduite a été telle qu'on n'a pu refuser des certificats de bon comportement à ceux qui étoient rentrés ensuite des radiations prononcées pur le département, et qui de nouveau ont été explusés de leur patrie par suite de la loi du 19. Fructidor dernier. D'ailleurs jamais ils n'ont appartenus à la France, jamais ils n'ont abandonné son sol, et de l'heure qu'il est il n'ont point été dégagés du serment héréditaire de fidélité, qui les lie à leur souverain et à l'Empire.

Ces faits et ces principes sont si irréfragables qu'ils ont été adoptés par la France même : conste sa loi susmentionnée du 28. Mars 1793. Sections III. et autres.

La République françoise, loin de délier pendant la dernière guerre les habitans des parties occupées sur la France de leur serment de fidélité, leur a au contraire ordonné d'abandonner sur le champ leurs foyers pour se retirer dans l'interieur de la République, et a défendu sous peine de mort à ceux qui sont restés, d'accepter aucun emploi civil ou militaire dans les dites parties de son territoire; peine qui a été rigoureusement infligée à tous ceux qui ont désobéi et qu'on a pu saisir.

Mais pour en revenir aux malheureux absents du pays de Porrentrui qui n'étoient pas moins obligés d'obéir aux inhibitions et avocatoires qui leur ont été addressés de la part de Sa Majesté l'Empereur et de l'Empiré, on ne compte guere parmi les réclamants, qui sont sortis postérieurement à la réunion, que des prêtres. On les a joués dans ce département de la maniére la plus perfide. Le pays étant réuni depuis environ six semaines à la France, ils attendoient patiemment qu'on leur signifiât ou qu'on publiât les décrets qui les concernoient. Tout à coup on les avertit, que le département venoit de recevoir les loix des 18. Mars et 23. Avril 1793.

La premiére condamne à la mort les prêtres dans le cas de la déportation, qui, après la huitaine des la publication de cette loi, seroient trouvés sur le territoire de la République.

La seconde condamne à la déportation à la Guyanne tous les ecclésiastiques, qui n'ont pas prêté le serment voulu par la loi du 15. Août 1792. et porte à l'art. 3. que le *serment qui auroit été prêté postérieurement au 23. Mars dernier, est déclaré comme non avenu.*

Ces loix arriverent au département les premiers jours du mois de May 1793. avant même celle du 15. Août 1792.

Les délais pour prêter le serment de maintenir la liberté et l'égalité, voulu par la loi du 15. Août 1792. etoient expirés depuis le 23. Mars 1793. précisément du jour de la réunion du Porrentrui à la France.

Les ecclésiastiques n'avoient plus à opter qu'entre la déportation à la Guyanne et la mort.

Effrayés de l'avis qu'ils venoient de recevoir, ils coururent à la municipalité demander des passeports qu'elle leur donna pour la Suisse; ainsi ils s'exilèrent et ils se déportèrent volontairement, pour éviter la mort ou une déportation forcée dans un autre hémisphère. Cette déportation volontaire auroit dû les garantir d'être portés sur les listes d'émigrés; mais leurs noms ont été les premiers portés sur le tableau. Par différents arrêtés des corps administratifs, leurs noms ont été rayés des listes d'émigrés, et portés sur celle des déportés. Ces arrêtés n'étant plus envisagés que comme provisoires, ces infortunés se retrouvent sous les peines de l'émigration.

Enfin ce qui arrive au militaire de département, n'est pas moins surprenant. Les sujets de l'Évêché de Basle étoient admis et servoient dans tous les régiments Suisses au service de France, avec les mêmes avantages accordés à tous les militaires Suisses. Le Prince entretenoit même au dit service un régiment, qui, par sa capitulation, jouissoit des mêmes prérogatives et privilèges. Tous ont été licenciés par la loi du 28. Août 1792, et autorisés de retourner en Suisse. Or, après les avoir tous reconnus pour Suisses, après les avoir licenciés comme tels, croiroit-on qu'il y en a dont on saisit les propriétés, et qu'on punit comme émigrés françois, parce qu'ils se sont retirés en Suisse?

Ce mémoire ayant pour but de démontrer que, d'après les loix mêmes de la République françoise, les absents du département du Mont-terrible ne sont point punissables, on ne répétera plus ici les raisons consacrées par le droit des gens, qui prouvent irrésistiblement qu'ils ne peuvent point être traités comme émigrés françois. Elles ont été exposées à l'illustre députation du congrès de paix d'Empire par celle du Prince-Evêque de Basle, dans un mémoire du 20.

Mars dernier. Elles sont aussi très-lumineusement
déduites dans celui qui a paru cette année pour les
propriétaires et habitans absents des Provinces belgiques, qui, nonobstant leur réunion provisoire à la
France, n'ont discontinué d'être sujets de Sa Majesté
l'Empereur et Roi qu'au moment de la cession qui
en a été faite par Lui dans le traité de paix de Campo-Formio. Mais si, quelques plausibles que fussent
toutes ces raisons fondées dans le droit des gens,
elles pouvoient néanmoins n'être pas accueillies par
le gouvernement françois, au moins peut-on se promettre de sa justice, qu'étant instruit de tant de contradictions qui se rencontrent dans le dispositif des
loix susmentionnées, de tant d'arbitraire dans l'application même rétroactive qui en a été faite pour opprimer des émigrés supposés, des moyens indignes
qu'on a employés pour les forcer de fuir, de ceux
qu'on a pris pour les empêcher de rentrer et enfin de
la noirceur avec laquelle on a placé leurs noms sur
les listes fatales &c., le dit gouvernement ne différera pas sans doute plus longtems de rendre à leur
patrie tous les absents du Mont-terrible, et de les remettre en possession de leurs modiques propriétés.

7. Vorstellung des Fürstbischofs von Lüttich, wegen Nichtbehandlung der Lüttichischen Unterthanen als Emigranten. Vom 23. Sept. 1798.

Dofchon man sich mit allem Grunde schmeicheln darf,
daß die höchstansehnliche kaiserliche Plenipotenz und die
vortrefliche Reichs-Friedens-Deputation, nach dem Eifer
und der Gerechtigkeits-Liebe, welche dieselbe beseelt,

die bevollmächtigten Minister der französischen Republik überzeugen werden, daß der Unterschied, welchen letztere in ihrer Note vom 28. Fructidor (14. Sept.) zwischen eroberten und vereinigten Ländern festsetzen wollen, völlig unzuläßig sey, so hat doch Unterzeichneter, indem er sich der desfalls von Sr. hochfürstlichen Gnaden dem Bischof von Lüttich erhaltenen Befehle entledigt, die Ehre, der höchstansehnlichen kaiserlichen Gesandtschaft und der vortreflichen Reichs-Friedens-Deputation nachstehende Betrachtungen unterthänigst vorzulegen. Er ersucht dieselben inständigst, sie in ernstliche und gerechte Betrachtung zu ziehen, und ihm zu erlauben, daß er für die günstige Aufnahme, die man seinem letzten Promemoria de dato 16. praesentato et dictato 17ten laufenden Monats hat angedeihen lassen, den schuldigen Dank abstatte.

Die bevollmächtigten Minister der französischen Republik erklärten in ihrer Note vom 19. Germinal (8ten April) ohne alle Einschränkung noch Ausnahme in den allgemeinsten Ausdrücken in Betref der Artikel, welche der deutschen Note vom 3. Merz beygefügt waren:

„Quelques uns n'ont jamais pû être l'objet d'un „doute sérieux de la part de la Députation de „l'Empire, comme par exemple *la conservation* „*des propriétés* des particuliers, &c."

In ihrer letzten Note vom 28. Fructidor (14. Sept.) wo im 3ten Artikel von der Anwendung und Ausnahme der französischen Gesetze in Betref der Ausgewanderten die Rede ist, versichern sie selbst:

„Qu'elle leur a paru véritablement interesser le „bien-être, la liberté et la fortune d'un grand „nombre de familles des deux Etats: objets sa- „crés pour le Gouvernement français dans ses

„relations politiques avec les autres Gouverne-
„mens, comme dans son administration inté-
„rieure."

Die bevollmächtigten Minister der französischen Republik übergeben diese Note als ein Merkmal des Friedens; wäre sie aber wohl in ihren Wirkungen etwas anders als ein Merkmal des Todes verschiedener Reichsstände und ihrer Unterthanen, und der Vorbote der gänzlichen Zerstörung ihres Wohlstandes, ihrer Freyheit, und des Vermögens ihrer Familien? Müßen diese Gegenstände, welche der französischen Regierung in ihren politischen Verhältnissen mit andern Gouvernements so heilig sind, wie in ihrer innern Verwaltung, nicht in einem Theile der abzutretenden Länder so heilig seyn wie in dem andern?

Wie könnten auch wohl nach einem Friedensschluß, der eine so schreyende und erniedrigende Ausnahme enthielte, die weitern Versicherungen der zweyten Note der bevollmächtigten Minister der französischen Republik in Erfüllung gehn:

„Alors tous les sujets d'inquiétudes respectives
„cesseront, et le sentiment des maux se perdra
„dans la jouissance d'une prospérité tranquille."

Unterzeichnete man eine Ausnahme, welche dem Staats- und Völkerrechte und der natürlichen Billigkeit ganz zuwider läuft, so würde sich niemals das Gefühl des überstandenen Mißgeschicks im Genusse eines ruhigen Wohlstandes verlieren können; die in dem Friedens-Tractate verlassene und dargebrachte Schlachtopfer würden vielmehr ewig über das erschreckliche Loos seufzen, welches ihnen ihre treue Gesinnungen und ihre Unterwürfigkeit gegen die Gesetze zugezogen hätten. Dieser schauerliche Gedanke wird hoffentlich niemals reali-

firt werben; bies verbürgen bie Noten der vortrefflichen
Reichs-Friedens-Deputation, namentlich jene vom 31.
Auguſt, wo ſie auf eine eble und tröſtliche Art erklärt:
„So wie der Artikel des Privat-Eigenthums
„der Abweſenden und Ausgewanderten von der lin-
„ken Rheinſeite, auch ſolcher welchen ihre Dienſt-
„und andere Verhältniſſe auf dieſer Seite zu blei-
„ben nicht erlauben, unter die weſentlichſten Frie-
„dens-Artikel gehören, ohne welche dieſe Reichs-
„Friedens-Deputation keinen Frieden abzuſchließen
„vermag."
Ihr letztes Conclusum vom 22. Sept. voll Erleuchtung und Feſtigkeit, beſtärkt dieſe Zuverſicht, und man
hat gegründete Hoffnung, daß es endlich auf den Geiſt
und das Herz der bevollmächtigten Miniſter der franzöſiſchen Republik die vorgeſetzte Wirkung hervorbringen
werde.

Raſtatt, b. 23. Sept. 1798.

Freyherr von Othée.

Observations sur l'art. 3. de la Note des Ministres plénipotentiaires de la République française au Congrès de Rastadt du 28. Fructidor an 6. (14. Septembre 1798.)

§. 1.

Que la Principauté et Évèché de Liège soit partie
integrante de l'Empire d'Allemagne, qu'il soit un
état indépendant de la France, état souverain dés
les siècles les plus reculés, qu'il ne puisse souffrir
aucune espèce de séparation du corps germanique
sans le consentement et l'agrément de Sa Majesté

impériale et de l'Empire, c'eft ce que toutes les puissances, soit Monarchies, soit Républiques, ont réconnu, et les traités existants, nommément celui fait avec la France en 1772, font foi de ces verités.

§. 2.

Que ce pays, qui sert de barrière entre l'Empire et la France, ait été envahi par les armées victorieuses de la République française un peu plûtôt, un peu plus tard que les autres provinces de ses Co-états, cela ne change, ni ne peut changer sa nature: il n'étoit, et n'est pas moins état de l'Empire, et les loix et les dispositions du Gouvernement français n'ont pû qu'y être provisoires, ainsi que par tout ailleurs, étant de regle certaine, admise de tous les tems, par tous les gouvernements, que durant l'état de guerre tout reste en suspens, et ne se traite que suivant les circonstances, soit quant à la police interieure, soit quant aux impositions qu'exigent les besoins des armées; ensorte que ce ne sera que du moment de la ratification du traité de paix entre l'Empire et la France, que ces loix pourroient y être definitivement exécutées; encore ne seroit-ce que suivant les modifications, l'esprit, et les dispositions de ce traité.

§. 3.

Les Ministres plénipotenciaires de la République française, pénétrés de ces grands principes, ont demandé par leur note du 28. Nivose an 6. (17. Janv. 1798.) la cession des états de l'Empire situés à la rive gauche du Rhin, ce qui s'entend sous quelque denomination que ce soit ou puisse être; cette demande étant donc générale, comprend sans doute la principauté de Liège, la plus considérable de toutes par son étendue, sa population, et la richesse de son sol; état que la France ne considéroit pas avec indifférence en 1465. lorsqu'elle faisoit un traité d'alliance avec lui; si donc ce pays doit tomber et tombe vraiment dans la classe des objets à ceder, s'il doit faire partie de la paix future, il a le droit d'attendre, qu'il sera traité dans cette paix de la même manière que tous ses autres Co-états et sujets cédés, puisque le Prince-Évêque de Liège, et son pays n'avoient ni querelles ni demelés particuliers avec la France Monarchie, ni avec la France République, ayant conservé dans tous les tems la bonne harmonie qui convenoit à un état de l'Empire voisin d'un état aussi vaste et aussi puissant; (ainsi que les traités anciens et modernes, approuvés par Sa Majesté impériale et l'Empire, toutes les rélations particulières de commerce le demontrent,) et que ce n'a été que lorsque l'Empire a été forcé pour sa propre defense, de déclarer l'état de guerre contre la France, et que Son Altesse comme membre fidele à ses devoirs s'y est vue enveloppée, qu'elle a dû se conformer à ses décrets suprèmes, ainsi que ses autres Co-états.

§. 4.

Si l'on doit dire un mot sur le point de la pretendue reunion du pays de Liège, qu'un arrèté du Ministre de l'interieur, du 28. Ventose an 6. porte avoir été décretée à Paris le 5. May 1793. l'on aura peine à croire, que la République française, sans l'aveu, même à l'insçû du souverain qui à cette époque étoit dans ses états, ainsi que tout son Gouvernement, y regentoit à l'instar de ses prédécesseurs, et y exerçoit tous les droits et regaux d'un Prince souverain d'Empire, que sans l'aveu de son grand Chapitre, et à l'inscû des trois corps d'état qui représentent le pays, et concourent à sa legislation, et sans l'approbation, ni l'aveu de Sa Majesté impériale et de l'Empire, ait pû l'incorporer dans son territoire, et le declarer en faire partie. La République Française, qui se plait tant à se declarer une et indivisible, savoit parfaitement alors, et le sait encore par les demandes qu'elle fait dans ses négociations, que l'Empire Germanique étoit également un et indivisible, qu'il n'étoit susceptible d'aucune mutilation dans quelque partie que ce soit, et même jusques dans ses plus petits droits; on en appelle à cet égard aux notes de ses Ministres plénipotentiaires touchant les différentes renonciations qu'elle exige; elle savoit, et sait encore, qu'il n'est pas même au pouvoir d'un état de l'Empire de s'en séparer, de faire des changemens dans ses limites (voyés l'Art. X. de la Capitulation impériale), et encore moins de se donner à une puissance étrangère sans le consentement de Sa Majesté impériale et de l'Empire.

„Qu'un Prince ne s'imagine pas", disoit l'auguste chef de l'Empire lors du traité de Nimègue, „qu'il lui soit libre de se donner à un „Roi étranger; les seules loix de la naissance, „qui l'ont fait naître sujet des Cesars, l'attachent „indispensablement à son pays natal: Croit-il „que l'Empereur n'ait pas autant de privileges „que le Roi de France, et qu'il n'ait pas autant „de droits sur ses sujets quand il s'agit du bien „de son Empire?".

§. 5.

C'est par une suite de ce principe, consacré par la haute Députation dans sa note du 3. Mars 1798, que l'on est intimement convaincû que la République Française ne permettroit pas à une partie des citoyens de son vaste territoire, de se donner avec le pays qu'ils habitent à une puissance voisine, et encore moins à celle-ci, de l'incorporer dans son Empire sans son aveu, contre son gré, et à son insçû, l'on peut assurer sans rien hazarder, qu'elle envisageroit ces demarches comme une violation manifeste de son indépendance, et comme l'acte le plus hostile: Ces regles sont si généralement réçûes, que ce seroit faire injure aux sentiments qu'elle annonce, et aux principes qu'elle professe, que de lui supposer qu'elle voudroit en adopter d'autres et insister ultérieurement à ce que cette prétendue réunion dût être envisagée pour un titre quelconque à ce que le Prince de Liège, et ses sujets, pûssent être traités d'une manière différente des autres Princes et sujets de l'Empire.

§. 6.

Ce n'est pas d'aujourd'hui que le sistème de réunion a pris source en France, on l'a encore tenté; mais l'Empereur et l'Empire pénétrés de toute la profondeur du danger de ce principe, qui rompoit son unité et entrainoit par une conséquence naturelle sa dissolution, sûrent s'y opposer d'une manière ferme et énergique dans la déclaration qui fut donnée de leur part comme un *ultimatum* lors des conférences de Riswick du 30. Aout 1697. où l'art. 3. porte:

„ Que l'on compte pour une chose faite *la cas-*
„ *sation* des arrêts de réunions faits par la cham-
„ bre de Metz etc. ou autrement, soit que ces
„ réunions se trouvent exprimées dans les listes
„ exhibées ou non ".

Quoique ces réunions avoient un but coloré, celui de faire valoir des droits ou des prétentions de souveraineté que la France réclamoit, tandis qu'içi le Gouvernement Français n'avoit ni ne pouvoit avoir aucun droit ou prétention sur la principauté de Liège, état indépendant, sous la mouvance et le lien immédiat de l'Empire, cependant l'Empereur et l'Empire refusèrent hautement d'admettre ce principe; et ce fut leur fermeté qui leurs firent obtenir par l'Art. 12. du traité de paix du 30. Octobre 1697. l'exécution plénière de cet ultimatum. L'on ajoutera, que si des actes de cette nature pouvoient être susceptibles de quelque validité, qu'ils ne permettroient à aucun souverain d'être tranquille sur le sort soit de la totalité, soit d'une partie de sa Monarchie; que de cette manière les plus puissants états se trouveroient bientôt partagés, et que ce seroit-là le véritable moyen de rendre d'abord la France maitresse de l'Europe et du monde entier, puisqu'elle seule auroit le privilège de n'être jamais divisée, ce qui est absolument réprouvé par le droit de toutes les nations.

§. 7.

Quant à ce qui regarde le point de l'émigration, on n'entrera pas dans les motifs qui ont pû déterminer les mesures de rigueur, que le Gouvernement français à trouvé bon d'adopter pour la France, parceque ces motifs n'ont pû être applicables aux Princes,

ces, et sujets de l'Empire germanique, qui quoique composans plusieurs états ne forment cependant qu'une famille sous un même chef; sont liés par le même noeud, assujettis aux mêmes obligations, concourent à sa legislation en diète générale, et jouissent de tous les avantages, fussent-ils souverains, ou sujets: ensorte que dans quelque partie de l'Empire qu'ils se trouvent, ils sont vraiment dans leur patrie, et ne peuvent sous aucun titre y-être considérés pour étrangers à la nation allemande (aussi le premier soin de la haute Ambassade Impériale et de l'illustre Députation, par une suite de leur sollicitude envers tous les sujets de l'Empire opprimés, a été de demander par la note du 27. Janvier 1798. qu'on cessât la persécution des sujets &c. et en un mot que les loix contre l'émigration ne soient applicables *à personne de quelle condition que ce soit*, pour avoir quitté le theatre de la guerre et les pays occupés par les troupes françaises). Il en est de même de la France République divisée en départements, où les loix générales du Gouvernement sont exécutées, et où le citoyen peut se transporter avec toute sa fortune d'un pole à l'autre de son vaste territoire, et y jouir de tous les droits communs.

§. 8.

Il seroit d'autant plus injuste de vouloir faire une exception pour la principauté de Liège, que le dispositif de ses Loix permet à chacun la sortie et la rentrée dans ses foyers quand bon lui semble, et que ses habitants n'ont jamais connû, ni pû connoître ce que signifioit l'émigration, puisque les Loix particulières de cet état portent :

VI.

„ Que les originaires qui quittent leur pays re-
„ couvrent leurs qualités et privilèges par le re-
„ tour, à moins qu'ils ne s'en soient rendus in-
„ dignes en prenant les armes contre la patrie",
Quant à leurs biens, et à leurs possessions particulières, jamais ils n'ont éprouvé ni gène, ni entraves pour en retirer les revenus, fussent ils refugiés dans l'Inde.

S'agit-il du droit de confiscation ? Il étoit absolument inusité dans tous les cas, excepté celui du crime de lése Majesté.

§. 2.

Obligés par les mandements avocatoires et inhibitoires de Sa Majesté Impériale, (qui contiennent les mêmes ordres, et les mêmes défenses que la République Française a porté chez elle) de cesser toute communication avec l'ennemi commun, consequemment de se retirer à son approche, de quitter son service, et de refuser d'accepter aucune éspèce d'emploi sous les peines les plus severes, les habitans de la principauté de Liège ont déferé, et obeï respectueusement à ses ordres suprèmes. — Tel étoit l'état des choses, lorsqu'il prit envie à la Convention nationale de décréter et de faire publier en Novembre 1795. les loix portées en France contre l'émigration, et de les étendre aux Départements réunis dans lesquels elle incorpora la principauté de Liège. Vers ces tems les deux rives du Rhin embrassées par des nombreuses armées présentoient chaque jour des nouveaux combats, et les communications en étoient empêchées et defendues, ensorte que d'un côté les sujets du pays de Liège soumis aux loix du chef suprême de l'Empire, soumis aux ordres de leur Prince, qui usoit des mêmes droits que ses prédécesseurs notamment en 1650, et de l'autre réduits à une impossibilité absolue de pouvoir se rendre à cette époque dans leurs foyers, ont du et sont restés tranquilles au sein de l'Allemagne leur patrie, ou ils s'étoient réfugiés.

§. 10.

C'est à la suite de cette publication qne les autorités provisoirement établies se sont occupées à dresser des listes des prétendus émigrés, en y plaçant en tête avec une forme peu décente le nom du Prince-Evèque de Liège, et les noms de ses Ministres, des membres de ses états, de ses conseils, des officiers de ses trouppes, des attachés à son service, et de quelques autres de ses sujets : C'est cette inscription bien ètrange qui forme le titre du crime du Prince-Evèque de Liège envers la nation Française, dont la punition importeroit la proscription et le bannissement perpétuel *sous peine de mort*, non seulement de sa patrie, mais aussi de tout le sol de la République Française ; qui lui interdiroit l'habitation non seulement dans toutes les Républiques alliées à la France, témoins les différents traités existants, entre autres celui avec la Suisse du 19. Aout 1798. Art. 14, mais même celle du territoire des puissances avec lesquelles elle a également contracté ; qui, abstractivement des domaines de sa principauté, entraineroit la confiscation des biens patrimoniaux qu'il possède à titre de ses ancètres, (ce qui est en opposition directe avec la note des Ministres plénipotentiaires de la République Française du 22. Pluviose an 6, qui porte : il s'agit encore moins de rechercher quelles possessions doivent rester aux Princes qui ont perdu. *Les domaines* des Princes, qui exerçoient la souveraineté, entreront, ainsi qu'il se pratique en pareil cas, dans les domaines de la nation, *à qui la cession a été faite*. Donc les seules domaines des Princes doivent entrer dans les domaines de la nation Française, et rien de plus); qui lui oteroit le droit de succession à ses proches, et lui enleveroit même jusqu'aux biens qui pourroient lui être dévolus à la suite en vertu des pactes et contracts anciens de sa famille.

§. II.

Ce Prince devoit sans doute attendre ses ennemis, se livrer à la merci des armées conquérantes de la République Française, et porter sa tête à l'échafaud dans le tems où toute la France étoit dans le deuil et la douleur ; ou devoit il, en se manquant à soi-même et à ses devoirs sacrés envers son chef suprême et l'Empire, rentrer dans son pays, et se constituer prisonnier volontaire de la République Française lorsqu'en 1795. elle fit usage de cette étonnante réunion ? Si le Prince eut été souverain d'un état indépendant, au moins alors il n'auroit dû compté qu'à lui même de telle résolution qu'il auroit prise; mais souverain d'un état intégrant de l'Empire, qu'auroient pensé. ses illustres co-états d'une conduite aussi étrange ? Quels sentiments d'indignation et d'un juste opprobre ne se seroient pas élevés de toute part contre un Prince qui se seroit ainsi prostitué par l'oubli le plus scandaleux de soi-même, et de ses devoirs ? Que la haute Députation veuille le sentir, et prononcer ?

§. 12.

Quel est le crime de son Ministre d'état envoyé à ce Congrès, ainsi que de ses autres Ministres accrédités aux différentes cours et au cercle de l'Empire, à qui le devoir et l'obligation faisoient la loi de suivre les ordres suprèmes de Sa Majesté Impériale, ainsi que ceux de leur très gracieux maitre, et de surveiller les interèts confiés à leurs soins.

§. 13.

Quel est le crime des membres de son grand Chapitre, de son état de la Noblesse, des chefs de son état tiers, des membres de ses conseils et tribunaux, de son militaire qui a servi et sert encore dans l'armée de Sa Majesté Impériale pour la défense commune, ainsi que d'autres personnes attachées à son service, qu'il a appellé, et qu'il avoit le droit d'appeller en qualité de souverain de son pays, pour lui servir de conseil, et exécuter ses ordres, et qui n'auroient pû s'y réfuser sans une desobéissance formelle aux loix générales et particulières de l'Empire.

§. 14.

Quel est enfin le crime de quelques individus Liègeois, qui loin d'avoir porté les armes contre la République Française, loin d'avoir fait la moindre résistance lors de l'envahissement de leur pays, ont cherché au contraire un azile dans le sein de l'Allemagne, leur patrie, pour se soustraire aux horreurs de la guerre, et d'après le dispositif des ordres suprèmes de l'auguste chef de l'Empire?

Tout ce grand crime, dont la punition est si sevère, n'est autre encore que cette inscription fatale.

§. 15.

Quoique jamais dans aucune guerre entre des états souverains indépendants l'un de l'autre, tels que sont l'Empire Germanique et la France, des procédés aussi répugnants n'ont eu lieu contre des sujets des provinces envahies ; que le droit des gens les proscrive, ainsi que l'histoire et tous les traités l'attestent ; que jamais on n'a imposé pendant la guerre d'autres obligations aux sujets des pays, soit conquis, soit réunis, que celles des contributions, corvées, logements, enfin des prestations militaires ; que les confiscations des propriétés étoient abhorrées, même inconnues, (objets si sacrés, que les Ministres Plénipotentiaires de la République Française ont dit eux mêmes généralement et sans aucune éspèce de distinction quelconque dans leur note du 19. Germinal an 6. (8. Avril 1798.), qu'enfin sur les articles joints à la note du 3. Mars, *quelqu'uns n'ont jamais pû être l'objet d'un doute sérieux de la part de la Députation, comme par exemple la conservation des propriétés particulières*), et que chaque individu conservoit le droit naturel de rester chez soi, ou de s'éloigner, si cela lui convenoit, jusqu'à ce qu'un traité auroit décidé son sort, et que, loin d'être molesté à cause de son absence, les Gouvernements ne s'en informoient seulement pas ; encore passeroit-on sous silence quelques mesures extraordinaires qu'auroit employé le Gouvernement Français durant le cours de la guerre.

§. 16.

Mais lorsqu'il vient avec l'olivier de la paix à la main, lorsqu'il annonce vouloir exercer des actes de générosité, et lorsqu'il publie par la note de ses Ministres plénipotentiaires du 5. Fructidor an 6. qu'il veut sincérement la paix, qu'il l'a prouvé par sa modération, et qu'il le prouvera encore, il pretendroit cependant rester en état de guerre avec un et même plusieurs états de l'Empire en établissant une distinction aussi injuste et accablante, distinction entièrement opposée à ce qui a été declaré par la note du 4. Messidor an 6. (22. Juin 1798) où il est dit:

„Que le Gouvernement Français consentira à ce „que ceux qui ne sont pas en même tems Comtes, „Princes, et états d'Empire, qui n'ont pas de voix à „la diète, seront considerés comme simples particu-„liers, et traités comme tels, bien entendu néan-„moins que de leur part il n'y aura lieu à répéti-„tion, ni indemnité quelconque jusqu'à l'époque où „*ils seront remis en possession*, c'est-à-dire au jour „de l'échange des ratifications du traité définitif".

Cette note ne présente ni distinction ni séparation entre ceux qui seront considerés comme simples particuliers, et traités comme tels; le consentement du Gouvernement Français est absolument général et illimité; que leurs possessions soient situées dans quelque partie de l'Empire que ce soit ou puisse être, conquise et réunie, aujourd'hui occupée par les Armées Françaises, ils en recupereront la possession au jour de l'échange des ratifications du traité. Tel est le vrai sens de cette pièce officielle, et voilà ce qu'il est impossible de concilier aujourd'hui.

§. 17.

L'Empire Germanique est aussi un et indivisible que la République Française. L'Art. 8. §. 2. de la paix de Westphalie, qui sert de base fondamentale garantie par la France même, assure le droit des Princes et des états; s'il est en état de guerre, cet état est général; s'il est en état de paix il doit l'être de même; le pouvoir, qui a concouru à l'un, doit concourir et concourt à l'autre, et toute paix isolée exclusive d'un état seroit une infraction aux loix générales, et une violation des pouvoirs confiés à la haute Députation. Les Ministres plénipotentiaires de la République Française ont donné trop de preuves de leurs lumières dans la suite des négociations, pour ignorer ces prémières verités.

§. 18.

Si l'urgente nécéssité a permis à l'Empire de faire des sacrifices douloureux en territoire pour prix de la paix, le devoir et l'honneur se refusent à concourir à un acte, dont les fastes de l'histoire d'Allemagne ne presentent pas d'exemple, et aussi oppressif que seroit celui d'approuver par un traité de paix avec l'ennemi commun la confiscation des propriétés particulières, l'exil de sa province natale, la proscription d'une partie de l'Europe, en un mot justifier, consentir, et signer l'arrêt de mort d'un de ses hauts co-états, qui par ses efforts constants à remplir ses devoirs et les sacrifices qu'il a fait pour la défense de la cause générale, a merité au contraire l'encouragement, l'appui, et la protection la plus particulière de son auguste chef et du corps Germanique, et enfin l'arrêt de mort de ses fidèles et loyaux serviteurs, qui pour prix et recompense de leur attachement et de leur obeissance à leur souverain, et aux loix de l'Empire, seroient depouillés de leur patrimoine, et livrés à la misère, au mépris, et à toutes les horreurs qui accompagneroient un exil aussi revoltant.

8. **Bemerkungen des Fürst - Bischöflich - Lüttichschen Abgeordneten über die Unanwendbarkeit der französischen Emigrations-Gesetze vom 8. October 1798.**

Les Ministres Plénipotentiaires de la République Françoise dans leur derniere note du 12. Vendemiaire en 7 (3. Oct. 1798.) Art. 7. relativement a l'application des loix concernants les émigrés, en temoignant leur étonnement sur ce que la Députation de l'Empire revient sur un objet qu'ils regardent complettement terminé, disent:

„Qu'il ne peut être question ici que des pays „actuellement cédés à la France par l'Empire, et „qu'ils ont declaré positivement que les loix de „l'émigration ne sont pas applicables à ces pays".

On accepte cette declaration; et d'après cette base, la principauté de Liége étant un pays qui tombe sous cette denomination, il suit par une consequence toute naturelle qu'elle doit jouir de la même exception que les autres Provinces cedées, ou plutôt à ceder, et que les loix Françaises sur l'émigration n'y sont point applicables, c'est sur quoi les Ministres Plénipotentiaires de la République Française sont d'accord ; ils donnent seulement, pour motifs de reserve, que

„Si on a excepté en général les pays réunis c'est „que les loix de l'état le veuillent ainsi".

Le Prince éveque de Liège et ses sujets sont très éloignés de vouloir enfreindre la Constitution que la Frnce s'est donnée ; dont le titre premier porte *la division de son territoire*, ni les loix de l'état qu'elle a établis; l'on dira seulement que cette Constitution ainsi que ces loix étant absolument étrangères à la principauté de Liège, qui avoit ses loix particulieres, et qui jamais ne fut, ni auroit pu être comprise dans cette division, n'a pu consequemment sous aucun rapport être soumise à leurs dispositions.

Que durant l'état de guerre le Gouvernement Français sous le titre de Convention nationale ait trouvé bon de décreter une prétendue réunion du pays de Liège à la France, qu'ensuite ses representants aient aussi jugé à propos de faire connôitre que les loix concernant l'émigration seroient publiées et imprimées dans les Départements réunis pour être executées *dans les dix jours* à dater de leur publication; soit. Mais pretendre que ces decrets et ces dispositions puissent être classées entre les loix de l'état, telle par exemple qu'est la Constitution Française, il ne faut que lire l'Art. 373. Tit. 14. pour se convaincre du contraire. Il porte en termes:

„La Nation Française déclare qu'en aucun cas
„elle ne souffrira le retour des Français qui ayant
„abandonné leur patrie *depuis le* 15. *Juillet*
„1789. ne sont point compris dans les excep-
„tions portées contre les émigrés".

On ne voit rien surement dans cet article qui ait rapport au Prince de Liège non plus qu'à ses sujets, sujets de l'Empire Germanique ; ce Prince souverain d'un état independant (dont la France avoit un Ministre accredité près d'elle) y regentoit au 15. Juillet 1789. et la nation Française étoit très eloignée de le rendre susceptible des rigueurs de ses loix; elle n'y pensoit - pas non plus le premier Vendemiaire an 4. (22. Sept. 1795.) puisque la Constitution n'en dit mot, et que le decret du 9. Vendemiaire an 4 (1. Oct.

1795.) qui mentionne la réunion du pays de Liège, est de huit jours posterieure à l'acceptation de la constitution. Quels pourroient être donc ces decrets et ces dispositions? Des actes provisoires purement facultatives et unilateraux du Gouvernement, aménés peut-être par des circonstances et entièrement susceptibles de modifications, ampliations, et même de reforme, ainsi qu'il se pratique chaque jour non seulement dans la République Françoise, mais dans tous les Gouvernements quelconques.

Venant ensuite à la periode de l'Art. 7. qui dit:
„Mais le benefice de l'exemption a été étendu à „Mayence, parceque le decret de réunion n'y „aiant pas été publié *les habitans n'ont pu pro-* „*fiter des trois mois* que la loi accorde après la „publication du decret".

Si le Prince de Liège et ses sujets n'avoient pas par devers eux le dispositif des principes généraux établis et réçus chez toutes les nations pour avoir droit à reclamer le même traitement et les mêmes avantages qui proviendront de la paix future entre l'Empire et la France, que les autres Princes et sujets de l'Empire, ils se flattent encore que le Gouvernement Français d'après le langage de ses Ministres plénipotentiaires:

„C'est donc là un principe posé, dont l'applica- „tion pourroit se faire aux pays ou parties des „pays qui se trouveroient dans le même cas",
les en rendroit participants.

Pour se convaincre de toute la justice de cette application, l'on observera que ce fut seulement le 27. Brumaire an 4. (17. Nov. 1795.) qu'on proceda à l'organisation constitutionelle des autorités publiques dans le pays de Liège, et que ce ne fut que le 3. Frimaire (24. du même mois de Novembre), que ces autorités firent connoitre la loi concernante les émigrés. La convention nationale, pour adoucir en quelque sorte la mesure si extraordinaire et si vigoureuse d'appliquer aux pays réunis la loi du 25. Brumaire an 3. rendue contre les émigrés purement François, accordoit le terme de trois mois à compter du jour du decret de réunion; mais les autorités constituées surent éluder les effets bienfaisants et les rendre à peu près nuls pour la publication d'un arrêté qui déclaroit qu'il étoit indispensable d'empecher que des malveillans, nommement les membres du Chapitre Cathedral et de l'ancien Gouvernement ne puissent porter le trouble dans les assemblées, qu'elles alloient faire partir une députation pour Paris, et qu'en attendant elles declaroient, qu'elles n'accordoient aucun passeport à ces individus, dont plusieurs refugiés dans des endroits limitrophes en firent solliciter, et n'éprouverent que des réfus.

Que loin d'attendre l'expiration de trois mois accordés par ce decret, qui sans doute n'auroit du prendre cours qu'à la date qu'il a été connu, savoir le 24. Nov. 1795. ces autorités trouverent bon le 27. Nivose an 4. (17. Janv. 1796.) de declarer le terme fatal expiré, ce qui n'en formoit pas deux, si même le passage avoit été libre, rigueur d'autant plus accablante qu'il avoit été accordé aux anciens François émigrés depuis le 1. Juillet 1789. jusqu'au 8. Avril 1792. et même encore un mois de repit, ce qui leur donnoit près de trois ans pour pouvoir rentrer dans leurs foyers. D'un autre coté avant de pouvoir franchir le passage du Rhin il falloit s'adresser aux municipalités du domicile, justifier avoir été absent pour affaires, avoir l'attestation d'être bons citoyens, et qui plus est encore les passeports devoient-être visés et signés par un representant du peuple lors en residence à Bruxelles. Ou étoient donc tous les absents du pays de Liège à toutes ces époques? Tous refugiés au sein de l'Empire leur patrie d'après les lettres avocatoires et justificatoires de S. M. J. et les ordres de leur souverain legitime, tous tranquiles dans des contrées éloignées, et même à son extremité, où ces decrets et ces dispositions n'étoient ni ne pouvoient être connus, où toutes les communications étoient rompues, et le passage du Rhin séverement defendu par le Gouvernement François, à cause des combats continuels qui s'y livroient. Si ce gouvernement avoit pu rendre des loix qui dussent être applicables aux états de l'Empire Germanique, encore se persuade-t-on qu'il repugneroit à ses principes d'en établir, dont la peine seroit inévitable (l'exemption pour Mayence en est une preuve sensible), et s'il y a des cas où l'application proposée dusse être faite, c'est bien vis a vis des absents du pays de Liège, puis qu'outre les difficultés insurmontables que les autorites ont formé elles mêmes, ils ont encore pardevers eux impossibilité de connoissance et impossibilite de déferer dans un terme aussi court, vû leur éloignement, à des ordres de cette nature. — Lorsque les ministres plénipotentiaires de la République Françoise *se persuadent qu'il ne sera plus reparlé de ces hommes qui ont été le flambeau de la guerre*, cela n'est certainement pas applicable au gouvernement Liégois ni à ceux qui de tout temps ont signalé leur obéissance aux loix de l'Empire et de leurs Souverains. Un trait assez fort pour convaincre le Gouvernement François que le Prince de

Liège cherche soigneusement à conserver la bonne harmonie avec la France, c'est la conduite qu'il a ténu au commencement de 1792. Conséquemment longtems avant la declaration de guerre entre l'Empire et la France, lorsque celle-ci s'est emparée de la ville de Couvin et de 57. villages Liegeois, il s'en borna alors à faire des reclamations amicales au Chargé d'affaires de France resident près de lui, et par son ministre à Paris. La rapidité avec laquelle il a fallu coucher ces reflexions n'a pas permis d'y donner toute l'extension et les developpements que leur application auroit desiré; on s'est fait un devoir scrupuleux de bannir toutes personalités à la veille d'une paix qui doit tout reconcilier et tout ensevelir dans le plus grand oubli, pour ne s'ocuper que de l'état de tranquilité qu'elle fera renaitre. D'ailleurs toute personne qui a un peu suivi les evenements n'a besoin que de sa propre conviction.

9. Vorstellung des Salm-Salmischen Abgeordneten, gegen Anwendung der französischen Emigrations-Gesetze. Vom 9. October 1798.

So wenig zu erwarten zu seyn scheint, daß die bevollmächtigte Minister der französischen Republik, in Betreff der Nichtanwendung der Emigrations-Gesetze auf die reunirten Reichs-Lande, zu einiger Nachgiebigkeit zu bewegen seyn dürften, weil sie sich in ihrer jüngsten Note vom 12. Vendemiaire (3. October) auf eine der begehrten allgemeinen Ausnahme widerstehendes Staatsgesetze gegründet haben, so zuversichtlich läßt sich gleichwohl hoffen, daß sie wenigstens eine bestimmte Erklärung in

Ansehung der in dem französischen Emigrations-Gesetze selbst geschehenen Ausnahmen, nicht von der Hand weisen werden, wenn eine Hochansehnliche Reichs-Friedens Deputation hierzu den ausdrücklichen Antrag zu machen geruhen wollte.

Nach dem anliegenden Auszug des Haupt-Emigrations-Gesetzes vom 25. Brum. an 2. (15. Nov. 1793.) sind jene, welche seit der von den Einwohnern begehrten Vereinigung mit der Republik sothane Lande verlassen haben, und nicht innerhalb 3. Monathen nach der erfolgten Vereinigung zurückgekehrt sind, zwar schlechterdings als Emigrirte angesehen; aber welche sich aus sothanen Landen vor der Epoche ihrer Revolution entfernt hatten, und nicht vor dieser Zeit in fremden Landen wohnsitzlich waren, nur gewisser Maßen den in gleichem Fall befindlichen französischen Abwesenden, und alsdann nur den wahren französischen Emigrirten gleichgestellt worden, wenn sie Theil an ihrem Complot genommen, oder die Waffen gegen die Republik getragen haben. — Hieraus folgt unhintertreiblich, daß alle jene, welche sich vor der Reunion eines Reichs-Landes aus demselben entfernt, und in einem andern Lande, vor dessen feindlichen Verhältnissen gegen Frankreich, etablirt haben, von dem französischen Gesetze selbst nicht als Emigrirte angesehen worden sind, mithin auch außer der Anwendung aller Dispositionen sothanen Gesetzes gestanden haben. — In diesem Falle sind demnach notorisch alle Räthe, Beamte, männliche und weibliche Dienerschaft deutscher Fürstl. und Gräflichen Häuser, deren Lande reunirt worden, welche vor der Reunion mit ihrer höchst und hohen Herrschaft diese Lande verlassen und bey derselben in einem andern ihr zuständigen Reichs-Lande zu Fortsetzung ihrer Dienste, vor dem Ausbruch des Reichs-Kriegs mit Frankreich, ihren Wohnsitz genommen haben, oder dazu unter den nämlichen Umständen von ersagten ihren Herrschaften abberufen worden. So sind z. B. vor der am 2. März 1793. geschehenen Vereinigung des Fürstenthums Salm mit der französischen Republik dem regierenden Herrn Fürsten zu Salm, Salm, welcher am 15. August 1791. schon seine Residenz zu Senones mit seiner Fürstl. Familie verlassen, und in der Reichs-Herrschaft Anholt genommen hat, einige seiner Räthe und mehrere männlich- und weibliche Bediente gefolgt, und haben sich bey Höchstdemselben zu Fortsetzung ihrer respect. Dienste in Anholt vor dem Kriegs-Ausbruch mit Frankreich etablirt. So sind ebenmäßig höchstdessen Frau Mutter, welche vor der Eroberung der ehemaligen Kaiserl. Königl. Niederlande höchstdero Wittwm-Sitz im Herzogthum Hoogstraten verlassen, und sich ebenmäßig in Anholt etablirt hat, auch einigen seiner Herren Oheimen und Brüdern, und Frau Tante, die vor der Vereinigung des Fürstenthums Salm zu verschiedenen Epochen sich von da entfernt, und anderswo gewohnt haben, ihre Bediente weiblich- und männlichen Geschlechts nachgefolgt; und diese alle stehen gleichwohl auf mehreren französischen Emigranten-Listen, und das ihnen zustehende Vermögen ist sequestrirt.

Gleichwie nun Zweifelsohne mit vielen andern Reichsständischen Räthen, Beamten und Dienerschaften, der nämliche gesetzwidrige Fall vorwaltet, so würde es keinesweges eine Abweichung von dem französischen die Emigrationen betreffenden Staatsgesetze seyn, sondern vielmehr zu dessen Vollzug gereichen, wenn von den bevollmächtigten französischen Ministern die officielle Erklärung erfordert würde, daß alle Räthe, Beamte, männlich- und weibliche Dienerschaft und hohen Glieder solcher Familien,

lten, welche mit oder ohne ihren Herrschaften aus ihren
Landen vor ihrer Vereinigung mit Frankreich abgegangen
zu seyn, und sich anderswo zu ihrem Dienste etablirt zu
haben, erweisen können, von der mit großen Schwie-
rigkeiten und Kosten verbundenen ordentlichen Nachsu-
chung ihrer Radiationen auf allen desfallsigen Präclu-
sionen losgesprochen seyen, und denselben dazu durch
einen kürzern Weg, allenfalls durch den Eintritt des bey
dem Reichstag oder bey des Herrn Landgrafen zu Hessen-
Cassel Hochfürstl. Durchlaucht angestellten französischen
Ministers verholfen werden soll,

Vielleicht dürfte es auch zum Erfolg dieses Antrags
beförderlich seyn, wenn derselbe auf die in dergleichen
vereinigten Landen gebohrnen oder darinn durch ihre der
französischen Revolution vorhergegangene Dienstanstel-
lung naturalisirten, und in sothanen Diensten noch
wirklich stehenden Individuen ausdrücklich beschränkt
würde.

Weniger aber, als diesem oben schon höchstbilligen
Antrage, würden die bevollmächtigten Minister der französischen Republik mit Bestand etwas entgegenzusetzen haben, wenn eine Hochansehnliche Reichs-Friedens-Deputation auf die unbedingte Radiationen aller deutschen
Reichs-Fürsten und Reichs-Grafen, und ihrer Familien
Mitglieder, deren Lande mit der französischen Republik
vereinigt worden, auf allen und jeden Emigranten-Listen,
wie wir hierum schon unterm 24. Jan. ehrerbietigst
gebethen worden, nachdrücklich zu bestehen geruhen
wollte, da diese wenigstens in keinem erdenklichen Fall
den französischen Emigrations-Gesetzen unterworfen seyn
können.

VI.

10. Erklärung wegen Abtretung des linken Rhein-
Ufers, ab Seiten des Herzogs von Ahrenberg,
der Fürsten und Grafen von Löwenstein-Wertheim und Virneburg.

Treu dem Bande das sie mit dem gesamten Reich ver-
knüpft, aber auch in der gerechten Erwartung, daß die
unverkennbaren Forderungen eben dieses Bandes ihnen
wechselseitig zu Statten kommen müßten, werden der
Unterzeichneten Höchst- und Hohe Committenten sich nie
erlauben, der numnehr mit ganz unbeschränkter Vollmacht von dem gesamten Reich versehenen hohen Deputation in irgend etwas vorzugreifen.

Sie werden sich stets erinnern, werden aber auch unter unabwendig fest daran halten, daß, so wie der seit-
herige leidige Krieg, also auch nun der Friede, der ihm
das so lange und so sehnlich erwünschte Ende machen
soll, mit allem, was sich dabey als Mittel zum Zweck
verhält, die Sache des gesamten Reichs sey.

Diese große Betrachtung ist es denn auch, die sich
dem Unterzeichneten bey der gestern hochgefällig mitgetheilten jüngsten Erklärung der französischen Gesandtschaft, in Absicht auf das, was dem Unterzeichneten
zum Vortheil und zur Erleichterung des gesamten Reichs
dienlich und zweckmäßig scheinen kann, gleich zuerst auf-
dringen muß.

Die einzelnen Stände haben zwar bekanntlich ihren
verfassungsmäßigen Antheil an der obersten Gewalt im
Reiche, verhalten sich aber zu der Gesammtheit desselben, in Verbindung mit Sr. Kaiserl. Majestät, als
dem Allerhöchsten Oberhaupte, nur wie Untergeordnete,
und sie können demnach in allem, was das gesamte

Reich angehet, nie in die Cathegorie von Souverains gesezt werden.

Nur nach Maaßgabe der Schuldigkeit, die in der ganzen Verfassung lag, mußten sie Theil an dem Kriege nehmen. Nur ihr verfassungsmäßiger Antheil an den Hoheitsrechten des Reichs kann unter das Verhältnis von Souverain zu Souverain und unter den gewöhnlichen Innbegrif der Abtretungen von einem Souverain an den andern gebracht werden. Alles übrige gehört in die Rubrik von Privat-Eigenthum, gehorcht in dieser Eigenschaft den Gesetzen desjenigen Souverain, dem es unterworfen ist, und hat dafür auch Anspruch auf gesetzliche Unverletzlichkeit.

So und nicht anders wurde es bekanntlich auch bey allen schon so häufig vorausgegangenen Abtretungen von dem deutschen Reiche an Frankreich gehalten, und die Uebung im ähnlichen Falle steht also dem, was schon in dem Begrif liegt, ebenfalls zur Seite. Der Unterzeichnete muß sich also Namens seiner höchsten und hohen Committenten mit der hohen Reichsdeputation in der gegründeten Zuversicht vereinigen, daß, wenn es auch bey der in beharrlichem Antrag stehenden allgemeinen Grundlage der Rheingränze ganz oder zum Theil sein immer für Deutschland überhaupt sehr trauriges Verbleiben haben muß, gleichwohl noch in den nachfolgenden nähern Bestimmungen selbst das, was sowohl in den Begriffen als in der Uebung liegt, sein Recht erhalten werde.

Er wird in dieser Zuversicht durch den Inhalt der anderseitigen Erklärung selbst bestärkt, vermöge deren immer nur vorerst auf Annahme der allgemeinen Grundlage, ohne vor der Hand in die weitern Modifikationen derselben einzugehen, aber auch, ohne sie für die unmittelbare Folge auszuschließen, hingehalten wird.

Indem es also jetzt und vor der Hand noch wegen mehr erwähnter allgemeiner Grundlage bloß von der Frage: Ob? zu handeln scheint, so muß zwar der Unterzeichnete nach demjenigen, wozu er sich schon oben als Pflicht bekannt hat, lediglich der hohen Deputation die positive Entschließung für das gesamte Reich in demselben vollen Vertrauen, das ihr von dem gesamten Reiche ertheilt worden ist, überlassen.

Er muß aber auch, so viel an ihm seyn kann, eben so offen als unvorgreiflich, sich zu der gleichmäßigen vollkommenen Ueberzeugung bekennen, daß die hohe Deputation schon alles, was in Beziehung auf diese allgemeine Grundlage zu thun war, erschöpft habe, und daß sonach kein anderes dienliches und zweckmäßiges Mittel mehr abzusehen sey, als in Ansehung der Frage: Ob? Ja zu sagen.

Der Unterzeichnete erklärt deshalb hiedurch, daß seine Höchste und Hohe R. Committenten dem was von gesamten Reichs wegen, und zu Rettung des gesamten Reichs hierunter in totum oder in tantum geschehen kann, soll und muß, mit ihrem Partikular-Interesse auf keine Weise im Wege stehen wollen.

Er erklärt das unter der feyerlichen, wiewohl sich eigentlich von selbst verstehenden Voraussetzung, daß ihnen für das Opfer, wozu sie sich auf solche Art für das gesamte Reich im Nothfalle hergeben, diejenige gleichbaldige volle Entschädigung in dem vorseyenden Friedensschluß selbst zu Theil werden müße, die ihnen die Natur des staatsgesellschaftlichen Bandes, die allgemeine Reichsgarantie, als der verfassungsmäßige Antrieb zu dem leidigen Kriege, und selbst die eigenen Forderungen von Seiten der französischen Republik, zum Voraus gewähren müßen; eine Entschädigung, von der seine höchste und hohe Herrn Committenten selbst wieder ihren verhältnismäßigen Antheil in allewege mit zu übertragen haben werden.

Uebrigens liegt in dem Umstande, daß es jezt nur von Annahme der angetragenen ersten Grundlage handelt, ohnehin schon der Vorbehalt alles dessen, was außer der oben unvorgreiflich hingestellten Bemerkung sonst noch in die weitern Fragen von der Anwendung, von nähern und speziellen Ansprüchen, dann von Vollziehung und Sicherstellung einschlagen kann.

Rastadt d. 13. Febr. 1798.

Im Vollmachts-Namen
1) Des regierenden Herrn Herzogs
   zu Ahremberg Durchlaucht.
2) Des regierenden Herrn Fürsten
   zu Löwenstein Durchlaucht.
3) Des Gräfl. Gesamthauses Löwenstein-Wertheim und Virneburg.

F. A. von Zwanziger.

11. **Erklärung von Chur-Cölln über die von der französischen Republik geforderte Abtretung des linken Rhein-Ufers.**

Der bevollmächtigte Minister glaubt, da es nach der Natur der Sache ganz außer seiner Befugnis liege, sich über dieses so höchstwichtige Geschäft auf irgend eine Art, besonders in Ermangelung einiger Instruktion von seinem gnädigsten Herrn, zu erklären, die Leitung und den Abschluß desselben der hiezu von Kaiser und Reich mit so gerechtem unbeschränkten Vertrauen ernannten, und ohnehin auf die möglichste Wahrung des allgemeinen sowohl als eines jeden einzelnen Standes Bestes und Interesse instruirten hochansehnlichen Reichs-Friedens-Deputation überlassen zu müßen, dabey aber die gerechte Zuversicht im Namen seines gnädigsten Herrn äussern zu dürfen, daß, wenn je das traurige Schicksal des Vaterlandes irgend einige einzelne Opfer unvermeidlich machen sollte, eben dieses Vaterland doch eine sich hiemit auf jeden Fall vorbehaltene verhältnismäßige Entschädigung den dadurch benachtheiligten Ständen gewähren werde.

12. Erklärung der Fürstlich Nassauischen Häuser, über die von der französischen Republik geforderte Abtretung des linken Rhein-Ufers.

Die Nassauischen Häuser glauben, daß das große Opfer des linken Rhein-Ufers zwar nicht vermieden werden, doch in Absicht seiner Größe und seines Umfangs vermindert werden könne; daß aber auf alle Fälle, es mögen jene Versuche ganz oder nur zum Theil gerathen, alle an Frankreich zu machende Abtretungen von deutschen Reichslanden unter nachstehendem Vorbehalt und respectiven Bedingungen geschehen mögten:

1) Daß die französische Republik sich mit der Souverainität und den Hoheitsrechten dieser abgetretenen Lande begnüge, und daher sowohl das Eigenthum der Privatpersonen, es bestehe in beweglich oder unbeweglichem Vermögen, als vornämlich auch die sogenannten Domainen der Fürsten und Landesbesitzer, welche als

deren Privateigenthum zu betrachten sind, in ihrem ganzen Umfang zurückgebe, und zu eigenem Genuß und Verwaltung, obgleich nach Vorschrift und in Gemäßheit der französischen Constitution, überlasse.

2) Daß die neue Hoheitsgränze, insofern der Rhein dieselbe schlechterdings machen sollte, nicht weiter als bis auf dessen linkes Ufer auf der linken Seite, oder, nach den bekannten Grundsätzen des allgemeinen Völkerrechts, nicht weiter bis in die Mitte dieses Flusses, jedoch so ausgedehnt werde, daß dasjenige, was auf dem rechten Rhein-Ufer an Inseln, Auen, Werdern, auf dem Rheinstrom selbst gelegen ist, ingleichen die auf demselben hergebrachten Fischereyen, Jagden, Goldwaschereyen ꝛc. den Eigenthümern des rechten Rhein-Ufers, und so auch im entgegengesezten Falle denen des linken Rhein-Ufers, ohne Rücksicht auf die Mitte des Stroms, fernerhin ungehindert gelassen, zugleich aber

3) Sich in Absicht der Rheinzölle, der Holzflößerey und der Schiffahrt selbst über billige, den deutschen Handel nicht stöhrende Grundsätze verglichen werde.

4) Daß ungeachtet des wechselseitig in salvo bleibenden Eigenthums der Einwohner von beyden Rhein-Ufern, unter diesem Vorwand oder unter jedem andern Prätext, keine Hoheitsrechte oder Immunitäten, oder sonst erdenkliche Anmaaßungen, welche den in jedem Lande bestehenden oder noch einzuführenden Rechten und Gewohnheiten, oder den im gegenwärtigen Frieden zu stipulirenden Grundsätzen zuwider wären, verlangt oder ausgeübt werden können.

5) Daß niemand wegen seiner politischen Meynungen verfolgt und in Anspruch genommen werden, diese aber auch keinem aufgetrungen, vielweniger, andere Regierungsformen einzuführen, wechselseitig versucht, mithin die

Propagandisten in keinen besondern Schutz genommen, sondern ihrem Schicksal überlassen werden; daß endlich

6) Der Punkt der zu leistenden Entschädigungen für die verlohrnen Lande, Güter und Staaten, dem deutschen Reiche, welchem solche eigentlich zu prästicen obliegen möchten, auch allein aufzufinden und zu reguliren, jedoch unter Vermittlung und Mitwürkung der französischen Republik überlassen werden könne.

13. **Erklärung von Pfalz-Zweybrücken, über die von der französischen Republik geforderte Abtretung des linken Rhein-Ufers.**

Sollte der Drang der Ereignisse die Ueberlassung des linken Rhein-Ufers ganz oder zum Theil gebieten, so entstehen J. H. D. nicht, dies schwere Opfer, wodurch allein der allgemeine Reichsfriede erkauft werden könne, als regierender Fürst zum Besten des deutschen Vaterlandes zu bringen, und ihr eigenes Interesse dem Wohl des Ganzen nachstehen zu lassen, und dem gesamten Reiche zur weitern Verfügung zu überlassen, in wie fern dieselbe, gestützt auf den gesellschaftlichen Verband, eine verhältnismäßige Indemnisation und die im übrigen sich von selbst verstehende Aufrechthaltung der vom Reich garantirten Hausverträge, in Absicht der diesseits liegenden Pfalzbayerschen Staaten zu gewärtigen habe.

14. **Erklärung der preußischen Minister, wegen der von Seiten Frankreichs gefordert werdenden Abtretung des linken Rhein-Ufers.**

Unterzeichnete, von Sr. Königl. Majestät von Preußen zum Friedens-Congreß bevollmächtigte Minister, nehmen auf die am 12. d. M. von der Reichsdeputation gegebene Veranlaßung, keinen Anstand, Namens Ihrer Allerhöchsten Committenten zu erklären: Daß, so wie man diesseits sich bereits seit mehreren Jahren bestrebt habe, dem deutschen Vaterlande einen nach Lage der jedesmaligen Umstände möglichst günstigen Frieden zu verschaffen, des Königs Majestät auch jetzt nichts sehnlicher als dessen endliche Erreichung wünschen, und um somehr glauben, daß dieselbe nicht genug beschleuniget werden könne, da dieses das einzige Mittel ist, nicht nur so manche deutsche Lande von den immer fortdauernden sie gänzlich erschöpfenden Lasten des Krieges zu befreyen, sondern auch von ganz Deutschland die verderblichste und nicht zu berechnende Folgen abzuwenden, von welchen es bey längerer Fortdauer des dermaligen Zustandes bedroht scheint. In sofern nun, nach Aussicht der mitgetheilten, bisher zwischen der Reichsdeputation und der Gesandtschaft der französischen Republik gewechselten gegenseitigen Aeußerungen, zu Erzielung des so gewünschten, dem Vaterland und der Menschheit so nothwendigen Friedens, die vom Kaiser und Reich ermächtigte Reichsdeputation es erforderlich halten sollte, die von Frankreich verlangte Friedensbasis der Abtretung des ganzen linken Rhein=Ufers eingehen zu müßen, so erklären unterzeichnete Bevollmächtigte, Namens Sr. Königl. Majestät in Dero Reichsständischen Eigenschaft, daß Allerhöchstdieselbe, soviel es Ihrem landesväterlichen Herzen auch kostet, so treue Anhänglichkeit beweisende Unterthanen zu verlieren, nicht gemeynt sind, hiebey für Ihre daselbst gelegene Lande eine Ausnahme zu verlangen, vielmehr auch mit deren Ueberlaßung, unter Voraussetzung möglichster Fürsorge für das Wohl und Eigenthum der Einwohner und es

ner hinlänglichen und gerechten Indemnität auf dem
dießseitigen Rhein-Ufer, für das allgemeine Wohl und
die so dringend nothwendige Herstellung der Ruhe ein
Opfer bringen wollen.

  Rastadt, d. 14. Febr. 1798.
      Graf v. Görz, v. Jacobi-Klöst, v. Dohm.

15. Erklärung der Reichsritterschaft über die von
der französischen Republik geforderte Abtretung
des linken Rhein-Ufers.

Sollte die Noth die Cession des linken Rhein-Ufers
gebieten, so ersucht Gesandter die Deputation sich dahin zu verwenden, daß 1) dem über dem Rhein gelegenen, hieben allenfalls befangenen Reichsadel wenigstens
sein bewegliches und unbewegliches Eigenthum erhalten,
und ihm die Erlaubniß ausgewürkt werde, solche, wenn
er sich nicht in die neue Ordnung der Dinge zu fügen
Lust hätte, in einer geraumen Zeitfrist verkaufen und den
Erlaß ohne Hinderniß zu beziehen zu dürfen; daß für
ihn 2) er mag auf jener Rheinseite sich aufhalten oder
nicht, in Ansehung des von seinem übrigen Einkommen
und Rechten erleidenden Verlustes gleich den Ständen
des Reichs gesorgt, und er dadurch in seiner politischen
Existenz und in seinem Verband mit Kaiser und Reich
erhalten werde. 3) Daß die Namen derjenigen unter
ihnen, so wie die ihrer Frauen und Kinder, welche,
ohnerachtet ihrer anerkannten Eigenschaft als Reichsglie-
der dennoch auf die Emigrantenliste gesezt worden, ausgestrichen werden möchten; und 4) daß nie zugegeben
werde, daß die traurigen Ueberreste des sonst so ansehnlichen Reichsritterschaftlichen Corps, nach allen Be-

drängnissen, die es seit geraumen Jahren erlitten, und denen es noch entgegen sieht, als ein Mittel der Entschädigung in Vorwurf kommen, und die Reichsritterschaft dadurch ihrer erblichen Rechte und unmittelbaren Verhältnisse mit dem Reich und dessen Oberhaupt mit einem Federstrich auf immer beraubt, und daburch das Maaß des Unglücks auf immer voll gemacht werde, mit welchem der Genius dieser Zeit den Adel zu Boden tritt.

16. Erklärung von Chur-Trier über die von der französischen Republik geforderte Abtretung des linken Rhein-Ufers.

Der bevollmächtigte Minister erklärt über die Cession des linken Rhein-Ufers nicht instruirt zu seyn. Im Fall der Rhein zur Gränze werden sollte, würde der Churfürst seine Existenz zu wenigstens 4. Fünftheilen, das ihm angehörige Domcapitel aber die seinige ganz und zumalen verlieren. Die Folgen einer solchen Zernichtung würden unübersehlich seyn, indem es hier nicht allein im politischen Betracht auf die Erhaltung eines geistlichen Churfürstenthums und der hiermit verbundenen Reichsverfassung, sondern auch um die Rettung so vieler treu gebliebenen und um Hülfe rufenden Reichsunterthanen ankäme.

17. Erklärung von Thurn und Taris über die von der französischen Republik geforderte Abtretung des linken Rhein-Ufers.

Sollte Deutschlands Ruhe und Erhaltung ein Opfer verlangen, so ist man diesseits so willig als bereit, hiezu beyzutragen; nur glaubt man in diesem Fall auf die, für die auf dem linken Rheinufer leidenden Stände bestimmt werdenden Entschädigungen, in Rücksicht des ansehnlichen und notorischen, durch die außerordentlich gemachten Aufopferungen auch empfindlicher gewordenen Verlusts, einen gerechten Anspruch machen zu können, weshalb sich seiner Zeit an die Hochansehnliche Reichs-Deputation zu wenden, und das Nöthige vorzulegen, vorbehalten wird.

18. Chur-Trierische Vorstellung, die Bestimmung des an Frankreich abzutretenden Theils vom linken Rhein-Ufer betreffend. Vom 28. Febr. 1798.

Für das Churfürstenthum Trier, ist die Frage äußerst wichtig: Soll das rechte Ufer des Moselflusses, oder aber das rechte Ufer des Nahflusses zur künftigen Gränze bestimmt werden?

1.) Wenn das rechte Mosel-Ufer zur Gränze bestimmt wird, so verliert das Churfürstenthum Trier, die beyden Hauptstädte Trier und Coblenz, die Neben-Städte und Aemter Oberwesel, Boppard, Zell, Bernkastell, Oberstein, St. Wendel, Merzig, Saarburg, sehr viele Oerter, welche zu andern auf dem linken Mosel Ufer gelegenen Aemtern gehören, und im Ganzen genommen wenigstens 2/5. Der Churfürst verliert seine Residenzen, und das Domkapitel, welches in Trier seinen Sitz hat, und ohne welches ein geistlicher Fürst nicht bestehen kann, bis auf einige wenige auf der linken Moselseite gelegene Renten, seine ganze Existenz.

2.) Erzstiftische Cameral- und allgemeine Landes-Schulden werden verhältnismäßig abgetheilt, und von der französischen Republik übernommen werden müssen.

Unüberſehliche Beſchwerniſſe liegen dieſer Abtheilung im Wege.

3.) Keine einzige auf dem rechten oder auf dem linken Moſel-Ufer gelegene Gemeinde iſt zu finden, welche nicht auf der andern Moſelſeite Gemeinds- oder auch ihre Privat-Begüterungen hätte. Unendliche Verwirrungen würden daher in Anſehung dieſes Eigenthums entſtehen, wenn eine Seite deutſch, die andere franzöſiſch ſeyn ſollte. Auch ſelbſt die Amts- und Gemeinde-ſchulden, für welche die links und rechts gelegene Begüterungen wechſelſeitig verhaftet ſind, abzutheilen, und gleich zu ſtellen, würde faſt unmöglich ſeyn.

4.) Der Nahfluß iſt von der Moſel aus ungefähr 8. bis 12. Stunden entfernt; der eine und der andere Fluß läuft bey ſeiner noch ſo großen Irregularität doch ziemlich parallel mit einander fort. Die Gränze von Grund und Boden, ſo dazwiſchen liegt, iſt demnach gewiß für Frankreich unbedeutend, und eben ſo auch die auf dieſer ſo äußerſt gebirgigten Gegend wohnende Volks-maſſe. Viel eher kann auch die Nah, wegen ihres geraden Laufs, als eine Militair-Linie betrachtet werden, als die Moſel in ihren unzähligen gegen einander gehenden Krümmungen.

5.) Wird nun der Nahfluß von Bingen herauf bis nach Nahfelden, wo derſelbe entſpringt, zur Gränze beſtimmt, und demnach von Nahfelden an, den aus der daſigen Gegend her in die Saar herabfließenden kleinen Flüſſen nach die Linie bis in die Gegend von Saarlouis gezogen, ſo verliert das Churfürſtenthum Trier nur das Amt St. Wendel, und einen Theil der Herrſchaft Oberſtein, und in dieſem Fall fällt all' dasjenige hinweg, was oben Nro. 1. 2. und 3. angeführt iſt.

6.) Es werden alsdann auch zwischen der Nah und Mosel ein nicht geringer Theil von Chur-Pfalz, ein Theil des Herzogthums Zweybrücken, ein Theil der Grafschaft Sponheim, ein Theil der Nassau-Saarbrückischen und Weilburgischen Besitzungen, das Ganze, was das Haus Hessen-Cassel auf dem linken Rhein-Ufer besitzt, ein großer Theil der Fürstlich-Salmschen Lande, ein Theil der Besitzungen mehrerer Reichsgräflichen Familien, und der größte Theil der niederrheinischen Reichs-Ritterschaft, gerettet.

7.) Sollte vielleicht die französische Republik in der Ausdehnung der Gränze, bis an das rechte Mosel-Ufer, einen besondern Werth darinn setzen, daß sie von Bingen herab bis Coblenz, und über den ganzen Moselfluß, wegen der Schiffahrt, die Herrschaft verlanget, so ist man wegen Chur-Trierscher Seits, zur Abwendung größerer Uebel, bereit, solche Vorschläge zu machen, welche der Republik ihre hierinn beabsichtete Vortheile in jeder Art gewähren können.

19. **Vorstellung der unmittelbaren Reichs-Ritterschaft über die ihr von den Franzosen aufgelegte Bedingungen, und ihre zu hoffende Entschädigung. Vom 26. Juny 1798.**

Gestüzt auf die Reichs-Instruktion, hat die Reichs-Ritterschaft von Anfang der Friedens-Unterhandlungen gebeten, sie, Fürsten und Ständen des Reichs, in Ansehung der Entschädigung gleich zu halten.

Nachdem hierauf von den französischen Ministern die Cession des linken Rhein-Ufers, als die erste Friedens-Basis in Vorschlag gebracht worden, so wurde in dieser

Conformität von einer Hochansehnlichen Reichs-Friedens-Deputation, in der Note vom 23. Febr. an die französischen Minister vorläufig als Bedingung verlangt, daß, so wie den Reichsständen, also auch der Reichsritterschaft, ihre Patrimonial- und Privatgüter belassen, und beyde in Ansehung der verlierenden Hoheits-Justiz-Domanial-Rechte und Fiscal-Revenüen entschädigt werden.

Als in der Folge die französische Gesandte die Entschädigung nicht nur für die Droits feodaux, sondern für die Demainen selbst accordirt, aber solche als Basis der Friedens-Negociation auf das rechte Rhein-Ufer, und die dort vorzunehmende Secularisationen geworfen, und eine Hochansehnliche Reichs-Friedens-Deputation diese Basis angenommen, hat sich die Reichs-Ritterschaft gleich andern beschädigten Ständen des Reichs, an die französischen Minister gewandt, und um ihrerseits die Masse der Entschädigungen nicht zu vermehren, darum angestanden, ihr ihre Biens-Fonds zu lassen, und sie wegen ihrer verlierenden Droits feodaux et seigneuriaux entschädigen zu lassen, und um desto eher diesen patriotischen Endzweck zu erlangen, den französischen Ministern bemerklich gemacht, daß sie kein Reichsstand sey, und an dem Krieg keinen Antheil habe.

Gleichwohl ist von den französischen Ministern die völlige Einziehung der Reichsritterschaftlichen unmittelbaren Güter und deren Entschädigung auf dem rechten Rhein-Ufer behauptet, und obwohl solches nicht in dem Antrag der Reichs-Ritterschaft an gedachte Minister lag, doch der Anlaß hievon zu den folgevollen Grundsätzen genommen worden, die in der Reichs-Deputations-Note vom 14. May aufgestellt worden, wodurch die Reichs-Ritterschaft von ihrer gesetzlichen Anschließung an Fürsten und Stände des Reichs entfernt, aus ihrer ächten Cathegorie herausgeworfen, und die französischen Minister veranlaßet geworden sind, die zugestandene Erhaltung ihrer Biens-Fonds auf dem linken Rhein-Ufer mit solchen beschwerlichen Bedingungen zu verknüpfen, die mit der einen Hand nehmen, was sie mit der andern Hand geben.

Wenn Endes-Unterzogener von diesen Thatsachen ausgeht, so ist es klar, daß die Reichs-Ritterschaft durch das angebrachte Gesuch der Erhaltung ihrer Güter auf dem linken Rhein-Ufer nie eine andere Meynung haben konnte, als hierinn den Ständen des Reichs gleichgestellt zu bleiben, wie sie es nach allen von einer Hochansehnlichen Reichs-Deputation gefaßten vorherigen Beschlüßen zu hoffen berechtiget war, und daß die Condescendenz der französischen Minister, auf die Reclamation einer Hochansehnlichen Reichs-Deputation in der Note vom 22. dieses, der Reichs-Ritterschaft nicht zum Nachtheil gereichen könne, wie es offenbar der Fall seyn würde, wenn von der in den Reichs-Gesetzen und der Reichs-Instruction sich gründenden Gleichhaltung derselben mit den Ständen des Reichs, sogar in Ansehung ihrer Entschädigung für den Verlust der Droits féodaux abgegangen, und die von den französischen Ministern zugesicherte Restitution des Eigenthums nicht anders modifizirt würde.

Endesunterzogener hat in dem jüngsthin übergebenen Pro Memoria bereits ausgewiesen, daß kein Unterschied zwischen den Besitzungen der Fürsten und Stände, und denen der Reichs-Ritterschaft, bestehe.

Es ist unwidersprechlich, daß, wenn die Mitglieder der Reichs-Ritterschaft bis zu der Epoche der Auswechselung der Friedens-Instruments-Ratificationen auf keine Entschädigung und Förderung, sowohl wegen der verlierenden

den Feudal-Rechte, als des entbehrenden Genusses, Anspruch zu machen haben sollten, wenn sie sogar dem nicht zu berechnenden Verlust, der mit den Degradationen ihrer Güter verbunden seyn, und an den gänzlichen Ruin derselben gränzen kann, sich ausgesezt sehen und die Rückstände ihrer Einkünfte zurücklassen sollen, sie das Opfer ihres Patriotismus, durch die von den französischen Ministern auf das rechte Rhein-Ufer transferirte Entschädigung ihres Eigenthums die Masse der Entschädigungen nicht vermehrt zu haben, seyn, und mit einer Härte behandelt werden würden, für welche jede Benennung zu gering wäre.

Endesunterzogener würde es mit den Grundsätzen einer Hochansehnlichen Reichs-Deputation nicht zu vereinigen wissen, wenn Hochdieselbe, da auf Höchst Ihre Reclamation jene Erklärung der französischen Minister erfolgt ist, in dem nächsten Reichs-Deputations-Conclusio, gegen die harte Bedingungen, welche der Restitution des Eigenthums angehängt sind, nicht nur den Schluß nicht fassen würde, nachdrückliche Vorstellungen dagegen zu machen, sondern auch auf eine keiner zweydeutigen Auslegung fähige Art zu bedingen:

1.) Daß diejenige Mitglieder der Reichs-Ritterschaft, welche sich dermalen noch in dem Besitz und Genuß ihrer Güter befinden, darinn ungestört belassen —

2.) Diejenige aber, deren Güter mit dem Sequester behaftet sind, ohne irgend eine Ausnahme der Eigenthümer, und ohne daß sie bis auf den Abschluß des Friedens zu warten haben, in deren Besitz und Genuß unverzüglich eingesezt, somit der Sequester aufgehoben, und die alsbaldige Restitution verordnet —

VI.

3.) Zu Hemmung des Besitzes und fortwährenden Genußes kein neuer Sequester angelegt, vielmehr die Unverlüglichkeit des Eigenthums erkannt, und

4.) Durch diese Verfügungen von nun an, denen sonst zu befahren habenden weitern Degradationen, und gänzlicher Zugrundrichtung der Güter vorgebogen —

5.) Die theils eingezogene, theils rückständige Einkünfte vergütet —

6.) Besonders, auch stipulirt werde, daß durchaus kein Unterschied zwischen den Mitgliedern der Reichsritterschaft gemacht werde, die allein Güter auf der linken Seite des Rheins, und denen die zugleich auch Güter auf der rechten desselben besitzen, sondern dem einen wie dem andern der ungestörte Genuß und Besitz verbleibe.

7.) Ihnen an der fernern Disposition darüber, kein Hinderniß in den Weg gelegt, und

8.) Sie für die Ihnen entgehende *Droits féodaux* um so mehr entschädigt werden, als unter denen Reichsritterschaftlichen Mitgliedern mehrere Familien sind, deren vorzüglichste Einkünfte aus dergleichen Rechten abfließen.

Eine Hochansehnliche Reichs-Friedens-Deputation, hat in der Voraussetzung, daß den Fürsten und Ständen des Reichs ihre Domänen auf der linken Seite des Rheins bleiben, die Entschädigung für die Droits féodaux etc. zur Bedingung gemacht, diese Sprache nie geändert; und es würde solchemnach mit denen erhabenen Gesinnungen einer Hochansehnlichen Reichs-Friedens-Deputation, und der rühmlichsten Sorgfalt, den Schaden von jeden, es sey großen oder kleinen Individuen des Reichs abzuwenden, im Widerspruch stehen, wenn Hochdieselbe die Billigkeit der Entschädigung der Glieder der unmittelbaren Reichsritterschaft, und ihre reichs-

inſtructionsmäßige Gleichhaltung mit denStänden des
Reichs, aus der Urſache in Zweifel ziehen wollte, weil
die Indemniſation des Eigenthums derſelben auf das
rechte Rheinufer übertragen ſey. — Nachdem eine Hochanſehnliche Reichs-Friedens-Deputation, ſelbſt in der
Vorausſetzung, daß noch den Fürſten und Ständen des
Reichs ihre Domänen auf dem linken Rheinufer bleiben,
die Sorge für die Entſchädigung der mit der franzöſiſchen Verfaſſung incompatiblen Rechte für eine haupt-
ſächliche Verpflichtung angeſehen hat, und nachdem ſich
keine Urſache denken läßt, warum das unmittelbare
Reichsglied nicht für einen Verluſt von 100. bis 1000.
und mehreren Gulden den Anſpruch auf Entſchädigun-
gen machen könne, den ein Fürſt und Stand des Reichs
für 10000. und mehrere Gulden macht.

Raſtadt, den 26. Juny 1798.

Carl F. R. von Gemmingen.

20. Vorſtellung von Chur-Cölln, die Beſtimmung
der Rheingränze betreffend. Vom 28. Juny 1798.

Der Hochanſehnlichen Friedens-Deputation kann es
nicht anders als angenehm ſeyn, wenn Hochdieſelbe
durch die Partikular-Abgeordnete der am Rheinſtrome
geſeſſenen Fürſten und Stände, ſo viel möglich, mit
den individuellen Verhältniſſen, welche bey der, mit
der franzöſiſchen Republik als Friedens-Baſis angenommenen Rheingränze, in Betrachtung kommen, bekannt
gemacht wird.

In dieſer Rückſicht und nach dem Beyſpiel anderer
hohen Geſandtſchaften, giebt ſich Unterzeichneter die Ehre
über das hierbey betheiligte Intereſſe des Churfürſten-

thums Köln der hohen Reichs-Deputation einige Bemerkungen vorzulegen. Dieselbe haben zum Theil das Interesse Sr. Churfürstl. Durchlaucht zu Köln, als Landesfürsten, zum Theil die Gerechtsame der Privaten zum Gegenstande. So viel

1. Das landesfürstliche Interesse betrift, so bedarf es wohl nicht erst der Bemerkung, daß, durch die Annahme der Rheingränze, der schönste, fruchtbarste, und bey weitem einträglichste Theil der Köllnischen Churlande verloren geht. Se. Churfürstl. Durchlaucht zu Kölln leben der zuverläßigen Hofnung, daß gemäß dem bey der Abtretung des linken Rheinufers angenommenen Entschädigungs-Grundsätze, auf Höchstdieselbe, als Churfürsten des Reichs, eine vorzügliche Rücksicht werde genommen, auch höchst ihnen, im künftigen Friedensschlusse, eine, ihren Verlust aufwiegende, zur Behauptung der Churwürde hinlängliche Schadloshaltung werde zugetheilet werden. Unterzeichneter behält sich in dieser Hinsicht bevor, seiner Zeit, einen genauen Etat über den Verlust, den Chur-Kölln durch die Abtretung des linken Rheinufers leidet, beyzubringen.

Da inmittelst das Interesse des ganzen Reichs darinn beruht, daß die Masse des Verlusts, so viel möglich, gemindert, und eben hiedurch die Zahl der Entschädigungs-Opfer verringert werde, die Hochansehnliche Friedens-Deputation auch hierauf bis heran, ihre Bemühungen ununterbrochen gerichtet hat; so glaubt Unterzeichneter hoffen zu dürfen, daß Hochdieselbe folgenden dahin zielenden Bemerkungen, in Betreff der Chur-Köllnischen Rheinzölle, ihren Beyfall nicht versagen werde. Bekanntlich machen diese einen sehr beträchtlichen Antheil der Churfürstl. Cameral-Revenüen aus. Der Chur-Cöllnischen Rheinzölle sind fünf, nämlich zu Andernach, zu Linz, zu Bonn, zu Urdingen, und zu Zons, welchen leztern das Erzstiftische Domkapitel pfandweise benuzet hat. Nebstdem ist die Chur im Besiz eines Lizents, der zulezt auch in Urdingen erhoben wurde. Alle diese Ortschaften, mit Ausnahme von Linz, sind am linken Rheinufer belegen. Dieses ist jedoch ein blos zufälliger Umstand; keiner der erwähnten Zölle ist an den Ort, wo er bisher gehoben wurde, gebunden. Die Churfürsten von Kölln hatten von jeher, kraft vielfacher Kaiserl. Privilegien, insbesondere von König Friederich de. 1314, von Kaiser Karl den IV. de 1346, von König Sigismund de 1414, und 1434. von Kaiser Friederich III. de 1487, die Befugnis, ihre Rheinzölle von einem Orte zum andren, nach Gefallen zu verlegen. So wurde im XIV. Jahrhundert, der Zoll von Andernach, vom Churfürsten Friederich, nach Linz verlegt; und als Kaiser Friederich den III. dem Churfürsten Hermann von Hessen, mit Bewilligung aller Churfürsten, einen neuen Zoll nach Linz verliehe, wurde der vorherige Zoll wieder nach Andernach zurück verlegt. Der ehemalige Zoll zu Neuß, ist bereits im XIV. Jahrhundert nach Zons, und späterhin jener zu Rheinberg nach Urdingen verlegt worden. Was den Lizent insbesondere betrift, so wurde dieser ehemals in Rheinberg gehoben, von hier ward er im vorigen Jahrhundert nach Kaiserswerth verlegt; und erst unter der Regierung des leztverstorbenen Churfürsten ist er, als das Churhaus Pfalz die Kaiserswerther Pfandschaft einlöste, nach Urdingen verlegt worden. Wäre diese Einlöse zufällig nicht geschehen, so würde er bis auf den heutigen Tag in Kaiserswerth, mithin am rechten Rheinsufer gehoben worden seyn. In Rücksicht auf diese rechtliche Verhältnisse, ist es ein billiger Wunsch, daß bey dem bevorstehenden Frieden, im Falle man mit der französischen Republik über die Beybehaltung der Rheinzölle überhaupt übereinkommen wird, der Chur Kölln die Befugnis, ihre bisher am linken Rheinufer gehobene Rheinzölle auf das rechte zu verlegen, vorbehalten werde. Sollte jedoch das französische Gouvernement auf keinerley Art zu bewegen seyn, in die Uebertragung der Chur Köllnischen Rheinzölle aufs rechte Rheimufer zu willigen, so wird doch gedachtes Gouvernement so wenig, als eine hohe Reichs-Friedens-Deputation, die Billigkeit verkennen können, daß wenigstens, nebst Beybehaltung des Zolles zu Linz, der Lizent von Urdingen nach Deuz verlegt werde; da dieser Lizent nicht nur durch seine eigene Beschaffenheit sich von andern Rheinzöllen auszeichnet, sondern auch so lang auf dem rechten Rheinufer erhoben, und nur seit wenig Jahren, aus Mangel einer anständigen Gelegenheit, jenseits zu erheben, angefangen worden ist. Unterzeichneter zweifelt nicht, daß dieser Antrag um so mehr die kräftigste Unterstützung der hohen Reichs-Deputation erhalten werde, als er eines Theils dahin zielt, den Verlust der Chur Kölln, und die daraus entstehende Entschädigungs-Ansprüche zu mindern, anderntheils den Zweck hat, den übrigen am rechten Rheinufer gelegenen Chur-Cöllnischen Aemtern, in den beträchtlichen, zur Unterhaltung des Rheinbaues erforderlichen Kosten, eine Erleichterung zu verschaffen, worauf um so mehr Bedacht genommen werden muß, als diese, wegen der Lage, die sie einnehmen, eine sehr beträchtliche Strecke des Rheins zu unterhalten haben, und dadurch zu einem Aufwand genöthiget sind, den sie blos aus eigenen Beyträgen zu machen, ihrer Geringfügigkeit wegen nicht vermögen.

Was hiernächst

II. Die Gerechtsame der Privaten anbelangt, welche bey der neuen Gränze in Betrachtung kommen müssen, so verdienen hier

a) Die Geldforderungen, welche auf den Chur-Cöllnischen Rheinzöllen haften, und wofür die Zolleinkünfte specialiter verhypotheciret sind, eine vorzügliche Aufmerksamkeit. Im Falle die Rheinzölle beybehalten werden, so werden beyderseitige Gouvernements, ohne Schwierigkeit wohl die Billigkeit anerkennen, daß derjenige Theil, dem eine Rheinzollstätte zufällt, auch die Schulden übernehmen müsse, für welche die Revenüen dieser Zollstätte bisher verhaftet waren. Schwieriger würde es seyn, wenn wider Verhoffen die Aufhebung aller Rheinzölle nicht abgewendet werden könnte. Höchst ungerecht wäre es, wenn die Zollgläubiger hierunter leiden sollten. Es würden also auch in diesem Falle doch wenigstens Maasregeln zur Sicherheit der Gläubiger genommen werden müssen, welches allenfalls dadurch geschehen könnte, daß die Zölle in der bisherigen Art noch so lange beybehalten würden, bis aus ihrem Ertrage die darauf haftenden Schulden bezahlt wären.

b) Giebt es hin und wieder Städte und Corporationen, welche an den Revenüen einzelner Zollstätten Antheil haben. So besitzt unter andern die Stadt Andernach, kraft eines Kaiserl. Privilegiums, einen Antheil an dem dortigen Rheinzoll. Die Gerechtigkeit erfordert, daß dergleichen Gerechtsame entweder beybehalten, oder, im Falle der Aufhebung, den Berechtigten eine angemessene Schadloshaltung zugesichert werde.

c) Sind mehrere Privaten im Besitz von Gerechtsamen auf dem Rheinstrome selbst, worüber also nothwendig, da dieser Strom nun die Gränze zwischen zwey Nationen werden soll, Bestimmung geschehen muß. So ist z. B. das Recht der Rheinüberfahrt zu Kölln, und zu Bonn, oder die dasigen fliegenden Brücken, von einer sichern Anzahl Vasallen bisher zu Lehn getragen worden; und diese haben die Nutzung davon bezogen. Mehrere andere Gemeinden und Private sind im Besitze des Ertrags anderer Rheinüberfahrten. In einem ähnlichen Fall befinden sich die sogenannte Salz-Vasallen zu Kölln, welche die Verrichtung des Salzes- und Fruchtmessens auf dem Rheine daselbst, mit den davon abhangenden Nutzungen, als ein Chur-Cöllnisches Lehen besitzen. Die Pflicht für die Erhaltung des Eigenthums der in den abzutretenden Landen wohnenden Unterthanen zu sorgen, erheischt, daß auf die Beybehaltung dieser und ähnlicher Gerechtsame unterhandelt; und im Falle diese nicht statt finden könnte, eine vollkommene Schadloshaltung für die Betheiligten ausbedungen werde, welche von demjenigen Theil billig zu leisten wäre, zu dessen Vortheil dergleichen Gerechtsame aufgehoben würden. Unterzeichneter glaubt, daß die Bewilligung dieser, das Interesse der Privaten betreffenden Punkte, von Seiten der französischen Minister, um so weniger Schwierigkeit finden werde, als es hier vorzüglich um die Rechte und Wohlfahrt künftiger französischer Unterthanen gilt, für welche zu sorgen, das französische Gouvernement, eben so sehr, wie ihr bisheriges deutsches Gouvernement, sich zur Pflicht rechnen wird. Endlich muß Unterzeichneter noch in Betreff des Rhein-Ufer-Baues bemerken, daß desfalls in der französischen Note vom 14. Floreal (3. May), die Verfügung in Vorschlag gebracht worden: Kein Theil soll an einem der beyden Rheinufer solche Arbeiten vornehmen, welche das entgegengesezte Ufer beschädigen könnten. Die Erfahrung hat aber gelehrt, daß in einzelnen Fällen die Frage : Ob eine Rheinbau-Arbeit rheinbauordnungswidrig, d. i. so beschaffen seye, daß sie das gegenüberliegende Ufer beschädige? unter den wechselseitigen Uferbewohnern häufigen Contestationen ausgesetzt ist.

Zwischen den Einwohnern des Churfürstenthums Cölln, und jenen des Herzogthums Berg, gab es deßfalls unaufhörliche Streitigkeiten, welche, durch eine gemeinschaftliche Commission, *mit Zuziehung von Wasserbau-Verständigen geschlichtet zu werden pflegen.

Es scheint dermalen, wo der Rhein die Gränze zwischen Deutschland und Frankreich werden soll, unumgänglich nothwendig zu seyn, daß, um allen 'künftigen eigenmächtigen Thathandlungen unter den beyderseitigen Uferbewohnern vorzubeugen, in dem abzuschließenden Frieden zugleich die Art festgesetzt werde, wie die zwischen denselben, wegen schädlicher Rheinbau-Arbeiten, entstehende Klagen und Streitigkeiten erörtert und beygelegt werden sollen.

Rastadt, d. 28. Jun. 1798.

Christian, Graf zu Erbach.

21. Königlich-Preussisches und Churbrandenburgisches Promemoria wegen näherer Bestimmung der Niederrheingränze und Beybehaltung der Rheinzölle vom 14. Juni 1798.

In der zuversichtlichen Erwartung, daß die in der letztern Erklärung der H. A. R. Deputation enthaltenen bündigen und einleuchtenden Gründe den gehörigen Eindruck bey der französischen Gesandtschaft nicht verfehlen und der so sehr zu wünschende Friede, nach den gemachten höchst empfindlichen Aufopferungen, auf Bedingungen, die mit der Sicherheit und Unabhängigkeit des deutschen Reichs vereinbar sind, endlich werde erzielet werden, geben unterzeichnete Königl. Preussische bevollmächtigte Minister sich die Ehre, einige Bemerkungen vertraulich mitzutheilen, die in dermaliger Lage der Unterhandlungen der Aufmerksamkeit nicht unwerth seyn dürften.

1) Bekanntlich theilt sich der Rhein, wenn er aus dem Herzogthum Cleve, als dem lezten von ihm durchströmten deutschen Lande, in das holländische Gebiet tritt, in zwey Arme. Ehemals geschah dieses unmittelbar an der Gränze, bey der nunmehr verfallenen Schenkenschanze, und wurde der eine Arm, welcher nach Nymwegen geht, die Waal genannt, der andere aber, der in vielen Krümmungen sich nach Arnheim wandte, behielt den Namen Niederrhein noch eine Strecke bey. Seit etwa einem Jahrhundert ist aber dieser Arm gänzlich vertrocknet, so daß man jezt nur noch Spuhren dieses Bettes, dieses sogenannten Alten-Rheins findet. Dagegen ist bereits seit dem Jahre 1701. das Wasser aus der Waal durch einen gegrabenen Canal abgeleitet, welcher bey dem holländischen Dorfe Pandern anhebt, die zu dem Herzogthum Cleve gehörige, obgleich von demselben durch holländisches Territorium getrennte Herrlichkeit Lymers (die, von dem Hauptort darin, auch wohl der Distrikt von Savenaar genannt wird) durchläuft, und an der Gränze derselben zwischen dem dazu gehörigen Städtchen Huissen und der holländischen Stadt Arnheim sich abermals in zwey Arme theilt, deren einer zuerst den Namen Neue, dann Alte Yssel führet und in den Zuyder See geht, der andere unter dem Namen Rhein bey Arnheim vorbeyfließet, und nachher

noch unter verschiedenen Benennungen sich mehrmals
vertheilt.

Nach dieser geographischen Bemerkung, kann über
dasjenige Wasser, das der eigentliche und wahre Rhein
ist, kein Zweifel seyn. Dieser Strom verläßt noch un‍-
ter diesem Namen den Clevischen, und mit diesem den
deutschen Boden, und bey der bald nachher erfolgenden
Trennung kann nur die Waal als die Fortsetzung des‍-
selben angesehen werden, da der andere Arm längst ver‍-
trocknet, und statt seiner jezt nur ein künstlicher Canal
existirt. Da indes das künftige Friedens-Instrument
eine vollkommen deutliche Bestimmung der Gränze ent‍-
halten muß, dürfte es nöthig seyn, in demselben aus‍-
zudrücken:

„Daß der Rhein von einem oberwerts belegenen
„und zu benennenden Punkte an, wo er aus dem
„Herzogthum Cleve tritt und unter dem Namen
„die Waal seinen Lauf in Holland fortsezt, die
„Gränze zwischen Frankreich und Deutschland
„mache."

Die Bestimmung ist dem eigenen französischen Ver‍-
langen einer Naturgränze, welche nur durch einen
natürlichen Strom, nicht aber durch einen künstlichen
Canal erreicht werden kann, zu gemäß, als daß des‍-
halb einiger Anstand zu erwarten wäre. Auf jeden Fall
werden indes die hier gegebenen Erläuterungen zu dessen
Beseitigung hinreichen.

2) Nach den, in der lezteren Erklärung der R. F. De‍-
putation, ausgeführten einleuchtenden Gründen, ist nicht
zu zweifeln, daß wegen der Annahme der Mitte des
Rheins als Gränze, übereingekommen werde, und
wird der sogenannte Thalweg oder eigentlich schiffbare
Theil des Rheins diese Mitte am schicklichsten in eben

der Art ferner bestimmen, wie es bisher schon von Hüningen an bis zu den Pfälzischen Landen der Fall gewesen. Hiernach wird es also darauf ankommen, ob in dem Friedens-Instrument dieser Thalweg von dem Punkte an, wo die neue Gränze auf dem nördlichen Ende des Elsasses anhebt, bis an Holland, genau, und mit Angabe derjenigen Inseln, neben welchen er sich hinzieht, bestimmt angegeben werden soll. Es wäre dieses allerdings zu Verhütung aller künftigen Differenzien sehr zu wünschen, und es würden dann alle an der linken Seite des Thalweges belegene Inseln und auszuübende Wasserregalien an Frankreich, die an der rechten Seite liegende aber dem Reich und einzelnen deutschen an dem Rhein stehenden Landen in Absicht der Souverainität und Landeshoheit, mit Vorbehalt des jetzigen Besitzstandes des Privateigenthums gehören. Auf diesen Fall haben Unterzeichnete in Absicht des diesseitigen Gebiets die Bemerkung zu machen, wie es zur Erhaltung der Stadt und Festung Wesel höchst wichtig sey, daß der zur Abhaltung des in dieser Gegend auf das rechte Rhein-Ufer hinströmenden Rheins bereits im Jahre 1784. angelegte, die Buderischer Insel durchschneidende Canal für das wahre Bett des Rheins und des sogenannten Thalwegs angenommen werden möge.

3) Die Erklärung der Reichs-Friedens-Deputation vom 14. vor. Monats bewahrt hinlänglich, wie sehr von Hochderselben die äußerste Wichtigkeit der französischer Seits in Anregung gebrachten Abschaffung der bisherigen Rhein-Transito-Zölle, und deren Ersetzung durch Einfuhrzölle beherziget werde. Die Proposition, diese und alle übrigen verwandten Gegenstände einem besondern Handlungs- und Schiffarths-Traktat vorzubehalten, bis dahin aber es bey dem bisherigen Zustande zu

belaſſen, iſt unſtreitig der beſte hierunter zu treffende Ausweg, da zur gründlichen Berichtigung deſſelben eine vollſtändige Localkenntnis und reife Erwägung aller dabey eintretenden mannigfaltigen Rückſichten, unumgänglich nöthig und erforderlich ſind. Bey dem nahen Intereſſe welches des Königs Majeſtät an dieſer Angelegenheit nehmen, behalten Unterzeichnete, wenn die nähere Unterhandlung über dieſen Punkt angefangen ſeyn wird, ſich noch weitere Eröfnung bevor; bemerken indes vorläufig, wie man dieſſeits eine ſo große Veränderung, als die gänzliche Abſchaffung aller Rheinzölle ſeyn würde, für äußerſt bedenklich halte, da nicht nur hiedurch ſo beträchtliche Revenuen, deren die Zollberechtigten bisher genoſſen, wegfallen würden, ſondern auch der ganze Handel, nicht nur der zunächſt an den Rhein gränzenden ſondern auch der entfernten deutſchen Lande eine ganz neue Richtung erhalten würde, deren Folgen in ihren Umfang ſchwerlich zu berechnen, allem Anſchein nach aber für Deutſchland nicht vortheilhaft ſeyn würden.

Eine andere Betrachtung iſt, daß der Rhein, um im ſchiffbaren Stande erhalten zu werden, und nicht durch ſeinen regelloſen Lauf und häufige Austretungen, ſtatt eines Wohlthäters, Verwüſter der ihn begränzenden Lande zu werden, koſtbare Unterhaltungsmittel erfordere. Ein Theil der Zollrevenüen werden für dieſe angewendet, und alſo ganz billig die Koſten der Fahrbarkeit des Stroms gerade von dem Publikum getragen, was von deſſen Handel und Schiffarth Vortheil hat. Soll dieſes in die Zukunft wegfallen, ſo würde die Laſt der Unterhaltung dieſer Rheinwerke, welche im dieſſeitigen Gebiet jährlich 80000. Thaler erfordert, und aus den Zollrevenüen beſtritten wird, höchſt unbilligerweiſe den Landen, welche an den Strom gränzen, aber von ſeinem

Transfito-Handel keinen Vortheil haben, auferlegt werden müßen; wozu sich indessen diese wohl nicht verstehen, vielmehr sich lediglich auf die Anstalten beschränken würden, welche die Sicherung ihres Grundeigenthums gegen Ueberschwemmungen fordern, wie dieses auch im Clevischen durch besondere Anstalten und auf Kosten eigener Societäten der an den Rhein anstossenden Eigenthümer geschieht, welche von den zur Erhaltung der Fahrbarkeit des Stroms nöthigen vorerwähnten Kosten und Einrichtungen ganz verschieden sind. Hiernach würde aber diese Fahrbarkeit des Rheins in wenig Jahren ganz aufhören. Aus diesen Gründen ist also sehr zu wünschen, daß die bisherige Einrichtung der Rhein-Zölle, bey welchen der Rheinhandel der Erfahrung gemäß bestanden, bleiben, und nur so viel im Frieden auf das bestimmteste ausgemacht werden möge, daß, in Absicht der Erhebungsorte, Tariffs, und ganzen Manipulazion der Zölle, von keinem Theil irgend eine Veränderung allein vorgenommen, sondern was etwa der eine oder der andere zur Vervollkommnung und zum gemeinen Besten dienlich erachtet, von ihm dem andern freundschaftlich mitgetheilt, und denn das Erforderliche gemeinsam beschlossen und zur Execution gebracht werden solle. Ohne ein solches gegenseitiges Einverständnis, läßt sich Fortdauer des Rheinhandels und Schiffarth nicht denken, da bey einem, zwischen zwey Staaten gemeinschaftlichen Strom, keiner von beyden den Vortheil des andern beschränken kann, ohne sich zugleich selbst zu schaden. Weniger ausführbar scheint dagegen ein solches Einverständnis in Absicht der Einfuhrzölle, welche statt der Transitozölle in der französischen Note vom 14. Floreal vorgeschlagen werden. Zwischen diesen beyden Arten der Abgaben, tritt, wie bereits sehr richtig angedeutet worden, der wichtige Unterschied ein, daß leztere nur zum Theil eine reine Cammeralrevenue, jene aber, nach den Grundsätzen einer erleuchteten Staatskunst, weit weniger dieses, als vielmehr Mittel sind, der Nazional-Industrie die nach Verhältnissen erforderliche Belebung und vortheilhafteste Richtung zu geben. Aus dieser Bestimmung folgt ihre Wandelbarkeit und die Unmöglichkeit, daß zwey benachbarte Staaten in Absicht derselben, auf lange Zeit, verbindliche Verpflichtungen eingehen können. Im vorliegenden Falle macht dieses die Natur des deutschen Staatskörpers um so schwieriger, dessen Handlungsverhältnisse so verwickelt und heterogen sind, daß es kaum denkbar ist, sie in einem Handlungs-Traktat auf eine Art zusammenzufassen, die sowohl für seine verschiedenen Bestandtheile selbst, als den mit ihm contrahirenden Staat befriedigend wären..

Unterzeichnete zweifeln nicht, daß diese und andere der tiefen Einsicht der H. A. R. F. Deputation nicht entgehenden Betrachtungen auch den Beyfall des erleuchteten französischen Gouvernements nicht verfehlen, und die nach diesseitiger Ueberzeugung in jeziger Lage wünschenswerthesten Folgen haben werden, die Sachen zunächst in jezigem durchaus unverändertem Zustande zu lassen, wornach denn die Rheinzölle am linken Ufer der französischen Republik, und die am rechten den jezigen Besitzern verbleiben, und bis dahin, daß eine gemeinsame Einrichtung zu Stande gebracht wäre, weder verlegt noch erhöhet, oder irgend anders als sie vorher waren, modifizirt werden dürften. Eine solche bestimmte Stipulation des jezt abzuschließenden Friedens, scheint nicht nur das einzige Mittel, die mit jeder anderweitigen Behandlung dieser Angelegenheit verbundene unabsehliche Verzögerung zu beseitigen, sondern auch unumgänglich nöthig, um einer vollkommenen Stockung und Verwirrung der Rheinschiffahrt, und zum Theil auch des deutschen Handels im Ganzen vorzukommen, welche unvermeidlich seyn würde, wenn plötzlich die Zoll Revenuen, und mit ihnen also auch der Fond zur Erhaltung der Fahrbarkeit des Stroms aufhörten, und dagegen auf beyden Seiten ohne gemeinsames Einverständniß und reife Erwägung aller eintretenden Verhältnisse neue Abgaben eingeführet würden. Eine vollkommene und dem Wohl beyder Staaten angemessene Einrichtung würde hierdurch auch keineswegs ausgeschloßen, da vielmehr sofort nach geschlossenem Frieden die Unterhandlungen über den sie bezielenden Handlungs- und Schiffahrts-Traktat mit Zuziehung der dabey vorzüglich interessirten Staaten angefangen werden könnte.

Rastadt, den 14. Juny 1798.

Graf v. Görz, Freyh. v. Jacobi Klöst,
v. Dohm.

22. Chur-Trierisches Pro Memoria, wegen der Rhein-Zölle. Vom 6. August 1798.

Die verschiedenen Zollstätten, womit das Churfürstenthum Trier, das von den drey schiffbaren Flüssen, dem Rhein, der Mosel und der Saar durchströmt wird, versehen war, und dessen zufällige Lage, die es in die unmittelbarste Nachbarschaft mit Frankreich, und gerade zwischen zwey mit Stapels-Gerechtigkeiten versehenen Städten zu Kölln und Mainz versezt hatte, geben den unterzeichneten Particular-Abgeordneten die Veranlassung, nach dem Beyspiel der Königl. Preußisch-Churbrandenburgisch und der Chur-Cöllnischen Prinzipaldeputation

tion einige Bemerkungen über den Gegenstand der Zölle der hohen Reichs-Deputation mitzutheilen, die bey der künftigen Lage des deutschen Reichs mit Frankreich vielleicht einige Aufmerksamkeit verdienen dürften, und sich vorzüglich durch die in einigen der letztern französischen Noten enthaltenen Ausdrücke dargebothen haben.

1.) In der Note der französischen Bevollmächtigten vom 14. Floreal (3. May), heißt es:

Tous les droits de péage seront supprimés, les marchandises seront sujettes seulement au droit de douânes établis dans les pays etc. Die hohe Reichs-Deputation hat in der darauf gefolgten Note vom 14. May die droits de péage als Transitozölle, und die droits des douânes, als Einfuhrzölle genommen. Eine gleiche Deutung hat diesen Ausdrücken die Königl. Preußische Churbrandenb. Gesandtschaft in ihrem P. M. v. 14. Jan. gegeben, und wenn anders die Uebersetzungen der deutschen Noten ins französische getreu gemacht worden sind, so kann darüber keine Zweydeutigkeit obwalten, was man deutscher Seits unter den beyden Ausdrücken verstehe. Es sind aber, nebst den Transitozöllen, von einigen Staaten Deutschlandes, freylich erst in spätern Zeiten, am untern Rhein sogenannte Pferdegelder von den Pferden, die auf dem Leinpfade herziehen mußten, erhoben worden. Ferner hat die Herstellung und Unterhaltung der Leinpfäde mehrfältig die Anlegung von Brücken, Verkrippungen und andern Wasserbau-Verrichtungen nöthig gemacht, die eben so wohl, besonders wenn die Transitozölle allgemein abgeschaft werden, neue Abgaben unter verändertem Namen veranlaßen könnten, bey denen nachher die Ausflucht genommen werden dürfte, daß sie nie unter dem Ausdrucke *droit de péage* oder Transitozölle begriffen worden wären.

VI.   J

Unter den droits des douânes (eigentlich Einfuhrzölle) hingegen haben die Franzosen in jüngern und ältern Zeiten auch die Gebühren verstanden, die von den Niederlagen in städtische Kaufhäuser und landesherrliche Lagerhäuser eingegangen sind, obschon erstere meistens nur als eine städtische Revenue aufgestellt waren. Auf dem linken Rheinufer haben sich in gegenwärtigen Kriege die Franzosen dieser Revenuen unter dem Titel der *douânes* kundbarlich überall bemächtigt.

Wenn also die Transitozölle unterdrückt werden sollten, wenn die Freyheit der Schiffahrt in der Maaße aufgestellt werden soll, daß von dem Gebrauch des Flußes nichts entrichtet werde, so dürfte auch der Betracht genommen werden müssen, daß, nebst dem Ausdruck: Transitozölle, der unmittelbar auf jenen *droits de péage* zu folgen hätte, aller Anlegung fremder Abgaben unter verändertem Titel vorgebaut werde; und eben so dürfte es zweckdienlich seyn, bey den droits de douânes, welchem Ausdruck eben wohl jener: Einfuhrzölle beygesetzt werden müßte, die Kaufhaus- und Lagerhaus-Gebühren, die einen ganz verschiedenen Zweck haben, ausdrücklich auszunehmen.

2.) Ueber die Frage, ob die Abschaffung aller Transitozölle räthlich sey, wollen unterzeichnete Particular-Abgeordnete der hohen Reichs-Deputation keineswegs vorgreifen, besonders wo die Reichs-Deputations Anträge vom 14. May und 6. Julius hinlänglich bezeichnet, wie viele Aufmerksamkeit sie diesem Gegenstande gewidmet habe. Man erlaubt sich aber den allgemeinen Gründen, die die Preußisch-Brandenburgische Deputation in ihrem P. M. aufgestellt hat, noch einige besondere nachzutragen.

Bekanntlich wurden die Zoll-Gerechtsamen, der an den Rhein und andern schiffbaren Flüssen angränzenden Füſten, theils auf vorgeſtreckte beträchtliche Geldſummen, theils aus dem Titel einer Pfandſchaft, theils zu einiger Belohnung vorzüglich dem Kaiſer und Reich geleiſteter Dienſte und gemachten Aufopferungen, von den Kaiſern ertheilt. Die Kaiſer hatten dabey die Abſicht, das Commerz, das in den frühern Zeiten eines ſehr großen und koſtſpieligen Schutzes bedurfte, und das gleich ſchwere Waſſer- und Wege-Anlagen erfoderte, im deutſchen Reiche möglichſt zu erheben, und zugleich manche Abgabe zu Beſtreitung der immerwachſenden Staatsausgaben entbehrlich zu machen.

Nicht immer ſind aber die Zolleinkünfte blos in die landesherrlichen Caſſe gefloſſen; im Churfürſtenthum Trier wenigſtens hat es Zölle gegeben, die in ſogenannte turnos vertheilt waren. Fürſtl. Gräfliche und andere Familien, auch geiſt- und weltliche Corporationen befanden ſich unter der Cathegorie, deren Antheile offenbar zur Claſſe des Privat-Eigenthums gerechnet werden müſſen, und die auf die Ausmittelung einer Entſchädigung, wenn die Quelle verſtopft werden ſollte, einen ganz gegründeten Anſpruch zu haben ſcheinen.

Da auch öfters entweder die Zoll-Caſſen in allgemeinen oder einzelnen Zollſtädten mit Schulden behaftet ſind, ſo folgt, daß die Aufhebung aller Tranſitozölle in eben dem Maaſſe die Schuldenmaſſe vergrößern würde, in welchem die ohnehin durch den Krieg ſo ſehr geſchwächte Cameral- und Landes-Revenuen, und mit dieſen die Kräfte der Landes-Einwohner geſchwächt worden ſind.

Selbſt aber auch der Tranſitozoll, als eine indirecte Abgabe (Contribution indirecte) betrachtet, verdient immer als die unſchädlichſte Gattung dieſer Abgaben angeſehen zu werden; beſonders wenn er nach einem mäßigen nicht veränderlichen Tarif erhoben wird; wenn der Stationen, wo angelandet werden muß, nicht zu viele sind, und wenn an diesen Stationen keine solche Manipulationen vorwalten, welche die Schiffahrt wirklich hemmen könnten, und gegen welche bereits in den Zoll-Capiteln Recessen und Curvereinen die zweckmäßigste Regeln vorgeschrieben sind.

Daß an den meisten Zollstädten keine beschwerende Tarifs bestanden haben, beweiset die Erfahrung am besten, da die Frachten jener Waaren, bey welchen man sich die Zollfreyheit stipulirt hat, nur um ein sehr geringes haben wohlfeiler ausbedungen werden können, als bey solchen Waaren, wo dieses zu erwirken nicht möglich war. Im Grunde haben sie also auf den Handel, wovon die Schiffahrt nur ein Accessorium ist, keinen so wesentlichen Einfluß, wie ihnen gewöhnlich beygelegt werden will.

3.) Von weit größerer Wichtigkeit sind hingegen die droits des douanes, wenn darunter bloß Einfuhrzölle verstanden werden. Die französischen Bevollmächtigten sagen: a) Les marchandises seront sujettes seulement aux droits des douanes *établis* dans les pays. Einfuhrzölle sollen ein Mittel seyn, um die Industrie eines Staates, je nachdem seine Producte beschaffen sind, zu heben. Ihre Einführung kommt also jeder legitimen Staatsgewalt zu; und da, wo sie wirklich noch nicht hergebracht sind, müssen sie ihrer Natur nach eingeführt werden können; sie können daher auch nicht als Surrogat für die aufzuhebenden Transitozölle angesehen werden. Zu dem Ausdruck der französischen Note *etabli* muß also noch das weitere *ou à établir* hinzugesetzt werden, wenn nicht der deutschen Staatsgewalt neue Schranken gesetzt werden wollen.

Da jedoch eben der Zweck des Staats nicht über seine Gränzen hinausgehen darf, und da es nicht geduldet werden kann, daß der an den Rhein angränzende und mit dem bisherigen Transitozoll-Regal versehene Staat durch seine Einfuhrzölle, die neben und hinter ihm liegende Staaten in Contribution setze, so muß weiter festgesetzt werden, daß die *droits de douánes*, als Einfuhrzölle betrachtet, nur in so weit erhoben werden dürften, als sie jene Waaren betreffen, die in dem Lande, wo der Zoll ist, verbraucht werden.

b) Auch der Ausdruck der französischen Note vom 14. Floreal: droit des douánes perceptible au moment du debarquement verdient, um aller Misdeutung zuvorzukommen, eine nähere Bestimmung:

Der Rheinstrom hat bekanntlich nicht überall eine gleiche Wassermenge oder ein gleiches Bette; sein Leinpfad geht überdies größtentheils auf dem linken Rheinufer her. Nur zwischen Caup bis gegen Mainz, eine Strecke von höchstens 10. Stunden, ist er auf dem rechten Ufer. Dies wird der gemeine Fall von Basel bis zur holländischen Grenze seyn. — Von Holland bis Kölln werden die Waaren in den größten holländischen Schiffen verführt; theils wegen dem in Kölln bishero bestandenen Stapel, theils wegen dem seichtern Wasser mußte in Kölln aus- und eingeladen werden, die Waaren mochten nach Coblenz oder Mainz bestimmt seyn. Coblenz war für die Mosel- und Saar- auch Lahn-Transporte, so wie Mainz für jene des Main und Oberrheins ein zweyter und dritter Ort, wo wieder umgeladen werden mußte. Das nämliche ist der Fall bey den Schweizer-Handels-Artikeln. Wenn diese bisher in kleinen Schiffen bis Strasburg und Mainz giengen, so wurden sie zu Mainz aus denselben in größere bis Kölln eingeladen, und zu

Köln in noch größere, bis in Holland. Alle diese Umladungen sind Debarquements, die Debarquements: Orte sind alle auf dem linken Rheinufer, und doch betreffen diese Debarquements oft nur solche Waaren, die gar nicht für das linke Rheinufer, sondern für das rechte bestimmt sind. Dergleichen Ausladungen dürften aber keineswegs dem Einfuhrzolle unterworfen seyn, sonst würden Waaren Einfuhrzölle entrichten, die nicht ein, sondern vorbey geführt werden, und dann wieder Einfuhrzölle, die überall nur einmal in einem Staate gefodert werden können, mehrmal erhoben werden. Sollte gar die Stadt Basel, wie es längs den Anschein gehabt hat, und täglich mehr Wahrscheinlichkeit gewinnt, mit Frankreich reunirt werden, so dürfte dieser Punkt eine desto größere Aufmerksamkeit verdienen.

c) Durch die von der hohen Reichs-Deputation anverlangte und von den französischen Bevollmächtigten bereits nachgegebene Aufhebung der Stapel-Gerechtigkeiten und des Schifferzunfts-Zwangs werden wohl die größten Hindernisse des Handels, die vorzüglichste Schiffahrts-Beschränkungen beseitigt, und die oben angeführte Bedenklichkeiten zum Theil weniger bedeutend; allein da der Leinpfad größtentheils auf dem linken Ufer geht, da noch zur Zeit die meisten Schiffer auf diesem Ufer wohnhaft und ansäßig sind, da selbst die gemächlichsten Landungsplätze, die vorzüglichste Städte und Ortschaften auf demselben sich befinden, und da das linke Rheinufer in allem Betracht die meisten Handelsvortheile für sich hat, so dürften dies wohl Umstände genug seyn, um in Ansehung der Debarquements-Gebühren und derhalbigen Bestimmungen die größte Vorsicht zu gebrauchen.

4.) Aus diesen Betrachtungen wird sogleich die Wichtigkeit fühlbar, die die Beybehaltung des gegen Mainz

23. Königlich-Preußisches Pro Memoria, Ehrenbreitstein betreffend, an die Deputation. Vom 19. Octob. 1798.

Unterzeichnete bevollmächtigte Minister Sr. Königl. Preußischen Majestät haben nicht ohne besondere Theilnahme vernehmen können, daß die H. A. K. Plenipotenz sich veranlaßt gefunden, wegen endlicher Aufhebung der Einschliessung der Festung Ehrenbreitstein sich bey den bevollmächtigten Ministern der französischen Republik auf das nachdrücklichste mittelst übergebenen note verbale und gehabter mündlicher Unterredung zu verwenden; daß, da indeß nach dem von letzterer gegebenen précis die Hoffnung des Erfolgs noch nicht so gesichert sey, als man es von den vorgelegten so offenbar einleuchtenden Gründen des Rechts und der Billigkeit sich versprechen könnte, eine H. A. Reichs-Deputation auch hier sich veranlaßt gefunden, diesen Gegenstand in einer heutigen Sitzung noch einmal in Berathung zu nehmen. Unterzeichnete sind überzeugt, daß eine H. A. Reichs-Friedens-Deputation, durchdrungen von der äußersten Wichtigkeit der bis zu dem Ende der hiesigen Unterhandlungen zu bewirkenden Unterhaltung dieses so ehrenvoll bis jetzt behaupteten Postens, sich beeifern werde, in Uebereinstimmung mit der Kaiserl. Plenipotenz nochmals die schon in bisherigen, an die französische Gesandtschaft erlassenen Noten, und besonders auch in der letztern geschehenen Vorstellungen auf eine so nachdrückliche Art zu erneuern, um bey der gedachten Gesandtschaft auch hierunter nunmehr die entgegenkommende Billigkeit zu bewirken, die man bey verschiedenen der noch unberichtigten Punkte mit besonderm Vergnügen bemerkt hat, und dessen Verweigerung in Absicht dessen, von dem hier die

Rede ist, in der That keinen weitern Zweck in irgend einer Beziehung haben könnte, nachdem die Schleifung von Ehrenbreitstein für die Zukunft bereits verglichen, und feyerlich zugesichert ist.

Bis dahin indeß, daß auch dieses so wichtige Opfer der wieder hergestellten Ruhe gebracht werden muß, ist die Erhaltung dieses Postens für die Sicherheit, vorzüglich desjenigen Theils von Deutschland, welcher der Gegenstand der unermüdeten Fürsorge Sr. Majestät des Königs ist, von zu großer Wichtigkeit, um nicht Unterzeichnete zu veranlassen, einer H. A. Reichsdeputation zu erkennen zu geben, wie sehr sie wünschen müssen, den rühmlichen Bemühungen derselben hierunter baldmöglichst eine vollkommene Beruhigung zu verdanken.

24. **Vorstellung von Hollstein-Oldenburg, wegen des Elsflether-Zolls. Vom 13. Nov. 1798.**

Das wiederholte Ansinnen, welches die französische bevollmächtigte Minister in ihrer Note vom 21. Brumaire (11. Nov.) wegen Aufhebung des Weser-Zolls zu Elsfleth zu Gunsten der französischen Republik an eine Hochansehnliche Reichs-Friedens-Deputation gebracht haben, setzt Unterzeichneten in die Nothwendigkeit, Hochderselben das hierunter obwaltende und ihm zu wahren übertragene Interesse seines gnädigsten Herzogs und Herrn Hochfürstl. Durchlaucht, so wie des gesammten Durchlauchtigsten Hollsteinischen Hauses zur nachdrucksamsten Beherzigung bestens anzuempfehlen. — Die demselben zustatten kommende wichtigen Gründe sind zwar schon in den mehresten vortreflichen Abstimmungen von

11. October, zu diesseitiger vollkommenster Danknehmigkeit, auf das Ueberzeugendste dargelegt worden.

Unterzeichneter will jedoch dieselben zu desto besserer und geschwinderer Ansicht nochmals in der Kürze zusammenfassen. Der Elsflether-Zoll ist bekanntlich von Römisch-Kaiserl. Majestät den Grafen von Oldenburg besonders verliehen, durch Urtheil und Recht dem Grafen Anton Günther zuerkannt, in dem Westphälischen Frieden bestätigt, und durch eine förmliche zwischen den Königen von Dännemark und der Reichs-Stadt Bremen geschlossene Convention bestimmt und festgesetzt. Auch wird bey jeder Lehns-Veränderung über diesen Zoll das Lehen besonders gemuthet und verliehen.

Der Grund, aus welchem derselbe bewilliget und zugestanden worden ist, bestehet hauptsächlich in den schweren Deichlasten des Landes. Diese Deiche, durch deren kostbare Unterhaltung die Unterthanen verhindert werden, größere verhältnismäßige Abgaben zu leisten, sind die einzige Schutzwehre und Sicherheit der Schiffahrt.

Zudem sind die Herzoge von Oldenburg blos dieses Regals wegen verbunden, auf der Insel Wangeroge eine Feuerbacke zu unterhalten, und alle sonstige zum Besten der Schiffahrt erforderliche Sicherheits-Anstalten vorzukehren, zu welchem Behuf unter der gegenwärtigen Regierung zu Anlegung eines Havens und andern die Schiffahrt betreffenden Gegenständen in den letzten zehn Jahren die Summe von 30. bis 40,000. Thaler aufgewandt worden ist.

Schon allein aus diesen Gründen wird die Abschaffung des Elsflether-Zolls sich als ungerecht und unthunlich darstellen. Es kommt aber auch noch zu betrachten, daß des Königs von Dännemark Majestät, welcher als Graf von Oldenburg diesen Zoll besaß, ihn mit den

Grafschaften Oldenburg und Delmenhorst an des Großfürsten aller Russen Kaiserl. Hoheit als ein Aequivalent für den Großfürstlichen Antheil des Herzogthums Holstein, unter Allerhöchster Kaiserl. Genehmigung abgetreten hat, und daß in diesem Aequivalent gedachter Zoll, als ein beträchtlicher Gegenstand, wörtlich und ausdrücklich mitenthalten ist, welchemnach, ohne die augenscheinlichste Ungerechtigkeit, Ihro jetzt regierenden Russisch-Kaiserl. Majestät, oder dem, der ihre Rechte ausübt, nicht angesonnen werden kann, einen Theil des Aequivalents, wofür das Herzogthum Holstein weggegeben ist, wieder abzutreten; und stehet besonders dem jetzigen Durchlauchtigsten Besitzer des Herzogthums Oldenburg nicht zu, einen Gegenstand von dieser Wichtigkeit aus den Händen zu lassen, ohne die Zustimmung derer, die nach den vaterländischen Rechten mit ihm in gleiches Erbfolge-Recht haben, namentlich der Kron Rußland, Schweden und Dänemark.

Außer diesen für die Besitzer des Elsflether-Zolls redenden Rechtsgründen sind aber auch noch mancherley andere wichtige Betrachtungen, die man hier geflissentlich unterdrückt, die aber der Erleuchtung einer Hochansehnlichen Reichsdeputation gewiß nicht entgehen werden, inmittelst sie dem ganzen deutschen Reiche dringend anrathen, solchen Forderungen, wie die der Abschaffung des Zolls zu Elsfleth, kein Gehör zu leihen. Denn könnte nicht der Weg, der hierunter zum Nachtheil Oldenburgs beschritten worden, auch für benachbarte Königl. Preußische, Königl. Dänische, Kur-Hanöverische und andere Zölle mehr demnächst nachtheilig werden, und für dieselben ein widriges Beyspiel aufstellen?

Wenn aber sofort in der vorletzten französ. Note vom 12. Vend. (3. Oct.) sich folgender Maassen ausgedruckt wird:

„Mais ils demandent formellement pour la Ré-
„publique Française la suppression actuelle du
„péage d'Elsfleth sur le Weser, comme étant
„une entrave extrememement nuisible à son com-
„merce avec la ville de Bremen".

So ist zuförderst nicht wohl abzunehmen, von welcher Art des Zolls hier eigentlich die Rede seyn solle; und dann kann diesseits behauptet und überzeugend dargethan werden, daß wohl schwerlich bey irgend einem andern Zolle billiger verfahren wird, als bey dem Elsflether, und daß bey diesem besonders die französischen Waaren wenigstens in den Hauptartikeln ungemein gering angesetzt sind; weswegen der Hauptgrund der versuchten Abstellung wohl nicht in dem angeblichen Nachtheil des französischen Handels liegen kann, zumalen französ. Schiffe vor dem Zolle zu Elsfleth eine äußerst seltene Erscheinung sind; und wenn je der Fall sich ereignet, diese Schiffe mehrentheils aus dem mittelländischen Meere kommen, inmittelst die französischen Waaren gewöhnlicher Maaßen in Frankreich erkauft und bezahlt, durch Bremer und Oldenburgische Schiffe nach Bremen gebracht worden.

So wenig also auf diese Weise ein für den französ. Handel durch den Elsflether-Zoll entstehen sollender beträchtlicher Nachtheil sich denken läßt, so sehr müssen anderseits die in der jüngsten französischen Note vom 21. Brum. (11. Nov.) aufgestellten Sätze jedem in dem Bezirke der Verhandlungen des Westphälischen Friedens nicht ganz Unbekannten nothwendiger Weise auffallen. Der Elsflether-Zoll hat bekanntlich nicht erst durch diesen Frieden und durch Pacisirung mit Frankreich sein Daseyn erhalten. Er ist dem Grafen von Oldenburg lange vorher zugestanden, und in besagtem Frieden blos gegen alle Gewaltthätigkeiten, denen er vorher zum öftern aus-

gesezt war, gesichert worden. Hievon hat sogar Frank:
reich, nebst der Krone Schweden, die Gewährleistung
übernommen, und wer wird zweifeln, daß dieselbe gegen
die heutigen Versuche nicht vielmehr füglicher Maaßen,
unter andern Verhältnissen, aufgerufen werden könnte.

Vermöge aller dieser Gründe und Betrachtungen wird
demnach eine H. A. Reichs-Deputation sich für befugt
halten, bemeldtes französisches Ansinnen forthin ganz von
sich abzulehnen, mithin auf der bereits beschlossenen Wei=
gerung standhaft zu beharren, zumalen dasselbe ein völ=
liges in das sogenannte jus singulorum einschlagendes
novum ist, aus keinem in der Friedens-Grundlage vor=
geschlagenen Punkte flieſſet, und einen Gegenstand be=
zwecket, der bekanntlich in keinem von französischen
Truppen je überzogen gewesenen Lande gelegen ist, und
von Sr. Königl. Preuſſischen Majestät als Director
des Kreises, ebenfalls in unmittelbaren Schuß genom=
men wird.

25. Pro Memoria der Königl. Dänischen Gesandt=
schaft wegen des Elsflether=Zolls. Vom 14.
November 1798.

Das Intereſſe, so Se. Königl. Dänische Majestät als
Herzog zu Hollstein und eventueller Erbe zu Oldenburg
bey der in der lezten französischen Note vom 11. Nov.
l. M. (21. Brum.) zur Begünstigung des französischen
Handels wiederholt verlangten Aufhebung des Zolls zu
Elsfleth nehmen, nöthigt Endes-Unterzeichneten, Kö=
nigl. Dänischen Gesandten und bevollmächtigten Mini=
ster Sr. Königl. Majestät als Herzogs von Hollſtein
bey dem Reichs-Friedens-Congreß, eine hochansehn=
liche Reichs-Friedens-Deputation ergebenst zu ersuchen,

die Vorstellungen des vortrefflichen Herrn Abgeordneten des Herrn Herzogs von Hollstein-Oldenburg Durchlaucht, die Erhaltung und Zusicherung der durch den Westphälischen Frieden und mehrere Belehnungen wohlhergebrachter Rechte auf den sogenannten Elsflether-Zoll betreffsind, geneigt anzunehmen.

Es ist auf besondern Befehl des Königs seines allergnädigsten Herrn, daß Unterzeichneter die Ehre hat, sich dieses Ansuchens als einer besondern Pflicht zu entledigen, die er bisher unterlassen zu können glaubte, da eine hochansehnliche Reichs-Friedens-Deputation in dem zweyten Punkt ihres Conclusi vom 15. v. M. mit so vieler Einsicht und patriotischem Eifer erklärt hatte, sich auf die angesonnene Schmälerung eines durch den Westphälischen Frieden gesicherten Besitzstandes nicht einlassen zu können, und Unterzeichneter sich schmeichelte, die französischen Bevollmächtigten würden durch die wahre Darstellung der Sache, die ohne Zweifel einseitig nur ihnen vorgetragen worden, und durch das Gewicht der angeführten so richtigen Gründe sich bewogen gefunden haben, von jener Forderung abzustehen.

Da aber die bevollmächtigten Minister der französischen Republik in ihrer Note vom 11. d. M. aufs neue auf der Aufhebung dieses Zolls bestehen, und einiges gegen die im Concluso mitgetheilten Gründe anführen, so kann Unterzeichneter nicht umhin einige Bemerkungen hierüber einer hochansehnlichen Friedens-Deputation mitzutheilen, obgleich derselbe aufs lebhafteste sich überzeugt hält, sie würden dem ungeachtet den erleuchteten Mitgliedern dieser hochansehnlichen Reichs-Friedens-Deputation nicht entgangen seyn. Die französischen bevollmächtigten Minister führen erstens an, es sey nichts ungewöhnliches, Sachen, die durch einen Friedensschluß festgesetzt worden, durch einen spätern wieder abgeändert oder vernichtet zu sehen. So leicht Unterzeichneter dieses auch zuzugeben im Stande ist, so muß derselbe dennoch bemerken, daß dieses im Westphälischen Frieden bestimmte, dem damahligen Grafen zu Oldenburg verliehene, Recht nicht von Kaiser und Reich an einer und der französischen Republik an anderer Seite aufgehoben oder verändert werden könne, da, als zu den juribus singulorum gehörig, keine Veränderung mit diesem Recht ohne Einwilligung und Zustimmung des Durchlauchtigsten Herrn Herzogs und allerhöchst und höchsten Gliedern dieses Hauses als nächsten Anverwandten und Mitbelehnten gemacht werden könne.

Zweytens, gegen die fernere Behauptung der französischen Bevollmächtigten in dieser ihrer angeführten Note, daß andere Staaten von den Zollabgaben zu Elsfleth befreyet seyn, muß Unterzeichneter bemerken, daß dieses ganz ungegründet und irrig ist, da durchaus keine fremde Nation, sondern nur einige wenige deutsche Stände dieser Begünstigung sich zu erfreuen haben. Bey dieser Gelegenheit sieht Unterzeichneter sich noch veranlaßt, einer hochansehnlichen Reichs-Friedens-Deputation die Versicherung mitzutheilen, daß das Durchlauchtige Holsteinische Fürstenhaus um so weniger in das Verlangen der bevollmächtigten französischen Minister willigen zu können glauben wird, als der diesen Fürsten eigenthümliche Eifer für das Wohl und Beste Deutschlands es ihnen nicht erlauben wird, durch eine etwanige vorzuschlagende Veränderung in Rücksicht dieser Abgabe dem Reiche beschwerlich fallen zu wollen, und dasselbe nichts mehr wünschen kann, wie Unterzeichneter im Namen seines allergnädigsten Herrn zu erklären berechtigt ist, als die Aufrechthaltung der deutschen Reichsverfassung und aller

wohl-

wohlhergebrachten Rechte der Stände, durch den jetzt zu schliessenden Frieden bevestigt zu sehen, und Allerhöchst dieselben die Erhaltung der ihrem durchlauchtigsten Hause zustehenden Gerechtsame, in specie des Zolls zu Elsfleth von dem Schutz und der Gerechtigkeit Sr. Kaiserl. Majestät und des deutschen Reichs vertrauungsvoll erwarten.

26. Pro Memoria der Königl. Preussischen Gesandtschaft, an die Reichsdeputation, die Rheingränze und den Elösflether-Zoll betreffend. Vom 15. November 1798.

Unterzeichnete bevollmächtigte Minister Sr. Königl. Majestät von Preussen, haben mit besonderm Vergnügen ersehen, wie von den Bemerkungen, welche sie unterm 14. Jun. l. J. einer hochansehnlichen Reichs-Friedens-Deputation vorzutragen die Ehre hatten, der gewünschte Gebrauch gemacht, und in der am 10. August an die französ. Gesandtschaft erlassenen Note, bey Annahme des Grundsatzes, daß der Thalweg im Rhein die künftige Gränze zwischen Frankreich und Deutschland seyn soll, zugleich ausdrücklich mitbestimmt worden:

„Wie dieses bis dahin zu verstehen, wo der Rhein
„aus dem Herzogthum Cleve, unter dem Namen
„Waal in Holland tritt, und auch der Büdericher-
„Canal für diesen, die Gränze machenden Thal-
„weg zu halten sey".

Da die erste dieser mit der Anerkennung des Grundsatzes verbundenen Modificationen schon von selbst aus der Natur der Sache fließt, indem der Rhein die Gränze zwischen dem an Frankreich abzutretenden und dem beym

VI.   K

Reich verbleibenden Theile Deutschlands nur bis an den Punkt seyn kann, wo er wirklich diese beyde Theile trennt, und über diesen Punkt hinaus in einem dritten Staat sich eine Gränze nicht denken läßt; die zweyte Modification aber, nämlich die Erhaltung der durch den Bütricher-Canal dem Rheinstrom gegebenen Richtung für beyde Ufer von den wohlthätigsten Folgen, und wirklich nothwendig ist, so kann auch von der erleuchteten Einsicht der französischen bevollmächtigten Minister eine vollkommene Einstimmung hierunter unstreitig erwartet werden, und schmeicheln Unterzeichnete sich, daß ihre demselben auf Anlaß der Note vom 12. Vendem. (3. Oct.) mitgetheilten Erläuterungen diesen Zweck erreichen, und dem französischen Gouvernement die vollkommene Ueberzeugung geben werden, daß bey genauerer Kenntniß der Sache über dieselbe unmöglich eine Verschiedenheit der Meinungen ferner existieren könne.

In dieser Erwartung zwar beruhiget, halten sich Unterzeichnete jedoch verpflichtet, da es hier nicht blos auf eine den preussischen Staat betreffende Angelegenheit ankommt, sondern zugleich auf Bestimmung der künftigen Gränze von Deutschland, auch einer hochansehnlichen Reichs-Friedens-Deputation, in Beziehung auf ihre Note vom 14. Jun. noch einige zu vollständiger Aufklärung der Sache gehörende Bemerkungen vorzulegen.

Die Bestimmung der nur angeführten französ. Note:

„Que là où le fleuve prendrait un autre nom,
„la branche qui a retenu ce nom (le Rhin)
„est celle qui formera le Thalweg",

ist an sich mit der diesseitigen Behauptung ganz vereinbar, nur daß, wie sich von selbst verstehet, ihre Anwendbarkeit nicht weiter geht, als bis dahin, wo es ein deutsches und linkes Ufer giebt.

So bald diese Ufer nicht mehr Deutschland, sondern einem dritten Staat gehören, kann von keiner Gränze zwischen Deutschland und Frankreich mehr die Rede seyn, und es interessirt beyde Lande nicht, ob über diesen Punkt hinaus der Rhein sich in mehrere Arme unter verschiedenen Namen verbreite? Dieser Grundsatz ist klar, seine Anwendung einfach; denn bis zur äußersten Gränze des Clevischen, und also auch des deutschen Bodens, theilt sich der Rhein in keine Arme, und hat keinen verschiedenen Namen. Bey dem Punkt wegen der Büdericher Insel, würde die Bestimmung des Thalwegs, als Gränze, allerdings dem diesseitigen Verlangen entgegen seyn, wäre nicht diese Ausnahme sogleich bey und mit der Anerkennung dieser Bestimmung ausbedungen worden; anbey es sich von selbst verstehet, daß für jezt, und so lange es die physische Beschaffenheit des Stroms erfordert, der Theil desselben zwischen dem rechten Ufer und der Büdericher-Insel, der von den Schiffen zu befahrende Weg sey und seyn müsse, dessen ungestörte freye Benuzung für beyde Nationen schon, so wie für den ganzen Strom, so auch für diesen Theil desselben der gleiche Punkt ist, dessen Wichtigkeit für alle an der Rhein-Schiffahrt betheiligte Lande jede weitere Versicherung überflüßig macht, die indeß, wenn es verlangt würde, diesseits auf das bündigste gegeben werden könnte.

Für beyde Ufer bleibt es gleich wichtig, den Büdericher-Canal zu erhalten, und immermehr fahrbar zu machen, da, wenn er eingehen sollte, der Andrang des Stroms eine weite und fruchtbare Gegend des linken Ufers bey Büderich sowohl, als auf dem rechten die Stadt und Festung Wesel, den verderblichsten Ueberschwemmungen, und endlich gänzlichen Verheerungen aussetzen würde.

Da diese Gefahr nur durch den, mit großen Kosten angelegten, und noch zu erweiternden Kanal abgewendet werden kann, und die übrigens gar keinen Werth habende, und lediglich in dieser Absicht verlangte Büdericher-Insel, hierzu unumgänglich nöthig ist, so wird diese Betrachtung bey dem erleuchteten französischen Gouvernement einstweilen hinreichen, alle nur durch irrige Vorstellungen hervorgebrachte Anstände völlig zu beseitigen, und dieser das gegentheilige Wohl beyder Staaten beziehende Punkt die so sehnlich gewünschte Beendigung der hiesigen Friedens-Unterhandlung nicht länger aufhalten.

Indem Unterzeichnete diese angenehme Hoffnung äußern, benutzen sie zugleich diese Gelegenheit, um zu bemerken, wie es des Königs Majestät angenehm gewesen, daß die gewünschte Modification des Kloftether Zolls als ein nicht zu dem hiesigen Friedens-Geschäft gehöriger Gegenstand, zu einem besondern Uebereinkommen mit dem Inhaber dieses Zolls verwiesen worden. Je mehr das französische Gouvernement von dem aufrichtigsten, lebhaftesten Verlangen, den Frieden zu beschleunigen, durchdrungen ist, wie dessen bevollmächtigte Minister bey jeder Gelegenheit bezeugen, um so mehr wird daßelbe sich auch beeifern, alle fremdartige, nicht durch den Krieg streitig gewordene Discussionen von der hiesigen Unterhandlung zu entfernen.

Unterzeichnete zweifeln nicht, daß diese ganz einleuchtende in der deutschen Konstitution sich gründende Betrachtungen, welche auch sie, dem von des Königs Majestät erhaltenen Befehle gemäß, den französ. Ministern bemerklich zu machen, Gelegenheit genommen, dieselbe vollkommen beruhigen, und also auch dieser Punkt keinen weitern Aufenthalt in dem hiesigen großen Geschäfte machen werde.

27. Fernere Vorstellung von Holstein Oldenburg, wegen des Elsflether-Zolls. Vom 19. Nov. 1798.

Da vermöge der von den französischen bevollmächtigten Ministern unterm 21. Brumaire (11. Nov.) einer hochansehnlichen Reichs-Deputation zugestellten Note, die Absicht derselben unbezweifelt dahin gerichtet ist, zu einer von Seiten Frankreichs etwa in der Zukunft mit dem herzoglichen Hause Hollstein-Oldenburg, in Betref des Elsflether-Zolls zu treffenden Privat-Commerzial-Uebereinkunft, die vorläufige Einwilligung hochgedachter hochansehnlichen Reichs Deputation zu erhalten, und auf eine derley Einwilligung, im Falle sie wider Vermuthen statt finden sollte, von französischer Seite leicht ein größeres Gewicht gelegt, ja Unterzeichneten höchster Prinzipalschaft, in Gefolge derselben, sogar zugemuthet werden könnte, sich dieselbe als ein unabweichliches Gesetz aufzulegen zu lassen, so siehet sich Unterzeichneter kraft seiner obhabenden theuern Pflichten veranlaßt, eine hochansehnliche Reichs-Deputation nochmals auf das dringendste anzugehen, zu einer solchen im voraus zu ertheilenden Einwilligung die Hände nicht zu bieten, wobey er Hochderselben noch überdieß ganz gehorsamst bemerklich zu machen, keinen Umgang nehmen kann, daß, wenn auch eine derley Privat-Uebereinkunft nach dem freyen Willen der dabey interessirten Theilen je statt finden sollte, zu deren Gültigkeit bloß die Einwilligung Kaiserl. Majestät als obristen Lehnsherrn, keinesweges aber jene des gesamten Reichs erforderlich seyn würde; und daß mithin auf Seiten der französischen bevollmächtigten Minister eben so wenig ein hinlänglicher Grund, es sey dann, er liege eben in jenem vermeintlichen Zwange, zu Aufstellung jener Forderung, als auf Seiten einer hochansehnlichen Reichs-Deputation eine begründete Veranlassung zu Ertheilung einer solchen vorläufigen mit den Reichsformen nicht wohl zu vereinbarenden Einwilligung sich absehen liesse.

Rastadt, den 19. Nov. 1798.

C. R. von Koch.

28. Pro Memoria der Herzogl. Holsteinisch-Oldenburgischen Gesandtschaft an die Reichs-Deputation, wegen des Elsflether-Zolls. Vom 27. November 1798.

Da es in Beantwortung der abseiten der französischen bevollmächtigten Minister unterm 3. Frimaire (23. Nov.) an eine hochansehnliche Reichs-Deputation gelangten untern Note, und in so ferne es, den Elsflether-Zoll betreffend, in derselben heißt:

On ne demande à l'Empire Germanique que ce qui depend de lui, c'est à dire l'abandon de ses droits ou la declaration formelle qu'il n'en a aucun,

blos auf die richtige Entscheidung folgender Frage ankommt:

Hat das Reich, in diesem allgemeinen Sinn und Verstande genommen, Rechte auf besagten Zoll, und kann denselben also auch im Voraus entsagt werden, oder hat es keine, und wäre diese Entsagung also überflüssig und ohne Zweck und Gegenstand?

So glaubt Unterzeichneter, so weit entfernt er ist, der Erleuchtung einer hochansehnlichen Reichs-Deputation hierdurch vorgreifen zu wollen, die hier einschlagenden Gründe, vermöge welcher jene Frage mit Nein zu beantworten seyn dürfte, blos zu Beruhigung seines selbst zu genen Pflichtgefühls, in der Kürze zusammenfassen, und einer hochansehnlichen Reichs-Deputation zur geneigten Beherzigung anheim geben zu müssen.

Es sind allgemeine von allen Lehrern des Staatsrechts angenommene mithin keines weitern Beweises bedürfende Grundsätze:

1.) Daß Regalien, Hoheits- und Reservat-Rechte blos von dem Oberhaupt eines Landes, oder von dem, welchem ein solches Recht auf eine gesetzliche Weise zuerkannt worden ist, mithin in Deutschland blos von dem Kaiser ausgeübt werden können, und daß das gesammte Reich hieran keinen Antheil habe.

2.) Daß die Anlegung der Zölle im Reich ein solches Regale und Kaiserl. Reservat sey.

Unbezweifelt übten die deutschen Kaiser und Könige dieses Recht seit den ältesten Zeiten allein aus; und obgleich dasselbe in neuern Zeiten eine nähere Bestimmung erhalten hat, so ist und bleibt es denn doch noch immer ein Kaiserl. Reservat und Hoheits-Recht. Pütter sagt davon in seiner historischen Entwicklung der heutigen Staatsverfassung des deutschen Reichs, 3. Th. S. 264.

„Mehrere Hoheits-Rechte, die ohnedem dem Kai-
„ser in ganz Deutschland zugestanden, sind der
„Kaiserl. Gewalt nur noch in so weit vorbehalten
„geblieben, daß sie der Kaiser zwar selbst nicht
„mehr ausübt, sondern daß sie jetzt ebenfalls nur
„von Reichsständen ausgeübt werden, doch nicht
„aus allgemeiner eigener landesherrlichen Gewalt,
„sondern nur vermöge besonderer Kaiserl. Begna-
„digung. So hat z. B. der Kaiser selbst in der
„Eigenschaft als Kaiser keinen einzigen Zoll, we-
„der zu Wasser noch zu Lande in ganz Deutschland;
„hingegen sind wenige Reichsstände, die nicht einen

„ober mehrere Zölle beſaſſen. Nichts deſtoweni-
„ger iſt das Recht der Zölle noch jezt kein
„Theil der Landeshoheit, daß ein jeder Reichs-
„ſtand aus landesherrlicher Gewalt dergleichen anle-
„gen könnte, ſondern zu einem jeden Zolle
„wird eine Kaiſerl. Begnadigung erfordert;
„auch keine Erhöhung oder Veränderung darf
„mit einem Zolle ohne Kaiſerl. Einwilligung
„vorgenommen werden. Selbſt dieſe iſt nicht
„einmal hinlänglich, wenn ſie nicht zugleich mit der
„Einwilligung ſämtlicher Kurfürſten begleitet iſt".
Aber auch dieſe Einwilligung der Kurfürſten, von welcher hier Pütter ſpricht, iſt blos eines von den ihnen
zuſtehenden Vorrechten; keineswegs aber ein Recht, das
ſie im Namen des geſammten Reichs ausüben.

Selbſt der Reichs-Abſchied zu Regensburg vom
Jahr 1576. nennt, da er über die Zölle eine Verord-
nung feſtſezt, das Kaiſerl. Recht der Einwilligung zu
Anlegung der Zölle ausdrücklich ein Kaiſerl. Hoheit und
Reſervat-Recht, ſo daß alſo der obenangezogene allge-
meine Satz keiner weitern Ausführung bedarf.

Zu deſſen gleichmäßiger Beſtätigung dienet jedoch,
daß auch der insbeſondere hier in Betrachtung kommende Elsflether-Waſſerzoll als ein ſolches Kaiſerl. Regale
dem Grafen Anton Günther, im ſechszehnten Jahrhundert verliehen worden iſt. Erſt ſpäterhin kam der
Churfürſten Einwilligung dazu, und in dem Weſtphäli-
ſchen Frieden erfolgte blos die Sicherheits-Stellung gegen die dieſem Zolle mehrfältig wiederfahrenen Beein-
trächtigungen.

Nur der rechtmäßige Verleiher deſſelben, der Kaiſer,
könnte alſo bey ſo bewandten Dingen, und nach den
vorausgeſchickten Grundſätzen, ſeine Einwilligung zu deſ-

sen Wiederaufhebung ertheilen, keineswegs aber das gesammte Reich, dem das Zoll-Recht gar nicht zusteht, und in dessen Namen es auch nie ansgeübt worden, noch ausgeübt werden könnte.

Außerdem kömmt aber:

3.) Dem Elsflether-Zoll, in Hinsicht auf die Entscheidung der obenaufgestellten Frage, auch noch die Eigenschaft, daß er ein Kaiserl. Lehen, und zwar ein Lehen eines Kaiserl. Reservats- und Hoheits-Rechts ist, zu statten, und daß nach dem deutschen Staatsrecht dergleichen Lehen ohne vorherige Cognition, daß der Vasall auf irgend eine in den Gesetzen bestimmte Weise sich des Lehens verlustig gemacht habe, von dem Kaiser selbst nicht aufgekündet werden können.

Um wie viel mehr wird demnach aus jenem Begriffe, welchen ein Kaiserl. Regal- oder Reservat-Lehen in sich fasset, in Ansehung des in Frage stehenden Elsflether-Zolls die natürliche Schlußfolgerung dahin zu machen seyn, daß nur der, dem dieses Reservat als Oberhaupt zustehet, keineswegs aber das gesammte Reich, bey einer solchen auf anderwärtige Veranlassung in Vorschlag kommenden Aufhebung oder auch theilweisen Abschaffung, seine Einwilligung zu ertheilen habe.

Das von den Zöllen am Rhein hergenommene und in der neuern Note der französischen bevollmächtigten Minister angeführte Beyspiel kann hingegen von keinem Belang seyn, da jene Zölle als schon längstens in französischen Händen befindlich, einen nothwendigen Gegenstand der Friedens-Unterhandlungen, und der hiezu festgesetzten Grundlage ausmachen mußten; welches aber, wie schon in dießseitigem erstem Pro Memoria vom 13. dieses bemerkt worden, mit dem Elsflether-Zoll durchaus der Fall nicht ist, so wenig als mit verschiedenen andern innern halb dem Reich gelegenen Zöllen, in Ansehung welcher eine hochansehnliche Reichs-Deputation das an sie gebrachte Gesinnen aus eben dem Grunde von sich abgelehnet hat.

29. Pro Memoria der Königl. Dänischen Gesandtschaft an die Reichs-Deputation, wegen des Elsflether-Zolls. Vom 28. November 1798.

So einsichtsvoll und gerecht, zur vollkommensten Danknehmung des Unterzeichneten, eine hochansehnliche Reichs-Friedens-Deputation auf die von ihm sowohl, als auf die von der vortrefflich Holsteinisch-Oldenburgischen Gesandtschaft übergebene Vorstellung eine geneigte Rücksicht genommen, und so ausführlich und bestimmt Hochdieselbe in Ihrem jüngsten Concluso vom 20. dieses Monats sich auch über die von den französ. bevollmächtigten Ministern verlangte Aufhebung des Elsflether-Zolls erkläret hat, so sind dem ohnerachtet die genannten Minister der französischen Republik in ihrer jüngsten Note vom 3. Frimaire (23. dieses) auf diese Forderung zurückgekommen.

Unterzeichneter sieht sich dadurch, von seinem allergnädigsten Herrn ausdrücklich beauftragt, sich nachdrücklichst und aufs lebhafteste dieses Gegenstandes anzunehmen, da Se. Königl. Majestät, den Zoll unter seiner jetzigen Verfassung aufrecht erhalten zu sehen, erwarten, aufs neue veranlaßt, einige Bemerkungen einer hochansehnlichen Reichs-Friedens-Deputation hierüber zu eröfnen, und hält sich zum Voraus vollkommen überzeugt, daß Hochdieselbe auch diesesmal gleiche geneigte Rücksicht auf dieselben machen werde.

Es muß und wird den verehrungswürdigen Mitgliedern einer hochansehnlichen Reichs-Friedens-Deputation erinnerlich seyn, daß die französischen bevollmächtigten Minister zum erstenmal den Wunsch — eine allgemeine Zoll Freyheit auf alle Flüsse Deutschlands einzuführen — in ihrer Note vom 14. Floréal (3. May) durch die Worte äußerten: „L'avantage immense — notamment du Danube".

Vollkommen richtig beurtheilte eine hochansehnliche Reichs-Friedens-Deputation dieses in ihrer darauf erfolgten Antworts-Note vom 18. May, durch die Worte: „Der hiebey aber von den französischen Ministern noch weiter geäußerte Wunsch allgemeiner Schiffahrts-Freyheiten auf den in den Rhein sich ergießenden und andern großen Flüssen Deutschlands, übersteige die Befugnisse dieser Reichs-Friedens-Deputation".

Obgleich nun die französischen Minister in ihren fernern Noten vom 4 Messidor (22. Juny) und 1. Thermidor (19. July) jedesmal wieder auf diesen, die auf allen Flüssen Deutschlands aufzuhebende Zölle, betreffenden Punkt zurückkamen, so beobachtete dennoch die hochansehnliche Reichs-Friedens-Deputation, überzeugt von der Richtigkeit ihres vorigen Beschlusses und der gegebenen Antwort, durchaus keine Befugnis zu haben, auf diesen Gegenstand sich einzulassen, ein gänzliches Stillschweigen, welches auch die Folge hatte, daß die bevollmächtigten Minister der französischen Republik in ihrer Note vom 12. Vendem. (3. Octob.) ausdrücklich im zweyten Artikel sagen: „Les soussignés n'insisteront pas sur cet article qu'ils recommandent néanmoins à la sagesse de la Deputation de l'Empire".

Nunmehro fiengen sie in diesem Artikel zuerst an, die Aufhebung des Elsflether-Zolls auf der Weser zu verlangen.

Offenbar also forderten gedachte bevollmächtigte Minister anjezt einen Theil statt des oben begehrten Ganzen. Da nun aber von einem Theile dasselbe gelten muß, was vom Ganzen gilt, so kann Unterzeichneter nicht umhin, hier zu erklären, daß, da eine hochansehnliche Reichs-Friedens-Deputation in ihrer Note vom 14. May ausdrücklich erklärt hat, eine solche Forderung übersteige ihre Befugnisse, und in dem Concluso vom 17. October, auf welches auch in ihrem Concluso von 20. Nov. sie sich abermals beziehet, aufs neue durch die Worte: Und die Reichs-Friedens-Deputation darauf einzugehen nicht vermag, ein gleiches unläugbar zu erkennen giebt, derselbe sich überzeugt hält, daß auch bey dem jezt zu fassenden Concluso eine hochansehnliche Reichs-Friedens-Deputation, den vorherigen Beschlüssen ganz conform, sich entschließen und erklären werde, daß dieselbe sich überall nicht auf die Anforderung, den Zoll zu Elsfleth aufzuheben, einlassen könne, und daher auf Ihren vorigen Aeußerungen und Beschlüssen, namentlich auf denen vom 14. May und 17. October, beharrend verbleiben, und auf dieselbe die franzöf. Minister zurückweisen müsse.

30. Pro Memoria der Königl. Preußischen Gesandtschaft, wegen des Elsfleter-Zolls. Vom 28. November 1798.

Unterzeichnete Königl. Preußische bevollmächtigte Minister glauben es sich nicht versagen zu dürfen, einer hochansehnlichen Reichs-Friedens-Deputation ihre aufrichtige Theilnahme über den durch die leztere Note der französ. Gesandtschaft vom 3. Frimaire (23. Nov.) merklich zugenommenen Anschein einer erwünschten Annäherung zu

Bewirkung des von den leidenden Völkern so sehnsuchtsvoll erwarteten Friedens zu bezeugen.

Jemehr des Königs Majestät hierzu auf alle von Ihnen abhangende Art und selbst mit beträchtlichen Aufopferungen mitgewirkt haben, um so mehr werden Allerhöchstdi selben auch mit aufrichtigstem Antheil vernehmen, wie die jetzigen Erklärungen der bevollmächtigten französ. Minister, besonders das in Absicht des bisher schwierigsten Punkts der Communal-Schulden noch im Wege gestandene Hindernis völlig beseitigt haben, und die Hofnung geben, es werde das völlige Einverständnis baldmöglichst auch bey den übrigen Punkten erreicht werden, in Absicht welcher einige Differenz noch obwaltet.

Unterzeichnete wünschten dieser so beruhigenden Hofnung vorzüglich auch bey dem Gegenstande sich überlassen zu können, für welchen sie die nähere Theilnahme Sr. Königl Majestät bereits in ihrer Note vom 15. dies. zu bemerken die Ehre gehabt. Das Verlangen der französischen Gesandtschaft wegen Befreyung des Handels ihrer Nation vom Elsflether-Zoll, beschränkt sich zwar dermalen noch dahin, daß die Reichs-Deputation, entweder ihre hiebey eintretenden Rechte abtreten, oder förmlich erklären möge, wie sie solche Rechte nicht habe. Diese letztere Erklärung scheint indeß durch die Aeusserung der deutschen Note vom 17. October bereits wirklich gegeben; jedoch wird eine hochansehnliche Reichs-Friedens-Deputation ohne Zweifel um so weniger Anstand nehmen, hierunter alle noch etwanige Zweifel der bevollmächtigten Minister der französischen Republik gänzlich zu heben, da der Unterschied zwischen den Zöllen auf dem künftig beyden Staaten gemeinsamen Rhein (bey welchem, sie mögten erhalten oder aufgehoben werden, immer eine Uebereinkunft noth-

158

wenoig war); und den innern nie von französischen Truppen occupirten Ströhmen Deutschlands, (von welchen bey den hiesigen Friedens-Unterhandlungen nicht die Rede seyn kann), einleuchtend ist, auch in Absicht der leztern eine hochansehnliche Reichs-Friedens-Deputation durch ihre Note vom 18. May bereits so bestimmt und unumwunden erklärt hat, wie der damals auch in Rücksicht ihrer von der französischen Gesandtschaft gedußerte Wunsch der Zollbefreyung die Befugnisse dieses Reichs-Deputation übersteige. Diese Erklärung ist so ganz in dem Geiste der deutschen Constitution abgefaßt, daß es einer hochansehnlichen Reichs-Deputation besonders angenehm seyn muß, durch deren Wiederholung und specielle Anwendung dem vorliegenden Fall zugleich ihre weise patriotische Fürsorge für die Erhaltung aller verfassungsmäßigen Gerechtsame deutscher Reichs-Stände zu bethätigen; zu welchen Gerechtsamen auch unstreitig gehört, daß je der Nachlaß und Befreyung von einem constitutionsmäßig erworbenen Zoll nach Maasgabe der Kaiserl. Wahl-Capitulation Art. 8. §. 24. et 25. lediglich dessen Besitzer überlassen ist. Indem Unterzeichnete hoffen, diesen Anstand hienach, als nächstens völlig gehoben, betrachten zu können, erwarten sie zuversichtlich, daß auch die in ihren vorigen Erlassen vom 14. Junius und 15. d. M. den Befehlen Sr. Majestät gemäß geschehenen so gerechten und für das allgemeine Interesse des deutschen Reichs erheblichen Anträge bey der endlichen Berichtigung der künftigen Gränze beyder Staaten, als des Hauptpunkts der ersten Basis, nicht aus den Augen verlohren, sondern, nach den mit unwiderlegbarer Evidenz dargelegten Gründen, die hierher gehörige Artikel des Friedens-Instruments werden abgefaßt werden. Unterzeichnete müssen dieses, ihren Instructionen gemäß, einer hochansehnlichen Reichs-Deputation um so angelegentlicher empfehlen, da Se. Königl. Majestät, bey ihrer so lebhaft bethätigten patriotischen Theilnahme an dem Wohl des deutschen Reichs, eine vorzügliche Aufmerksamkeit auf auch nun Allerhöchst ihren Staaten interessante Rücksichten wohl erwarten können; im vorliegenden Falle aber nicht sowohl hiervon als von demjenigen die Rede ist, was besonders wegen Erhaltung der Vestung Wesel, durch die Büdericher-Insel und Canal für einen großen Theil des deutschen Reichs von noch größerer Wichtigkeit ist, und selbst das Interesse beyderseitiger Rheinufer und feste Begründung des von beyden Staaten aufrichtig behalten freundnachbarlichen Verhältnisses, die Erfüllung des diesseitigen auf offenbarem Recht und Billigkeit beruhenden Verlangens dringend erfordern.

31. Pro Memoria der Königl. Preussischen Gesandten, wegen der Büdericher-Insel und des Elsflether-Zolls. Vom 10. December 1798.

In der ersten Aeußerung, welche Unterzeichnete Königl. Preussische Chur-Brandenburgische bevollmächtigte Minister unter dem 14. Febr. einer hochansehnlichen Reichs-Friedens-Deputation zu thun die Ehre gehabt, haben sie den lebhaftesten Wunsch Sr. Königl. Majestät, den für Deutschland so dringend nöthigen Frieden beschleunigt zu sehen, und zugleich Allerhöchstdero Gesinnung zu erkennen gegeben, hiezu selbst mit einer Aufopferung mitzuwirken, welche Ihrem landesväterlichen Herzen viel koste. Eine gleiche Gesinnung hat alle bisherige Schritte der Unterzeichneten geleitet; eine gleiche belebt sie auch ist bey der Lage, worinn die Note der bevollmächtigten Minister vom 16. Frimaire (6. Dec.) die hiesigen Unterhandlungen gesezt hat. Unterzeichnete sind daher weit entfernt, deren Gang im mindesten aufzuhalten, oder eine hochansehnliche Reichs-Deputation bey ihren fortsezenden Berathungen irgend einer Incouvenienz auszusetzen zu wollen; nur sind sie es ihren Pflichten und dem ihnen anvertrauten Interesse Sr. Majestät des Königs schuldig, hiemit nochmals den Inhalt ihrer unterm 14. Junius, 15. und 28. Nov. übergebenen Noten in Erinnerung zu bringen, und zu erkennen zu geben, wie seine Königl. Majestät in der festen und zuverläßigen Erwartung sind, es werde nach allen von Allerhöchst Ihnen für den Frieden Deutschlands gemachten Aufopferungen bey dessen endlicher Abschliessung auf die von Unterzeichneten in Sr. Königl. Majestät Namen vorgelegte Anträge und Bestimmungen um so gewisser Rücksicht genommen werden, da diese Anträge gleich bey den ersten Unterhandlungen über die künftige Grenzbestimmung gemacht, auch von Einer Hochansehnl. Reichs-Friedens-Deputation angenommen, in der durch obenerwähnte Noten deutlich entwickelten Natur der Sache und unverkennbaren Gerechtigkeit gegründet, auch für das Beste beiderseitiger Rheinufer, vorzüglich aber für die Erhaltung einer des Königs Majestät gehörenden Stadt, und für das deutsche Reich selbst wichtigen Vestung, unumgänglich nothwendig sind. Aus diesen Gründen werden dieselbe hiemit nochmals von Unterzeichneten auf alle Fälle ausdrücklich verwahret.

32. Vorstellung des Bischofs von Trient, wegen des für das Marquisat Castellaro zu bewirkenden Ersatzes. Vom 8. März 1798.

In einer vorigen Monat übergebenen Vorstellung, hatte Unterzeichneter die Ehre, die gerechten Klagen Sr. Hochfürstlichen Gnaden des Hrn. Bischofs von Trient, über die, durch den Krieg dem Hochstift verursachten schweren Schäden, und besonders auch über den Verlust des von der Cisalpinischen Republik dem Bisthum entzogenen Marquisats Castellaro, einer hohen Reichs-deputation vorzulegen.

Indem er sich im allgemeinen auf jenes Memoire bezieht, kann er nicht umhin, auf ausdrücklichen Befehl Sr. Hochfürstlichen Gnaden weiter zu bemerken: Daß, obgleich der Abtretung dieses Marquisats an gedachte Republik im Frieden zu Campo-Formio keine ausdrücklich bekannt gewordene Erwähnung geschehen ist, es jedoch, insoferne Dieselbe an der Mantuanischen und Veronesischen Grenze, mithin gewissermaassen von dem Cisalpinischen Gebiet umgeben liegt, um so weniger an eine Zurückgabe von jener zu denken seyn dürfte, je günstiger leider! seine geographische Lage für die Arrondirung dieses Staats selbst ist.

Da jedoch das Marquisat Castellaro, als ein unmittelbares Reichslehen, mit dem gesammten Reiche in der engsten Verbindung gestanden hat, und das Hochstift Trient, der auf mehr als 200,000 fl. sich belaufenden Kriegsschäden jetzt nicht zu gedenken, sowohl durch den Abgang der mehr als 7000 Gulden betragenden jährlichen Revenüen aus jenem Marquisate, als auch durch die vorenthaltene Verabreichung des Ertrags derjenigen

VI.   L

Effekten und Güter, welche in dem Bezirk dieses Marquisats ehemaligen Kloster-Geistlichen gehörten, und welche nur unter der Voraussetzung an den Hrn. Fürst Bischof von Trient gekommen sind, um den ausgetretenen Individuen ein jährliches Gehalt daraus zu reichen, in einen augenscheinlichen kaum zu ertragenden Schaden gerathen würde, so glauben Se. Hochfürstlichen Gnaden, in dieser mehrfachen, so wichtigen Hinsicht, ihre Beschwerden einer hohen Reichs-Deputation in allem Vertrauen vorlegen zu dürfen, und haben daher Unterzeichneten beauftragt:

„Eine hohe Reichs-Deputation um ihre vielvermögende Verwendung bey der Höchstauf. Kaiserl. Plenipotenz, und zwar dahin zu ersuchen, dem Hrn. Fürst Bischof von Trient, für das verlorne Marquisat Castellaro von der Cisalpinischen Republik einen hinlänglichen Ersatz zu erwirken; wozu der Ort Bagolino, nebst dessen Zugehörung, vor andern geeignet sey, dessen Unzulänglichkeit übrigens mit einem weiteren Theile dieses Landes bey den Cisalpinischen und Hochstiftischen Gränzen füglich ersetzt werden, und auf welches Gebiet zusammen dann die Eigenschaft des Marquisats übertragen werden, folglich es als ein, mit den nämlichen Ehren, Würden und Gerechtsamen gezlertes unmittelbares Reichslehn, angesehen werden könnte."

Rastadt den 8. März 1798.

D. Zwackh, Bevollmächtigter des Fürst Bischofs von Trient Hochfürstl. Gnaden.

33. Schreiben der Schwäbischen Reichsstädte. Ulm den 12. März 1798.

Auf Euer Hochwürden, Excellenzien, Hochwohl- und Wohlgebohren erhabene Bemühungen, dem deutschen Vaterlande nach einem schon 5. Jahre dauernden traurigen Kriege, endlich den so allgemein gewünschten Frieden zu verschaffen, ist dermahlen die Aufmerksamkeit von ganz Deutschland, ja selbst von ganz Europa gerichtet.

Bey dem Dunkel, in welches noch zur Zeit der Ausgang dieser wichtigen Unterhandlungen gehüllet ist, kann es nicht fehlen, daß nicht hier und da Besorgnisse über das künftige Schicksal dieses oder jenes Theils des deutschen Reichs entstehen, daß nicht bald aus Unkunde, bald auch wohl aus unedlen Absichten, Gerüchte verbreitet werden sollten, welche jene Besorgnisse noch vermehren.

Aufmerksam auf diese Umstände, haben die Schwäbischen Reichsstädte sich auf einem Städtetage allhier versammelt, um sowohl ihre dermalige Lage, als über die etwa zu ergreifenden Maaßregeln sich gemeinschaftlich zu berathen.

Gleich bey Eröfnung dieser Berathschlagungen hat sich die allgemeine Stimme dahin geäussert, daß sich die Schwäbischen Reichsstädte in ihrer bisherigen Verfassung glücklich finden; daß sie daher keinen höhern Wunsch haben können, als bey derselben ferners ruhig belassen zu werden; daß sie zu diesem Ende fest und unerschütterlich auf den mächtigsten Schutz Sr. Kaiserl. Majest. und des Reichs vertrauen; daß aber auch Pflicht für sie sey, diese Gesinnungen, Wünsche und Bitten, dem allerhöchsten Reichs-Oberhaupte und dem erhabenen Reichsfriedens-Congresse hierdurch feyerlich zu erklären, um sich nicht nur der beschützenden Gnade desto würdiger zu erzeigen, sondern auch desto eher die üblen Eindrücke, welche etwa durch die Bemühungen einiger Uebelgesinnten entstanden seyn könnten, auszutilgen.

Aus solchen Grundsätzen der schuldigsten Treue und Anhänglichkeit sind diejenigen allerunterthänigsten und ehrerbietigsten Schreiben geflossen, welche wir, nach dem Auftrage unserer Herren Obern und Committenten, an Ihro Kaiserl. Majestät, unsern allergnädigsten Herrn, und an Allerhöchst Dero Höchstansehnliche Plenipotenz zu erlassen, uns verpflichtet gesehen haben, und welche wir zu Ewr. hohen Wissenschaft hiermit in Abschrift ganz gehorsamst beyschliessen.

So wie wir aber der ehrfurchtsvollsten Zuversicht sind, daß Ihro Kaiserl. Majestät, nach der den Reichsstädten von jeher gegönnten besondern allerhöchsten Gnade und Protection nichts zulaßen werden, was dem Glück und der Erhaltung ihrer treugehorsamsten Reichsstädte nachtheilig seyn könnte, so sind wir auch eben so fest versichert, daß Ewr. — in deren Händen das gesammte deutsche Reich das höchstwichtige Friedensgeschäft vertrauensvoll gelegt hat, nach Hochdero tiefen Einsichten und ruhmwürdigem Patriotismus, auch für das Wohl und die weitere Erhaltung der Reichsstädte, als stets treu bewährter Glieder des Reichs, eifrigst besorgt seyn werden.

Wäre nicht schon die feste Anhänglichkeit der Reichsstädte an die Reichsverfassung ein wichtiger Grund, um dessen willen sie der Vorsorge für ihre weitere Fortdauer würdig sind, wären sie nicht verfassungsmäßig der dritte Bestandtheil des deutschen Reichskörpers, so, daß mit ihrer Vertilgung aus der glänzenden Reihe der Reichsstände, die Verfassung des Ganzen umgestürzt wird, so mögten sie schon deswegen in den Augen jedes, Deutschland und seine Staatsverfassung kennenden Mannes, wichtig seyn, weil in Friedenszeiten zu Unterhaltung des Reichskammergerichts und Mittragung anderer ähnlichen Lasten, in Kriegszeiten aber ihre Beyträge an Geld und Mannschaft, gewiß von verhältnismäßig sehr ergiebigem Belang sind, und weil es besonders die Reichsstädte sind, welche seit Jahrhunderten durch ausgebreitete Handlung und Kunstfleiß hauptsächlich zum Flor und Wohlstande von ganz Deutschland mitgewirkt haben.

Doch es bedarf bey Ewr. als Männern, welchen Gesetze und Verfassung theuer sind, und welche in deren richtigen Anwendung und Erhaltung ihren Stolz und ihr Vergnügen setzen, keiner weitern Entwickelung der Gründe, welche für die Aufrechthaltung der Reichsstädte in ihrem bisherigen Stand und Wesen sprechen.

Sollte auch selbst die traurige Nothwendigkeit eintreten, solche Höchste und hohe Reichsstände, welche auf dem linken Rhein Ufer ihre Besitzungen verlieren, auf der rechten Seite des Rheins zu entschädigen, so befürchten wir doch von den gesetzmäßigen Gesinnungen des hohen Reichs-Friedens-Congresses niemahls, daß Stände, dergleichen die Reichsstädte sind, welche gerade durch die Lasten des gegenwärtigen Krieges so sehr niedergebeugt worden sind, noch am Ende desselben ihre ganze Existenz verlieren sollten.

Wir übergeben daher im Nahmen unserer Herren Obern und Committenten das Schicksal der treuergebenen Reichsstädte Schwabens, ganz getrost in den Schutz Sr. Kaiserl. Majestät und des Reichs.

Dabey können wir aber mit Bedauern nicht unberührt lassen, wie uns glaubhaft zu vernehmen gekommen ist, daß einige übelgesinnte Reichsstädtische Bürger, vermuthlich nicht ohne fremde Anlockung, ihre Pflichten so weit vergessen haben, daß sie unter dem falschen Vorgeben, als wären sie von ganzen Bürgerschaften bevollmächtigt, zu erklären sich erkühnet haben, daß die Bürger dieser oder jener Reichsstadt, ihrer bisherigen Verfassung müde, einer andern ständischen Hoheit sich gerne unterwerfen würden. Dieß ist, wie aus voller Ueberzeugung wir ehrerbietigst versichern können, nicht die Stimme irgend einer Reichsstädtischen Bürgerschaft in Schwaben. Es ist die Sprache einzelner Uebelgesinnten, welche entweder durch geheime Plane verführt, oder aus Leidenschaft und Eigennutz verleitet sind, das Vaterland zu verrathen, und in seinem Umsturz ihr vermeintes Glück zu suchen.

Gegen dergleichen gefährlichen Unternehmungen haben wir insbesondere Sr. Kaiserl. Majestät höchsten Schutz und Beystand eben so schuldigst als gehorsamst angerufen.

Auch an Ewr. richten wir hiermit das pflichtmäßige devote Gesuch, dergleichen von allem Grunde entblößten gefährlichen Vorgeben nicht allein keinen Glauben beyzumessen, sondern auch im Gegentheil allen dergleichen Unternehmungen mit Hochdero Ansehen kräftigst entgegen zu gehen; insbesonders aber, da wir glaubhaft vernommen haben, daß sogar an die französische Gesandtschaft und an das Directorium in Paris selbst dergleichen Erklärungen und Wünsche von Uebelgesinnten unmittelbar gebracht seyn sollen, so richten wir unsere weitere ehrerbietigste Bitte noch dahin, Ewr. wollen gnädigst und hochgeneigt geruhen, der französischen Gesandtschaft zu versichern, daß dergleichen Unternehmungen blos das Werk einzelner, Unruhe stiebender Personen seyen, und ohne alles Mitwissen und Vollmacht der Reichsstädtischen Obrigkeiten und Bürgerschaften, mit mißbrauchten Nahmen der Lezten gewagt worden, und daß eben daher die französische Gesandtschaft solchem Anbringen kein Gehör, noch weniger Glauben ertheilen, sondern vielmehr dergleichen unbefugte Negotiateurs zu ihren Pflichten gegen Kaiserl. Majestät, das Reich und ihr Vaterland zurückzuweisen möchten.

Wie das Verdienst unsterblich ist, welches Euer ic. sich durch gesetzmäßige Erhaltung der Schwäbischen Reichsstädte erwerben, so wird es auch ihr Dank seyn.

Wir empfehlen zu dieser hohen Protection nochmals unterthänig unsere hohen Obern, uns aber zu fortdaurender Gnade, Huld und Gewogenheit, mit der tiefsten Ehrerbietung und Verehrung, womit wir sints verharren

Euer u. s. f.

gegeben den 12. März, 1798.

Der freyen Reichsstädte in Schwaben zu gegenwärtigem Städtetage bevollmächtigte Räthe und Gesandte.

34. Cammergerichtlicher Collegial-Bericht an Kaiserl. Majestät vom 26. Juny 1798.

Allerdurchlauchtigster ic.

Von dem Umfange unserer Pflichten durchdrungen, entstehen wir nicht, Euer ic. von einem neuern, die

uns allergnädigst übertragene Reichs-Justiz-Pflege betreffenden Vorfalle, und den Maßregeln die wir zu ergreifen sachdienlich achten, die Anzeige mittelst allerunterthänigsten Berichts zu machen, und der weitern allerhöchsten Verfügung allerunterthänigst anheimzustellen. Im Verlaufe weniger Monate ergaben sich mehrere Fälle, wo entweder die Partheien, welche mit dem linken Rheinufer in die französische Gewalt geriethen, oder die dasigen französischen Justizbehörden, auf die Auslieferung der Original-Gerichts-Akten in den bey uns anhängigen Rechtsangelegenheiten antrugen. In den Senaten, wo diese Gesuche und Anträge, aus Gelegenheit der in selben anhängigen Hauptsache, zu Vortrag kamen, untersuchte man die Vorfrage, ob beyde streitende Theile die Prozeßakten reklamirten? und suchte sich theils durch Vorbescheide, theils auch durch Weisungen an den Anwald der streitenden Theile, hierüber sicher zu stellen. Die Hauptfrage inzwischen: „Ob nach erfolgter Einwilligung der im Prozesse befangenen und interessirten
„Theile, entweder die Originalakten, oder beglaubte
„Abschriften, oder keins von beyden; ehe und bevor der
„bevorstehende Reichsfriede hierüber werde entschieden
„haben, zu verabfolgen seyen, und ob nicht zwischen
„laufenden, und bereits submittirten und geschlossenen
„Sachen, ein Unterschied zu machen sey"? blieb unentschieden, und die Partheien, denen es um Auslieferung der Originalakten zu thun war, wendeten sich an ihre neue französischen Behörden, und erwirkten Vorschreiben und Requisitorialien. Der neueste Vorfall dieser Art ergab sich in der hier anhängigen Appellationssache Margaretha Constant, vidua D. Hallist, contra Dembour aus Stablo, welche sich wiederholt mit dem Gesuch um Auslieferung der Originalakten bey uns

meldete, und zur Unterstützung desselben ein vom Greffier des französischen Civilgerichts zu Maſtricht aus Auftrag dieſes letzten verfaßtes Vor- und Einſuchungsſchreiben beybrachte.

In dieſer Lage fanden wir nothwendig, die Sache zum Gegenſtande einer Plenarberathung zu machen, einen Schluß zu faſſen, und uns über ein gleichförmiges Benehmen ſowohl in dem vorerwähnten als allen künftigen ähnlichen Fällen zu vereinigen. Das Reſultat dieſer den 21. l. M. gepflogenen Berathung, Allergnädigſter Kaiſer und Herr, concentrirt ſich in nachſtehenden, mittelſt Plenarbeſchluſſes feſtgeſetzten Grundſätzen:

1.) Seyen weder auf Antrag der Partheyen, noch auf Anſinnen der franzöſiſchen Regierung oder Gerichtsſtellen, die Originalakten in am Kaiſerl. und Reichskammergerichte anhängigen, jenſeits des Rheins liegende Reichslande und Unterthanen betreffenden Rechtsangelegenheiten — und zwar ohne Unterſchied, ob die im Streit befangene Theile noch Schriften wechſeln, oder zur endlichen Entſcheidung ſubmittirt haben, oder auch die Streitſache verglichen ſey, in keinen Falle auszuantworten. Jedoch ſeyen

2.) Auf geziemendes Anſuchen der intereſſirten Theile, beglaubte Abſchriften derſelben, gegen Erlegung der Kanzleygebühren, der Regel nach, und dem bisherigen Gerichtsgebrauche gemäß a Senatu den Privatpartheien oder ſtreitenden Theilen, nicht aber franzöſiſchen Behörden, deren legitime Iurisdiction von Kaiſerl. Majeſtät und höchſt und hohen Ständen noch nicht anerkannt, zu bewilligen.

In Gemäßheit dieſer ad 1 & 2. feſtgeſetzten Beſchlüſſe, ſeyen

3.) Die Partheyen, je nachdem ſie ſich entweder um

die Gehabung der Originalien oder beglaubter Abschriften melden werden, a Senatu ordnungsmäßig zu verbescheiden, die desfalls erfolgende Vorschreiben der französischen Behörden oder obrigkeitlicher Personen aber a Notario Senatus — jedoch bewandten Umständen nach zu beantworten, wobey die Ajustirung des Antwortsschreibens, und etwa bey einzelnen Fällen nöthig oder räthlich werdender Erläuterungen und Bemerkungen bey zufügen, der Beurtheilung des Senats, welchem Referens in der betreffenden Sache zugetheilt ist, überlassen bleiben.

Den allgemein anerkannten und in der Natur der Sache liegenden Grundsatz, daß die Originalakten das Eigenthum des Gerichs, bey welchem sie verhandelt worden, zugleich seine Wehr und Waffen sind, vorausgesetzt, würden wir fürchten müssen, uns durch Auslieferung derselben, die uns in Hinsicht der vom Eur. ꝛc. übertragenen höchstrichterlichen Gewalt übergeben worden, einer schweren Verantwortung auszusetzen, da überdies der Kriegszustand, ohngeachtet die Waffen ruhen, noch immer fortwährt, und der Einverleibung des linken Rheinufers dem französischen Staat und der neuen jenseitigen Staatsverfassung die erste und wesentlichste Erforderniß, die Anerkenntniß von Euer ꝛc. und dem deutschen Reich noch gebricht. In Hinsicht auf diese Gründe und Völkerrechts-Grundsätze und die Vorschriften der Reichsgrundgeseze, welche uns die sichere und unverstörte Aufbewahrung der Gerichtsakten zur Pflicht machen, fanden wir nothwendig, den allgemeinen Grundsatz, daß die Auslieferung der Original-Gerichts-Akten In keinem Falle Statt haben solle, festzusezen. Auf der andern Seite konnten wir aber das vollkommene Recht der Partheien auf den Innhalt ihrer bey Gericht verhan delten Akten nicht verkennen, und glaubten, ohne Beeinträchtigung dieses Rechts, ihnen die Abschriften derselben nicht versagen zu dürfen.

In dieser Ueberzeugung sezten wir, wie ad 2. allerunterthänigst bemerkt ist, fest, daß den Partheien solche, gegen Erlegung der Kanzleygebühren verabfolgt werden sollten; schlossen aber hiervon französische Behörden, deren Competenz uns noch zur Zeit nicht legaliter bekannt ist, ausdrücklich aus, wenn sie sich sollten beygehen lassen, in eigenem Namen die Abschrift der Akten von uns zu fordern. Der Drang der Umstände und unsere Lage, die wir selbst in der französischen Gewalt stehen, und unter ihrem Schuze unsere Amtsverrichtungen fortsezen, wird übrigens unsern weitern Beschluß, die erfolgende Vorschreiben der französischen Behörden oder obrigkeitlichen Personen nicht unbeantwortet zu lassen, vollkommen rechtfertigen. Zum wenigsten erzeigt dieser Zusammenfluß von Umständen, in uns ein gegründetes Bedenken, von dem unter Staaten hergebrachten Höflichkeits system abzuweichen, wodurch gegenwärtig Beschwerden, drohungsvolle Schreiben, oder gar Zudringlichkeiten veranlaßt werden könnten.

Schließlich bemerken wir noch alleruntertänigst, daß wir, überzeugt von der Verbindung, in welcher der unterstellte Gegenstand dieses alleruntertänigsten Berichts, mit unserem an die Reichsfriedens-Deputations gestellten Antrage vom 23. Jänner l. J. wegen Verabfolgung der in Straßburg befindlichen Kammergerichtlichen Akten stehen, zweckmäßig fanden, von diesem an Euer rc. erstatteten Bericht der Reichs-Friedens-Deputation ebenfalls Nachricht zu geben, und diesen Gegenstand der Aufmerksamkeit derselben, auf den Fall des wirklichen Friedensschlusses zu empfehlen, damit wegen Auslieferung der die abgetretene Reichslande betreffenden Akten, dem Friedens-Instrument eine eigene Bestimmung eingerückt werden möge.

Wir ꝛc. ꝛc.

35. **Verschiedener ständischer Gesandten Promemoria, wegen der Reichsständischen Dienerschaft auf dem linken Rheinufer vom 14 July 1798.**

Eine der wichtigsten Voraussetzungen, unter welchen das linke Rheinufer an Frankreich überlassen werden soll, ist die Erhaltung des Privat-Eigenthums. In den am 3. Merz beschlossenen 18. Punkten, wird in 4., 5., 7. und 11. im Allgemeinen bestimmt, was E. Hochansehnlichen Reichs-Deputation unter Sicherstellung des Eigenthums verstanden haben will, und in 11. und 14. nimmt sie auf besondere Verhältnisse Rücksicht. "Niemand", heißt es in diesen Bedingungen, "soll 12. wegen seiner Anhänglichkeit an seine vorige Herrschaft und politische Verfassung verfolgt oder ungleich behandelt, vielmehr der etwa dieserhalb an Hab und Gut erlittene Verlust baldmöglichst wieder ersetzt werden".

Im 14. Art. litt. i. wird die Art. 11. überhaupt verlangte Ausnahme der Reichsunterthanen von den Emigrations-Gesetzen noch besonders auf die Diener der im Elsaß und Lothringen begüterten Reichsstände u. Reichsangehörigen erstreckt.

Die Note der franz. Minister vom 18. Germinal (7. April) enthält auch die beruhigende Versicherung: que la conservation des propriétés des particuliers n'a jamais pu être l'objet d'un doute serieux.

Das Verfahren der öffentlichen Verwaltung in den jenseits Rheins gelegenen Landen steht gleichwohl mit dieser Erklärung in Widerspruch; der größte Theil der vor der franz. Eroberung in diesen Landen angestellt gewesenen Diener sieht sich wegen seiner Dienstverhältnisse den härtesten Bedrückungen ausgesetzt. Bald läßt man Diener, die ihren Herrn nachfolgten, die Strenge der Emigrationsgesetze empfinden; bald macht man sie für Handlungen verantwortlich, die sie auf ausdrücklichen Befehl ihrer Herren, oder vermöge ihres Berufs ausgeübt haben. Klagen gegen Rechtssprüche die der ehemaligen Verfassung eben so angemessen waren, als sie den Grundsätzen der jetzigen zuwider sind, werden bey franz. Gerichten angebracht, und nach franz. Gesetzen entschieden. Einige Einwohner, die nach der ersten Wiedereroberung der jenseitigen Rheinlande rückständige Gefälle erhoben, sollen jetzt Summen die sie nicht für sich bezogen haben, aus ihrem Eigenthum ersetzen; fast jede Klage über angeblichen Mißbrauch eines ehemaligen Amts hat eine Arrestanlegung zu Folge. Schon wurden Diener, deren Betragen keinesweges der öffentlichen Ruhe gefährlich war, auf dieses Rheinufer deportirt, und eine sonst empfindliche Beschwerde ist die schon mehrmals gehemmte Freyheit der Diener, die Kaufschillinge für veräußerte Güter zu beziehen.

Unter den authentischen Belegen dieser Thatsachen befinden sich Züge, welche die Lage manches Einzelnen noch härter machen, als sie in dieser Uebersicht bezeichnet werden konnte.

Unterzeichnete sind von einer Hochansehnlichen Reichs-Deputation überzeugt, daß sie in der Ursache der Leiden dieser Klasse der Reichsangehörigen die lebhafteste Aufforderung zur kräftigsten Verwendung finden werde, und es läßt sich nicht nicht zweifeln, daß die französische Regierung Handlungen misbilligen werde, wo gegen die unverkennbarsten Grundsätze den Gesetzen eine zurückwirkende Kraft beygelegt wird, und Männer, die durch den Krieg in ihren häuslichen Umständen zerrüttet, und dabey um ihre politische Existenz gebracht worden sind, übler als andere Grund-Eigenthümer behandelt werden. Sie glauben demnach zuversichtlich hoffen zu können, „es werde einer Hochansehnlichen Reichs-Deputation gefällig seyn, so schleunig als nur immer möglich ist, die Abstellung der wegen ihren Dienstverhältnisse bedrängten Güterbesitzer des linken Rheinufers zu erhalten, und die Erklärung zu erwirken suchen, daß sie in Rücksicht ihres Eigenthums allen andern Einwohnern gleichgehalten, in Rücksicht ihrer besondern Verhältnisse aber seiner Zeit in der Amnestie begriffen und vor der Hand nach dem 11ten Art. über ihre ehemaligen Handlungen nicht beunruhiget werden sollen.

J. E. Graf v. Kesselstadt, Domdechant zu Trier.

Radermacher, Sonntag.

E. Graf zu Erbach, von wegen Chur-Cölln und Hoch- und Teutschmstr.

Graf Topor Morawitzky, wegen der Churpfälzischen Interessen.

Strecker, Hochfürstlich Hessendarmstädtischer Abgeordneter.

Frhr. v. Hompesch, Speyerscher Abgeord.

F.-Graf zu Sickingen, als Abgeordneter der Schwäbischen Grafen-Curie.

E. F. v. Crusé, Fürstl. Nassauischer Bevollm.

Fried. Graf zu Solms-Laubach, Abgeordneter der Wetterauischen Grafen.

36. Naſſauiſches Promemoria wegen des Abſchoſ⸗
ſes und der Nachſteuer Vom 5. July, 1798.

Es wird Endes⸗Unterzogenem erlaubt ſeyn, einer hoch⸗
preislichen Reichs⸗Deputation eine Angelegenheit ſchrift⸗
lich vorzutragen, welche demſelben wichtig genug geſchie⸗
nen hat, bey dem gegenwärtigen Friedens⸗Geſchäfte ei⸗
nige Aufmerkſamkeit zu verdienen.

Seit dem Anfang dieſes Jahres haben ſich mehrere
Fälle zugetragen, wo Naſſauiſche Bürger bey ihrem
Uebergang nach Frankreich, oder franzöſiſche Bürger bey
augefallenen Erbſchaften im Fürſtlich Naſſauiſchen Ge⸗
biet, eine vollſtändig und unbedingte Freyheit von der
Nachſteuer und von andern bishero in Deutſchland üblich
geweſenen Abgaben aus dem Grund verlangt haben,
weil in Frankreich alle Auflagen dieſer Art unterdrückt
und abgeſchafft ſeyen. Es werden zugleich bey jedem
Fall ſchriftliche Attestationes, wovon hier eines zum Mu⸗
ſter anliegt, zu beſſerer Begründung des Geſchäfts producirt.

Bey einigen Fällen wo die petitiones durch das
franzöſiſche in dem Naſſauiſchen ſtationirende Militär
unterſtützt werden wollte, hat die Naſſauiſche Regierung
ſtillſchweigend zugeſehen; bey andern aber, wo der an⸗
geführte Beweggrund nicht vorhanden war, das peti⸗
tum aus dem Grund abgeſchlagen, weil zwiſchen der
franzöſiſchen Republik und dem deutſchen Reich in corpore oder zwiſchen derſelben und einzelnen deutſchen Reichs⸗
ſtänden über eine unbedingte und auf die franz. Constitution gegründete Abzugs⸗Freyheit, noch zur Zeit
keine verbindliche Uebereinkunft vorhanden wäre, auch
die doch nöthige Reciprocitaet um ſo weniger zu erwar⸗
ten ſtünde, als dermalen, wenigſtens kein Geld aus

Frankreich exportirt, ja nicht einmal selbst denen französischen Bürgern sich in Deutschland niederzulassen erlaubt seye, u. s. w.

Es ist indessen zu vermuthen, ja mit Gewißheit voraus zu sehen, daß in der Folge der Zeit auf einer Gränzlinie von 50. bis 60. deutschen Meilen, welche zumalen mit vielen ansehnlichen Städten an beyden Seiten des Rheins besetzt ist, ein wechselseitiger Ueberzug freywillig oder auf gegebene Veranlassung häufig erfolgen, und also die Frage von gänzlicher Befreyung des exportirenden Vermögens, sowohl ratione der gabellae detractus als der Manumission und anderer Abgaben wegen, welche aus der Leibeigenschaft entspringen und bishero in denen mehresten deutschen Provinzen, nach allem Recht und Gewohnheit eingeführt waren, zur Sprache kommen, und zu mancherley Discussionen die Veranlassung geben werde. Es scheint also hierbey auf die Beurtheilung nachstehender Fragen anzukommen:

Ob bey denen ohnfehlbar zu erwartenden wechselseitigen Ueberzügen der Deutschen und Franzosen, und in jenen Fällen, wo von einer Vermögens-Exportation die Rede ist, das Wohl des deutschen Staatskörpers und selbster Eingesessenen dadurch befördert werde, daß nach denen neuen französischen Grundsätzen eine unbedingte Freyheit von allen Abgaben, welche nach deutschem Recht und Gewohnheit in denen bemerkten Fällen bis hierher entrichtet und bezogen worden sind, in dem allgemeinen Frieden mit der franz. Republik beliebt und festgesetzet gesucht? oder aber:

Ob ohne Rücksicht auf das Versprechen von Reciprocitaet, welches zu erhalten eben nicht schwer halten würde, es vor räthlicher, besser und anständiger gehalten werde, die althergebrachte deutsche Rechte und Gewohnheiten hierunter ferner beyzubehalten, und überhaupt durch diese und andere dergleichen Maaßnehmungen das Ueberziehen nach Frankreich zu erschweren? oder, Ob es endlich nicht besser sey: dieserhalb über Nichts im allgemeinen zu conveniren, sondern denen angrenzend, und andern Reichsständen, die demnächst über diesen Gegenstand zu treffende Uebereinkunft mit der franz. Republik lediglich allein zu überlassen? wo sodann jeder Contrahent das Beste seiner Lande und die Sicherstellung der Reciprocitaet prüfen und befördern muß.

Endes Unterzogener macht schließlich die Bemerkung, daß in denen mehrsten particular Conventionèn welche die ehemalige Könige von Frankreich mit deutschen Reichsständen und selbst mit dem corpore der unmittelbaren Reichs=Ritterschaft über die Abschaffung des albinagii, droit d'aubaine abgeschlossen haben, die Beybehaltung der gabellae detractus und anderer üblichen Abgaben ausdrücklich stipulirt worden seyen.

Departement   *Commune*
du Bas-Rhin   *de Strasbourg.*

Administration Municipale de Strasbourg.

Nous les Président et Membres de l'Administration Municipale de la Commune de Strasbourg certifions à tous qu'il appartiendra que par les Art. 1. et 2. de la Loi du 18. Août 1790. les droits d'Aubaine et de detraction ont été abolis pour toujours en France, que l'art. 335. tit. 12. de la Constitution permet aux étrangers établis ou non en France de succeder à leurs parens étrangers ou françois, de contracter, acquerir et recevoir des biens situés en France, d'en

VI.   M

disposer de même que les Citoyens français par tous les moins autorisés par les loix; et que la réciprocité des dispositions ci-dessus a lieu à Strasbourg à l'égard de tout étranger. En foi de quoi avons délivré les présentes pour servir et valoir ce que de droit. Strasbourg ce 9. Pluviôse, 6. année républicaine, Signés à la minute avec paraphe.

   Laurent P. Burggraff, Wurm,
    Hirschel, Z. G. Schaeffer,
   T. Stahl.

   Butenschoen, Secrét. en chef.

37. Fürst-Bischöflich-Speyerisches Promemoria, das Landzollwesen betreffend, vom 6 July 1798.

Hochansehnliche Reichs-Deputation!

Das Fürstliche Hochstift Speyer ist in dem unverbrüchbar ältesten Besitze des Rechts, den Wasser- und Landzoll in seinen Landen zu erheben; dieses Recht gründet sich

1. In einem Diplome Kaisers Karl IV. d. d. Lucca 28. Juny 1369. worinn dem Bischoff Lamprecht zu Speyer der vorhin dem Hochstift um 45,000. fl. verpfändete Rheinzoll zu Udenheim (jetzt Philippsburg) eigenthümlich in folgenden Ausdrücken: „animo deli-
„berato, non per errorem aut improvide, sed sano
„Principum, Comitum, Baronum ac Procerum Sacri
„Romani Imperii accedente consilio" überlassen wird, mit der Erlaubniß, solchen zu Lauterburg, oder wo er sonst in des Hochstifts Landen wolle, zu erheben, „in
„Luterbach" heißt es: „seu alibi, *ubicunque* in tuae vel

„ Ecclesiae tuae dominio locare et instituere possis
„ et valeas."

2. In einer Erklärung Kaisers Ferdinand des II. vom 13. Nov. 1630. worinn dieser auf Anſuchen des Churfürſten Philipp Chriſtoph zur Trier als Fürſten von Speyer, daß ihm geſtattet werden möge, den Zoll auf die Grenzen des Hochſtifts zu verlegen, ſelbſt erkennt, daß, da das Hochſtift nach dem buchſtäblichen Innhalt des Privilegii Carolini der Transportation des Zolles wohl befugt ſeye, keine weitere Erklärung nöthig, und der Biſchof von Speyer hierzu befugt ſey.

3. In dem bekannten Laudum von Heilbron. Da ruckerinnerlichen Maaſſen nach dem 30jährigen Kriege die franzöſiſchen und ſchwediſchen Geſandte viele ſchwere Streitigkeiten zwiſchen Churpfalz und den Rheiniſchen Fürſten als erbetene Schiedsrichter am 17. Febr. 1667. endigten, ſprechen ſie: „wegen dem Zoll zu Ubenheim „(Philippsburg) welchen ein Fürſt zu Speyer in Kraft „Kaiſerl. Privilegii und Decreti, mit der Gewalt ſelbſt „gen zu verlegen, wohin er will, beſitzt; daß ſolcher „gar nicht gehindert, ſondern dem Fürſten freye Hand „gelaſſen werde, ſolchen in ſeinem Lande zu erheben, „wenn nur ſolche Zollerhebung nicht an mehr „Oerter, ſondern nur einmal nach Innhalts des „Privilegii im Biethume geſchehe."

Nach dem, aus dieſem Kaiſerl. Privilegium, aus deſſen erfolgten Erklärung und ſchiedsrichterlichem Ausſpruche, beſtehenden Rechte war in dem zu Erhebung des Zolls befugten Hochſtift Speyer der Landzoll in allen Orten dergeſtalt angelegt, daß der, welcher an einem Orte verzollt hatte, durch das ganze Land frey fortreiſen konnte. Dieſe Einrichtung beſtand ſowohl dies- als jenseits des Rheins in allen Besitzungen des Hochstifts, bis zur Zeit dieses Krieges, worinn die jenseitigen Rheinlande von den französischen Truppen besetzt worden sind.

Der Landzoll ward von dieser Zeit an blos noch in den von denselben unbesetzten diesseits Rheins gelegenen Orten erhoben. Nun verlangt aber der französische Zoll-Inspektor Wilßler zu Speyer in einem am 19. May dieses Jahrs an den Zöller zu Rheinhausen erlassenen Schreiben, daß die, welche zu Speyer den Franzosen den Landzoll bezahlt haben, diesseits im Hochstifte frey zu belassen seyen. Dieses Verlangen beschränkt nicht nur die unbezweifelten Rechte des Fürsten von Speyer diesseits Rheins, da an der ersten berührenden fürstlich Speyerschen Zollstätte dem Hochstift von all jenen, die den Zoll nicht von ihm gelöst, und keine von seinen Zollzeichen haben, der Zoll zu erheben zustehet; sondern ist ein Gegenstand, welcher der Aufmerksamkeit seiner sämtlich übrigen Reichs-Mitständen nicht vorenthalten werden darf, um diejenigen gemeinsame Maasregeln zeitlich zu veranlassen, welche derley schädlichen Uebergriffen auf das rechte Rheinufer ein sicheres Ziel setzen mögen.

Unterzeichneter hat den Auftrag erhalten, der Hoch ansehnlichen Reichs-Deputation hievon die pflichtmäßige Anzeige zu machen, und um diejenige zweckmäßige Verfügung zu bitten, die Hochdieselbe in ihrer Weisheit der Natur der Sache und einem Gegenstande am angemessensten finden werden, welcher in seiner Beziehung und Folgen allen diesseitigen Reichs-Landen nicht gleichgültig seyn kann.

38. Churpfälzisches Promemoria wegen der Verhältnisse mit der batavischen Republik, vom 12. July, 1798.

Endesstehender, als zu Besorgung der Haus-Interesse-Angelegenheiten Sr. Churfürstl. Durchl. von der Pfalz bevollmächtiget, kann nicht umhin, durch neuere Veranlassungen aufgerufen, einen pflichtschuldigen Antrag der Hochansehnlichen Reichs-Friedens-Deputation in geziemender Ehrfurcht vorzulegen. Ueber die Note der bevollmächtigten franz. Minister vom 14. Floreal, durch welche vom Reich Verzicht auf alle Forderungen und Titel in den abzutretenden Ländern gefodert und solcher Verzicht auch in Ansehung der mit der franz. Republik alliirten Republiken ausgedehnt wird, ist man in der Reichs-Deputations-Antworts-Note hierüber auf dem Reciproco bestanden; da aber inzwischen die franz. Bevollmächtigten in der weitern Note vom 4. Messidor von diesen Renunciationen keine weitern Erwähnungen mehr gemacht haben, so wurde in Sessione 49. im fürstl. Directorial-Voto Anlaß genommen, folgendes zu äussern:

„Die Reichs-Deputation bestand in ihrer Antwort auf dem Reciproco; und es versteht sich dieses wohl von selbst, ohne daß nöthig seyn wird, diesen Punkt dermalen eigends zu regen. Sollten jedoch Kaiserl. Majestät und das Reich auf ihre Oberherrlichkeit zu Gunsten der alliirten Republiken künftig verzichten, so darf zugleich nicht vergessen werden, daß mehrere Reichsstände und Reichsangehörige in diesen Republiken begütert sind, für deren Sicherheit dabey zu sorgen ist."

Von dieser ganz zweckmäßigen und gegründeten Bemerkung findet Unterzeichneter um so mehr Gebrauch zu machen sich in dem Falle, als das Interesse seines Durchlauchtigsten Committenten wegen den in der französischen und batavischen Republiken gelegenen Besitzungen, als dem Marquisat Bergen op Zoom, den Herrschaften Ravenstein, Wymmendal, Breckens und Brissensond ganz vorzüglich dabey betheiligt ist.

Es wird dahero bey einer Hochansehnlichen Reichs-Deputation hiermit dringend angestanden, daß im Lauf der Unterhandlungen, und bey Gelegenheit der Cession der Oberherrlichkeiten Kaisers und Reichs auf die innerhalb des Gebiets der französischen und batavischen Republiken gelegenen Reichsständischen Besitzungen die Eigenthums-Rechte Sr. Churfüstl. Durchlaucht auf Den niederländische Herrschaften zugleich aufs bündigste verwahret und nach dem Ausdruck des fürstl. Chur-Mainzischen Voti für deren Sicherheit gesorgt werden wolle. Womit man sich zur gewietigen Asistenz gehorsamst empfiehlt.

89. **Vorstellung der Reichs-Ritterschaft, Cantons Ober- und Niederrhein an die Deputation, vom 24. August, 1798.**

Die Mitglieder der Reichsritterschaftl. Cantons Ober- und Niederrhein befinden sich in einer solchen verzweiflungsvollen Lage, daß es für den Unterzeichneten eine traurige Pflicht wird, dieselbe einer Hochansehnlichen Reichs-Friedens-Deputation zur huldreichen Unterstützung und Abhilfe ehrerbietigst vorzulegen.

Nach 6. erlittenen Kriegsjahren, begleitet mit allen Drangsalen und Verheerungen, die eine unausbleibliche Folge derselben sind, haben es die Mitglieder der Cautone Ober- und Niederrhein zwar den patriotischen und kräftigen Verwendungen einer Hochansehnlichen Reichs-Deputation zu danken, daß ihnen durch die Note der französischen Gesandtschaft vom 4. Messidor, die Wiedereinsetzung in einem Theile ihres Eigenthums zugesichert worden ist, und Unterzeichneter schöpft aus dieser huldvollen Unterstützung neue Hoffnung, daß eine Hochansehnliche Reichs-Friedens-Deputation auf das von dem Reichsritterlichen Gesammt-Ablegato Freiherrn v. Gemmingen am 30. July, l. J. eingegebene unterthänige Promemoria volle Rücksicht zu nehmen, und den Reichsritterschaftlichen Angehörigen für den Verlust ihrer so beträchtlichen Lehens- und Jurisdictions-Gefälle Entschädigungen zuzumuthen geruhen werden.

So tröstlich aber auch diese Aussichten für die Erhaltung vieler ansehnlichen Reichsunmittelbaren Familien immer seyn mögen, so verbittert doch der Rückblick und das Gefühl der Lage, in welcher sie sich gegenwärtig befinden, jede entferntere Hoffnung.

Nach der bereits erwähnten Note der franz. Gesandtschaft vom 4. Messidor wird der wirkliche Besitz und das Grundeigenthum erst nach Auswechslung der Reichs-Friedens-Ratificationen von dem franz. Gouvernement ertheilt werden; bis dahin müssen daher die Mitglieder der Cantone Ober- und Niederrhein nicht nur den Genuß ihrer Einkünfte vollkommen entbehren, und befinden sich dadurch in dem äussersten Nothstande und Elend, sondern ihr Grundeigenthum ist selbst wider den Willen des franz. Gouvernements allen Deteriorationen und Degradationen ausgesetzt, die immer die Folge einer zu ausgedehnten Administration sind, und welche solches auf viele Jahre herabsetzen, ja, insofern es Gebäulichkeiten und Waldungen betrift, ganz vernichten.

Selbst jene Familien des Rheinischen Adels, welche auf der rechten Rheinseite noch einiges Vermögen besitzen, können aus denselben keine Unterstützung für den gegenwärtigen Augenblick ziehen, weil die neuerliche Verstärkung der franz. Armee den Canton Mittel-Rhein durch Requisitionen, Einquartierungen und Contributionen jeder Gattung vollkommen erschöpft.

Die Summe des Elends ist daher bey dem Rheinischen Adel auf eine solche Höhe gestiegen, daß er das Ende desselben nur von dem allgemeinen und sehnlich gewünschten Frieden erwarten darf; und so wenig auch Unterzeichneter und die Mitglieder des Rheinischen Ritter-Kreises die ihnen angewiesenen Schranken verkennen, welche denselben die Abstimmung bey Abschluß des Friedens, so wie bey einer Kriegserklärung versagen, so glauben sie doch wenigstens die verzweiflungsvolle Lage in welcher sie sich befinden, ehrerbietigst und zutrauungsvoll vorlegen und sich schmeicheln zu dürfen, daß eine Hochansehnliche Reichs-Friedens-Deputation in solcher einen neuen mit Hochderen patriotischen Gesinnungen ohnehin übereinstimmenden Grund finden werde, die Abschliessung des Friedens auf die möglichste Art zu beschleunigen, und dadurch das deutsche Vaterland von seinen bisherigen und gegenwärtigen Drangsalen zu befreyen. Mit, u. s. w.

Rastadt, den 24. August, 1798.

Frhr. von Gagern.

40. Vorstellung des Abgeordneten der schwäbischen Grafen-Curie an die Deputation vom 20. October, 1798.

Eine Hochansehnliche Reichs-Deputation hat in dem letzten Concluso abermals getrachtet, die Einleitung dahin zu machen, daß nicht die Eigenschaft des Besitzers, sondern die Besitzung zur Entscheidung diene, ob ein zu dem reichsständischen Eigenthum gehöriger auf dem linken Rheinufer gelegener Gegenstand der französischen Republik zufalle, oder seinem bisherigen Eigenthümer verbleibe; und es ist in Gefolge dieses Vorhabens, daß eine Hochansehnliche Reichs-Friedens-Deputation das Verlangen dahin gestellt hat, daß den Reichsständen, welche ritterschaftliche Besitzungen innehaben, solche gleich andern ritterschaftlichen Mitgliedern verbleiben möchten.

So wie nun dieser Gegenstand das Interesse der beyden zur schwäbischen Grafen-Curie gehörigen Häuser, Leien und Sickingen, betrift, so sieht sich Unterzogener, dem die Besorgung des Interesse der einzelnen Mitglieder zugleich mit übertragen ist, verbunden, rücksichtlich beyder Häuser einige Bemerkungen zu machen, deren hochgeneigte Aufnahme derselbe sich um so mehr getröstet, als diese Hochansehnliche Reichs-Friedens-Deputation die von dem Reiche den Partikular-Abgeordneten zu Hinterbringung ihrer Anliegen angewiesene Stelle ist; und in Ermanglung irgend einer andern Kommunikationsart mit dieser erhabenen Stelle es den Partikular-Abgeordneten an Gelegenheit gebricht, ihre allenfalls irrige Begriffe durch Mittheilung der gegentheiligen erleuchteten Entscheidungs-Gründe zurechtzuweisen, mithin sie stets in der Lage verbleiben, den vorkommenden Gegenstand nur aus ihren besondern Verhältnissen zu betrachten, und in dieser Rücksicht auch

auf Nachsicht für ihre geäufferte Meynung Anspruch
zu machen berechtiget ſind.

Bey dem gegenwärtig obwaltenden und für die be=
treffenden Individuen ſo äufferſt wichtigen Gegenſtand
kann man nun muthmaaſſen, daß eine hochanſehnliche
Reichs=Deputation ſich durch folgende Gründe beſtimmt
hat:

1) Durch die Abſicht, ſo viel deutſches Eigenthum
zu retten, als nur möglich ſeye.

2) Durch die Vermuthung und Vorausſetzung,
daß, nachdem die Reichsſtände, welche ritterſchaftli=
che Beſitzungen haben, rückſichtlich derſelben in den
ritterſchaftlichen Verhältniſſen ſeyen, ſie auch keine
Urſache zur Klage hätten, wenn ſie wegen dieſen
Beſitzungen mit den ritterſchaftlichen Mitgliedern gleich
gehalten würden.

Gegen dieſen letztern Satz aber kann Unterzogener
nicht umhin, folgende zwo Bemerkungen zu machen:

1) Das zukünftige Verhältniß des Reichs=Stan=
des und reichsritterſchaftlichen Mitgliedes würde darin
ganz verſchieden ſeyn, daß das ritterſchaftliche Mit=
glied auf dem linken Rheinufer ſein Eigenthum nicht
allein beyſammen behalten würde, ſondern auch dem=
ſelben ganz obliegen, und ſolches nebſt allen ihm durch
die franzöſiſchen Geſetze perſönlich zukommenden Ver=
hältniſſen genieſſen könnte. Der Reichs=Stand würde
aber durch die Uebertragung des einen Theils ſeines
Vermögens auf der Rheinſeite und Beybehaltung des
andern auf der linken in der Benutzungsart gehemmt,
und ſolche demſelben weit koſtſpieliger werden; ſirrt
würde derſelbe in dem Verhältniß als Reichs=Stand
nie in der Lage ſeyn, Citoyen actif zu werden, und
er würde nicht allein die damit verbundene perſön=

lichs Verhältniffe entbehren müffen, sondern wohl dürf'
te ihm die Beybehaltung der ritterschaftlichen Besitzungen nur unter der Bedingung gestattet werden,
solche binnen einer gewiffen Zeit veräuffern zu müffen;
welches eben soviel ist, als verbunden zu seyn, fie
um jeden noch so geringen, während dieser Zeitfrist
vielleicht einzig angebotenen Preis, hergeben zu müffen Es folgt demnach aus diesen Betrachtungen,
daß die Lage des Reichs-Standes, rückfichtlich seiner
ritterschaftlichen Besitzungen, deren Benutzung und
daraus erfolgenden Personal-Verhältniffen, eben weil
derselbe Reichs-Stand ist, weit schlimmer seyn würde, als eines jeden andern reichsritterschaftlichen Mitgliedes, und daß daher die aus der Gleichheit der
Natur der Besitzungen herleiten wollende Gleichheit
der Behandlung durch die Ungleichheit der auf die
Benutzung einfließenden Personal-Verhältniffe, nicht
anders als äufferst kränkend für die Reichs-Stände
seyn, und fie in viel nachtheiligere Verhältniffe als die
ritterschaftliche Mitglieder versetzen würde.

2) Hat eine Hochansehnliche Reichs-Deputation
bey Gelegenheit der verlangten Unterdrückung des Elsflether-Zolls von neuem die Richtigkeit des Satzes
anerkannt, daß die Einwilligung des deutschen Reichs-
Standes, über deffen Eigenthum verfügt werden folle,
unumgänglich erforderlich ist. Nun haben die hier
in Frage stehenden, zur schwäbischen Grafen-Curie gehörigen Häuser Leien und Sickingen, mittelst der bey Abtretung des linken Rheinufers von Unterzogenem unterm
14. Hornung l. J. abgegebenen Erklärung, in diese Abtretung ohne Abtheilung des Vermögens, und
gegen volle Indemnifation deßelben, ihre Einwilligung blos ertheilt; und es läßt sich von der Gerech-

tigkeit und Billigkeit einer Hochansehnlichen Reichs-Deputation nicht gewärtigen, daß Hochste von diesem Grundsatz abgehen, und gegen die Einwilligung der interessirten Stände in einem Falle eine Verfügung veranlaßen wolle, wo es nicht bloße durch Privilegien erhaltene Zoll = oder andere Gerechtigkeiten, sondern wahres Grund = Eigenthum betrifft:

Unter diesen Umständen ist Unterzogener der vollen Zuversicht, daß die hier interessirte Häuser Leien und Sickingen ihre volle Entschädigung für alle auf dem linken Rheinufer bisher gehabte Besitzungen erhalten werden; und daß, wenn eine Hochansehnliche Reichs-Deputation auch die Ritterschaftliche Besitzungen beyder Häuser zurück erhält, Hochste solche nicht anders als wie einen dem gesammten Reiche zur Verfügung überbleibenden Gegenstand betrachten wird, der entweder durch unmittelbaren Verkauf, oder durch Ueberlaßung an die französische Republik, insbesondere z. E. zur Befriedigung für einen verhältnißmäßigen Antheil der übernommenen und an sie zu bezahlenden Schulden, zum Besten des Reichs, mit sehr grossem Nutzen allemal noch verwendet werden kann.

41. **Vorstellung der Abgeordneten des Schwäbischen Städtischen Collegiums wegen Sicherstellung der Freiheiten der Reichsstädte, vom 14. Nov. 1798.**

In dem unbegränzten Vertrauen, welches die Reichs-Städte auf die Heiligkeit der deutschen Reichs=Gesetze und Verfassung setzen, unter deren Schutz sie ihre politische Existenz und Unmittelbarkeit seit Jahrhunderten glücklich behauptet und erhalten haben, glaubte besonders das im März dieses Jahrs zu Ulm versammelt gewesene Collegium der Schwäbischen Reichs-Städte, auch in Hinsicht auf die gegenwärtigen Reichsfriedens-Handlungen, seinen Pflichten Genüge zu thun, wenn es den Wunsch, in seiner bisherigen Verfassung ferners belassen zu werden, für das Ganze, so wie für jedes einzelne Mitglied feyerlich ausdrückte, und zu diesem Ende den allerhöchsten Schutz Sr. Kaiserl. Majest. und die kraftvolle Verwendung der Hochansehnlichen Reichsfriedens-Deputation allergehorsamst erbat und aufrief.

Dieß geschah durch die allerunterthänigsten Bittschreiben und Vorstellungen, welche das Schwäbische Reichsstädtische Collegium an Seine Kaiserl. Majestät und den hohen Reichs-Friedens-Congreß am 12. März dieses Jahrs erlassen, und welche auch das gesammte Collegium der deutschen Reichs-Städte für so zweckmäßig anerkannt hat, daß es dieselben vermöge seiner Collegial-Schreiben d. d. Regensburg vom 23. desselben Monats ganz zu den seinigen zu machen keinen Anstand genommen hat.

Ihro Kaiserl. Majest. haben hierauf allergnädigst geruhet, allen deutschen Reichs-Städten Ihren allerhöchsten mächtigsten Schutz zu deren ferneren ungekränkten Erhaltung, auf eine eben so feyerliche, als des tiefsten Dankes würdige Weise zuzusichern. Auch von einer Hochansehnlichen Reichsfriedens-Deputation haben Unterzeichnete den überzeugendsten Beweis zu erhalten das Glück gehabt, wie ruhmvoll Hochdieselbe für die fernere Aufrechthaltung der Reichs-Städte, als des dritten integrirenden Theils des deutschen Reichskörpers, beeifert sey. Denn als in der Note der franz. Gesandschaft vom 12. Vend. an 7. (3. Oct. l. J.) das Verlangen gestellt wurde, daß besonders die Reichs und Hanseer Städte, Bremen, Hamburg und Frankfurt, in ihrer politischen Existenz und dem vollen Umfang ihrer verfassungsmäßigen Unabhängigkeit bestätigt und erhalten werden sollten: So erklärte diese hohe Reichsdeputation, deren dießfälliger Entschließung die Unterzeichneten, nach ihrem über diesen Gegenstand Hochderselben zuvor mündlich gemachten gehorsamsten Vorstellung, mit ehrerbietigstem Vertrauen ruhig entgegen sahen:

„Die Aufrechthaltung der Reichsstädte Bremen, „Hamburg und Frankfurt und aller andern commer„zierenden Reichsstädte sey dem deutschen Reiche für „sein Commerz allerdings wichtig. Sämtliche jetzige „Reichsstädte, welche den dritten Reichsständischen Kör„per in Deutschland ausmachten, stünden, in Ansehung „ihrer wohlhergebrachten Verfassungen, vermöge Reichs„Verbandes unter dem Schutz der Gesetze. Die Reichs„Friedens-Deputation aber rechne es sich zur vorzüg„lichen Pflicht, auf die Erhaltung der Reichsstädte „und der Reichs-Verfassung möglichst bedacht zu seyn, „und in den geäusserten Wunsch der bevollmächtigten „Minister der franz. Republik alle Reichsstände und „Angehörige zu begreifen."

Es wäre zu wünschen gewesen, daß die bevollmächtigten franz. Minister sich bey dieser in den Grundzügen der deutschen Reichs-Verfassung liegenden Erklärung beruhiget hätten. Sie drücken aber ihr voriges Verlangen in der neusten Note vom 21. Brum. (un 7. (11. dieses) noch stärker aus; indem sie die Bestätigung und Erhaltung der verfassungsmäßigen Unabhängigkeit der Reichsstädte Bremen, Hamburg und Frankfurt, durch eine dem künftigen Friedens-Instrument einzurückende besondere Clausel gesichert wissen wollen, indem sie erklären, daß die franz. Republik hierauf nicht Verzicht thun werde, und die hohe Reichs-Friedens-Deputation es nicht unterlassen könne, ohne dadurch einen Mangel an Achtung gegen die franz. Republik, welchen man doch unmöglich vermuthen könne, zu beweisen.

So sehr die Unterzeichneten selbst die fortdaurende verfassungsmäßige Erhaltung der wichtigen Reichs und Hansee-Städte Bremen, Hamburg und Frankfurt, als sehr ehrwürdiger Mitglieder des Reichsstädtischen Collegium, wünschen müssen, und so wenig sie ihnen die Auszeichnung mißgönnen, welche ihnen solchergestalt durch die besondere Verwendung der franz. Republik wiederfährt; So wesentlich liegt es doch in ihren Pflichten, daß sie, als Bevollmächtigte der gesammten Schwäbischen Reichsstädte, welche nicht nur den größten Theil des Reichsstädtischen Collegium ausmachen, sondern mit deren Schritten sich auch obengedachtermaaßen alle Reichsstädte Deutschlands vereiniget haben, den Wunsch hiemit öffentlich und feyerlich ausdrücken: Daß, wenn auch in dem künftigen Friedens-Instrument jener drey Reichsstädte namentlich und besonders Erwähnung geschehen sollte, dieses doch auf eine Art, welche keinen nachtheiligen Schatten auf die gleichen Gerechtsamen der übrigen Reichs-Städte wirft, geschehen, und dasjenige, was im Friedens-Schlusse für die Reichsstädte Bremen, Hamburg und Frankfurt bestimmt wird, auch allen andern Reichs-Städten ausdrücklich mit zugesichert werden mögte.

Hieben sehen sich die Unterzeichneten verbunden, einer Hochansehnlichen Reichs-Friedens-Deputation noch eine besondere, auf diesen Gegenstand wesentlichen Bezug habende Erläuterung ehrerbietigst mitzutheilen.

Die bevollmächtigten Minister der franz. Republik setzen in ihren beiden angeführten Noten vom 12. Vendem.

und 21. Brum. (3. Oct. und 11. Nov. 1798.) einen besondern Nachdruck auf die Handels und Gewerbsverhältnisse, in welchen die franz. Nation mit den drey Reichs-Städten, Bremen, Hamburg und Frankfurt, stehn.

Nun bescheiden sich zwar die Unterzeichneten gern gerne, daß die Handlung der Schwäbischen Reichsstädte, mit jener der drey genannten sich nicht messen könne. Allein auch die Handelsverhältnisse der Schwäbischen Städte, sind doch seit Jahrhunderten von der franz. Nation, als für sie wichtig anerkannt worden. Schon seit beynahe 300 Jahren, nehmlich von König Franz dem I. an, hat die franz. Regierung den Schwäbischen, oder, wie sie auf dem Reichstage genannt werden, Oberländischen Reichsstädten, und ihren Bürgern, ganz besondere Handlungs-Privilegien, Freyheiten und Vorzüge eingeräumt. Diese Privilegien sind unter allen nachfolgenden Königen bis auf Ludwig XVI. theils bestätigt, theils erweitert, und selbst in den von Zeit zu Zeit zwischen dem deutschen Reiche und Frankreich errichteten Friedens-Schlüssen ausdrücklich bekräftiget worden; und im Genusse derselben haben sich die Schwäbischen Reichsstädte bedeutender Handlungs-Vortheile in Frankreich zu erfreuen gehabt. Diese Verhältnisse sind auch dem hier anwesenden bevollmächtigten Ministern der franz. Republik schon zu anderer Zeit bekannt gemacht worden.

Unterzeichnete müssen sehr bedauern, daß sie von dem gedruckten Extrait des privilèges, suretés et immunités &c. kein Exemplar hier zur Hand haben; es ist aber bereits die Einleitung getroffen, daß sie denselben, als ein wichtiges Beleg zu der gegenwärtigen ehrerbietigsten Denkschrift, demnächst werden schuldigst nachtragen können.

Mit

Mit der obigen ganz gehorsamsten Bitte, daß dasjenige was etwa in dem künftigen Friedens-Instrument, für die Reichsstädte, Bremen, Hamburg und Frankfurt festgesetzt werden dürfte, auch in gleichermaaßen für alle andere deutsche Reichsstädte ausdrücklich festgesetzt werde, vereinigen daher die gehorsamst Unterzeichneten das weitere ehrfurchtsvolle Gesuch, daß Eine Hochansehnliche Reichs-Friedens-Deputation geruhen wolle, die franz. bevollmächtigten Minister auch auf die ältern Handelsverhältnisse Frankreichs mit den Schwäbischen oder Oberländischen Städten aufmerksam zu machen, und sich dahin vielvermögend zu verwenden, damit diesen und ihren Bürgern, die seit Jahrhunderten zuerkannten Handlungsfreyheiten ferners zugestanden, oder sie doch wenigstens so weit, als es die gegenwärtige franz. Verfassung erlaubt, in ihrem Handlungsbetrieb mit der franz. Nation begünstiget werden.

Man hat keinen Grund zu zweifeln, daß die franz. Nation eben die Grundsätze, welche sie vormahls immerhin als vortheilhaft für ihre Handlungs-Verhältnisse geachtet hat, nicht auch noch jetzt als solche anerkennen sollte.

42. **Summarischer Auszug derer, der Reichs-Friedens-Deputation bis zum 26. Dec. 1797. von mehreren beschwerten Reichs-Ständen, über die drückende Behandlung der französischen Truppen, übergebenen Vorstellungen.**

1) **Pfälzisches** Pro Memoria d. d. 5. pr. 8. et dict. 10. Dec. 1797. Worinn angezeiget wird: Daß das französische Gouvernement die zu Bonn niedergesetzte

Mittelcommißion mit dem Namen Regie nationa's belegt, und alle Beamte der Jülicher-Arrondissements, angehalten habe, der französischen Republik den Eid der Treue abzulegen; mit Bitte um provisorische Vorkehr zu Hintertreibung der hieraus zu besorgenden Folgen.

2) **Pfälzisches** Pro Memoria d. d. 6. pr. 8. et dict. 10. Dec. 1797. enthält Anzeige, daß in verschiedenen Churpfälzischen am linken Rheinufer gelegenen Ortschaften unter Bedeckung franz. Militairs und mit Unterstützung der französischen Regierung revolutioniret werde, und Bitte um provisorische Vorkehr.

3) **Trierisches** Pro Memoria d. d. 3. pr. 9. et dict. 10. Dec. 1797.
Anzeige erlittener Beschwerden: Daß nemlich

a) Bey Augereaux Ankunft die franz. Truppen neu hätten müssen gekleidet werden.

b) Daß die Quartierträger die einquartierten Menschen und Pferde vollständig ernähren müssen.

c) Daß mittlerweile das rechte Rheinufer jeder Exaction Preis stehe, das linke Rheinufer blos für den Frimaire & Brumaire eine neue Contribution von 8 Millionen entrichten müsse.

d) Daß die verderblichsten Holzschläge im Trierischen vorgenommen würden.

e) Daß die bisher sequestrirte Güter von Klöstern, Stiftungen und Privaten in tabellarische Aufnahme gebracht würden.

f) Daß das Organisations-System auf dem linken Rheinufer fortgesetzt und dießfalls von dem Directoire exécutif das bekannte Arrêté erlassen worden ſey, wovon Cit. Rudler zum Executor beſtellt iſt.

g) Daß auf beyden Rheinufern das Revolutioniren fortfahre.

Demnach Bitte:

1) Daß alle einzelen Ausſchreibungen und Forderungen vom Tage des zuſammenberufnen Congreſſes aufhören.
2) Die Einquartirungen durch die möglichſte Verminderung der Truppen und deren verhältnißmäßigen Dislocationen ſo viel thunlich erleichtert;
3) Alle Landes-Beyträge zu den franz. Caſſen auf den Bezug der übrigen Landes- und Jahres-Steuern unter Domanial Einkünfte beſchränkt:
4) Alle Holzfällungen und Verkaufe, inſoferne ſie nicht zu den gewöhnlichen Dominial-Renten gehören, eingeſtellt:
5) Alle nach den gewöhnlichen Kreisgebräuchen und den beſondern franzöſiſchen Grundſätzen ſequeſtrirte Gefälle und Beſitzungen unangetaſtet gelaſſen:
6) Alle Veränderungen in den Landes-Organiſationen, wie ſie Namen haben mögen, und
7) Alle Revolutionsanſtalten und dahin zielende Vorkehrungen gänzlich abgeſchafft werden ſollen.

In einem Nachtrage zu dieſem Pro Memoria wird angezeiget:

a) Daß die Eiſchmanniſche Föderation eine Proclamation ausgetheilt habe, worinn die Vortheile der Vereinigung des linken Rheinufers mit Frankreich zergliedert ſeyen, und daß die Föderation zwey Mitglieder an Augereau mit' der Bitte um ein Verſchreiben an Buonaparte, um in Raſtadt aufgenommen zu werden, abgeſchickt habe; dieſe ſeyen

mit vielen Vollmachten, und diese mit vielen Unterschriften versehen, welche die Bitte, mit Frankreich vereiniget zu werden, enthielten; man suche nach täglich durch allerhand Mittel solche Vollmachten sich zu verschaffen, und schicke sie denen auf der Reise begriffenen nach:
b) Nach einem Befehl des Generals Augereau vom 25. Nov. l. J. sey allen Beamten zwischen Rhein und Maas, und Rhein und Mosel, unter Strafe der Dienst-Entsetzung befohlen worden, der franz. Republ. blif den Eid der Treue zu schwören.
c) Nach einem Arrêté vom 4. Frimaire seyen alle Hypotheken-Errichtungen, Verkäufe oder Veräußerungen geistl. Corporationen, welche seit der franz. Eroberung ohne franz. Erlaubniß geschlossen worden, annullirt, und eben so alle erwähnten Corporationen durch ihre Schuldner anticipative geschehenen Zahlungen als null und nichtig erklärt worden.
Bitte um Erwürkung einer Verfügung, welche diese franz. Einschreitungen pro præterito et futuro aufhörend mache.
4) Hessen-Darmstädtisches Pro Memoria d. d. et pr. 10. & dict. 12. Dec. 1797.
Anzeige: Daß die Cisrhenanische Föderation mit Begünstigung der franz. Befehlshaber auch in dem an der Lothringischen Gränze gelegenen Hanau-Lichtenbergischen Amte Lemberg zu republicanisiren anfange; daß die durch Hoche wieder eingesetzte Beamte durch neu bestellte Cantons-Richter verdrängt würden, und daß letztere gedruckte Republicanisirungs-Aufforderungen verbreiteten.
Bitte um der Reichs-Deputation nachdrücklichste Verwendung.

5) Heſſen-Darmſtädtiſches Pro Memoria d. d. et pr. et dict. eod.

Schilderung des durch Occupationen der franz. Armeen und die Contributionen, Requiſitionen, aller Art höchſt koſtſpieligen Unterhalte der Generals und Officiers-Tafeln, und übermäßige auferlegte Truppen-Verpflegung, verurſachten äuſſerſt erſchöpften Zuſtandes beynahe ſämtlicher Heſſen-Darmſtädtiſchen Lande, und:

Bitte um Einleitung, daß die franz. Armeen aus jenen gänzlich erſchöpften Gegenden zurückgezogen, oder doch wenigſtens vermindert, nach Verhältniß dislocirt, und gegen baare Zahlung verpflegt werden.

6) Gräflich-Wetterauiſches Pro Memoria d. d. et pr. 14. et dict. 16. Dec. 1797.

In welchem unter Vorbehalte beſtimmter und detaillirter Angabe des von der Wetterauiſchen Grafen-Curie auf den beyden Rheinufern erlittenen Schadens, gebeten wird, Einleitung zu treffen, damit nicht nur ſämtliche ſowohl in der Verfaſſung, als durch den Verkauf der Waldungen und Domanial-Güter, ſeit den Præliminarien, in den zur Curie gehörigen Graf-und Herrſchaften vorgenommene Veränderungen wieder auf den alten Fuß zurückgeſtellt, ſondern auch alle unter den Namen von Requiſitionen, Contributionen, Demandes und Verpflegung der Truppen, noch fortdauernde Bedrückungen bald möglichſt eingeſtellt werden.

7) Pro Memoria der Schwäbiſchen Grafen-Curie d. d. 13. pr. 14. et dict. 16. Dec. 1797.

In welchem angezeigt wird, daß vorzüglich folgende Mitglieder der Curie auf Reſtitution Anſpruch hätten; nemlich

1) Oettingen wegen der Herrſchaft Dachſtuhl.

2) Die Grafen von der Leyen wegen der Grafschaft Hohengeroldseck, der Herrschaft Bliescassel und der Landsäßigen Besitzungen im Churfürstenthum Cölln.

3) Die Grafen von Sickingen wegen Landstuhl und der zum Theile in Pfandbesitze inhabenden Grafschaft Wartenberg; mit Bitte um Einleitung, daß bis zur erfolgten Restitution die franz. Organisationen und die verwüstenden Holzhiebe eingestellt werden.

8) Chur-Cöllnisches Pro Memoria d. d. et. pr. 13. et dict. 16. Dec. 1797.

Anzeige: Nach den Arrêtés des General Augereau und der Regie nationale sey auch der gesammten Geistlichkeit des Erzstifts Cölln, den Gliedern aller Geistlichen und Civilstellen und der Universität zu Bonn aufgegeben worden, bey Strafe der Dienstentsetzung, der franz. Republik den Eid der Treue zu schwören; durch allerley indirecte Gesetze suche man ferner das Volk umzustimmen, und so dann die von einigen wenigen Individuen schon im Stillen entworfene Acte der Souveränität du peuple entre Meuse et Rhin et Rhin et Moselle für das Product des Willens des ganzen Volks auszugeben.

Man suche daher die zweckmäßigen Mittel zu beschleunigen, welche den hieraus zu besorgenden Folgen ein Ziel setzen.

9) Fürstlich-Fürstenbergisches Pro Memoria d. d. 10. pr. et dict. 16. Dec. 1797.

In welchem, unter ebenmäßiger Anzeige der durch die französische Occupationen, Contributionen, Requisitionen und Officiers-Tafeln bedrückten Fürstlich-Fürstenbergischen Besitzungen, gebeten wird, die Aufhebung sämtlich dieser Bedrückungen bey der franz. Gesandschaft baldigst zu bewirken.

10) Reichsstadt Augsburgisches Pro Memoria d. d. pr. et dict. 23. Dec. 1797.

Welches die traurigste Schilderung der Lage der Reichsstädte Offenburg, Gengenbach, und Zell am Hammersbach enthält, und insbesondere anführt, daß die Erpressungen jeder Art, nebst dem unerschwinglichen Unterhalt der Generäle und einer erst jüngst eingerückten besondern Execution zu Eingreiffung der noch rückständigen Contributionen so weit gehe, daß die bereits in der äussersten Dürftigkeit schmachtende Bürger und Bauern hierdurch selbst zum Aufruhr verleitet worden seyen, welches der Deputation zur Beherzigung und Ergreifung schleuniger Maaßregeln empfohlen wird.

11) Pro Memoria der Reichsstadt Wezlar d. d. 11. pr. 17. et dict. 18. Dec. 1797.

Welches eine kurze Anzeige der seit den Jahren 1795. beynahe ununterbrochen währenden für das Städtische gemeine Wesen nicht länger auszuhaltenden Kriegs-Drangsalen enthält und worinn fordersamst der Wunsch geäussert wird, daß die Stadt als der Wohnsitz des Cammergerichts von Einquartirungen befreyet werde.

12) Pfälzisches Pro Memoria d. d. 8. pr. 17. et dict. 19 Dec. 1797.

Worinn angezeigt wird, daß mit dem Revolutioniſiren in den Ch. Pf. Landen des linken Rheinufers, so wie mit Absetzung der Ch. Pfälz. Beamten fortgefahren und so durch das zügellose Bestreben der Clubbisten gegen die Stimmung der sich ruhig betragenden Majorität, das ganze linke Rheinufer nach und nach zur Annahme der franz. Verfassung mit Gewalt hingerissen werden dürfte.

13) **Fürstlich-Thornisches** Pro Memoria d. d. et pr. 17. et dict. 19. Dec. 1797.

Mit der Anzeige, daß das Fürstenthum Thorn itzt wücklich einen Theil des Departements der Unter-Maas ausmache, und seit der Organisation der vereinigten Länder nach den nehmlichen Gesetzen, wie die franz. Republik verwaltet werde, obschon es nicht unter den Ländern begriffen sey, welche das Gesetz vom 9. Vend. an VI. mit Frankreich vereinige, daß ferner der Gottesdienst untersagt, die Pfarrer vertrieben, die Kirchen verlassen und die Jugend ohne öffentlichen Unterricht sey.

14) **Fürstlich-Lüttichsches** Pro Memoria d. d. 21 et pr. 22 et dict. 23 Dec. 1797.

Worinn gebeten wird, bey den franz. Ministern die Einleitung dahin zu treffen, daß

1) Vorläufig jene strenge Maasregeln, welche man gegen die Ausübung der Religion, gegen ihre Diener, gegen die Abwesenden aller Klassen, und gegen deren Haabseligkeiten bis jetzt in dem Fürstenthume verhängt hatte, aufgehoben:
2) Die drückende Contributionen, Auflagen und Requisitionen einstweilen nachgelassen, und
3) Die Verdusserung der Fürstl. Dom-Capitulischen und Geistlichen Güter suspendirt würden.

15) **Pfälzisches** Pro Memoria d. d. 20 pr. 21 et dict. 13 Dec. 1797.

Worinn angezeigt wird, daß verschiedene Schiffe auf dem Rhein von den Franzosen arretirt worden seyen, und daß diese in denen nach dem Rückzuge der Kaiserl. Königl. Truppen occupirten Gegenden die nemliche Exaktionen ausübten, und Requisitionen erpreßten, wie in den von ihnen feindlich eingenommenen Landen.

16) Heſſen-Darmſtädtiſches Pro Memoria d. d. 24 pr. 25 et dict. 26 Dec. 1797.

Worinn angezeigt wird, daß diejenige franz. Truppen, welche zur Cernirung von Mannz einen Theil der bisher nicht occupirten Darmſtädt. Landen beſetzt hätten, in denſelben Requiſitionen an Brod, Fleiſch, Haber ꝛc. ansſchrieben, und noch kürzlich dem Amte Rüſſelsheim eine Lieferung von 5000 paar Schuen angeſetzt hätten, mit Bitte um Abwendung dieſes neuen Ungemachs.

17) Heſſen-Darmſtädtiſches Pro Memoria d. d. 24. et pr. 25. et dict. 26. Dec. 1797.

Welches die Anzeige enthält, daß die fr. Truppen ſowohl am Main als in der Wetterau die Waffenſtillſtandslinie überſchritten, und Requiſitionen an Naturalien zu ihrer Verpflegung anſetzten.

18) *Fürſtlich Baſeliſches* P. M. d. d. 22 pr. et dict. 26. Dec. 1797.

In dieſem Pro Memoria wird Fürſtl. Biſchöflich Baſeliſcher Seits angezeigt, daß laut zwey Schreiben des fr. Geſchäftsträgers Bacher zu Baſel an die löbliche Eidgenoſſenſchaft, d. d. 13 Dec. 1797.

1) Die franz. Regierung ſich erkläret habe, die theils im Reiche, theils in der Schweiz gelegenen Fürſtl. Baſel. Lande, welche unter dem Schuße der Helvetiſchen Neutralität bisher verſchont geblieben, nunmehr ebenfalls in Beſitz nehmen zu wollen.

2) Daß vorgegeben werde, Frankreich ſey allen Rechten und Zugehörungen des Bisthums Baſel ſubrogirt.

3) Daß die franz. Republik ſich, gegen wen es ſich immer fügen werde, vorbehalte:

a) Alle ihre Rechte und Ansprüche über alles im Bisthum Basel an dem linken Rheinufer zugehörig bewegliche und unbewegliche; dann

b) Die Entschädigung wegen bisherigen Nichtgenusses.

c) Ueberhaupt alle Schäden, welche Frankreich durch die bisherige Hindernisse, die sich der Besitznahme der besagten Lande entgegengestellt haben, erlitten habe.

d) Den Ersatz aller Zehnten, Zinsen, Herrschaftl. Rechten, Zölle und sämtlicher Einkünfte, welche seit der Reunion des Departements des Mont terrible mit Frankreich indebite bezogen worden seyn.

Wenn es bey diesem neuen Eingriffe sein Bewenden haben sollte, so würden

1) Der Fürst Bischof von Basel eine Bevölkerung von ohngefehr 20,000. Seelen verlieren, und ihm kein anderes weltliches Gebieth mehr als die alleinige am rechten Rheinufer gelegene, und in 5. kleinen Dechschaften bestehende Herrschaftl. Schliengen übrig bleiben.

2) Würde der H. Fürst Bischof diejenige Einkünfte von beynahe 80,000. Gulden, welche die Unterthanen der von Frankreich neu besetzten Lande ihm annoch schuldig seyen, eben so wie die Fürstliche Mobilia, welche in die Neuenstadt geflüchtet worden, verlieren, und der Fürst-Bischof mit seinen Räthen, deren Güter ebenfalls sequestriert, und grosstentheils verkauft worden seyen, um so sicherer an den Bettelstab kommen, als der Fürst-Bischof kein anders Vermögen, und das äusserst verschuldete Hochstift keinen Credit mehr habe.

3) Würde alsdann die Aufhebung des Chur-Stifts im Münsterthale und der Abtey Bellelay nicht zu vermeiden seyn; am Ende wird um nachdrucksamste Verwendung bey den franz. Bevollmächtigten, allerwenigstens aber zu bewürken gebeten, daß bis zum Traktatmäßigen Ausgange der Sachen alles Eigenthum des Fürst Bischofs, seines Domstiftes, und seiner sämtlichen Angehörigen und Unterthanen respectirt und salvirt werde.

In einem Nachtrage d. d. 23 Dec. wird ferner angezeigt, daß, neuern eingelaufenen Nachrichten zu Folge, in der Stadt Basel die daselbst gelegene Bischöfliche Residenz samt dem Domhofe mit Wachen besetzt, und nicht nur das Fürstl. und Domcapitulische, sondern auch das Partikular-Eigenthum der Domherren mit Arrest belegt worden.

Bitte, um Verwendung, daß doch einstweilen das Eigenthum verschont und allerwenigstens die dem Hrn. Fürst Bischof und den Gliedern des Domstifts zugehörige sämtliche bewegliche Haabseligkeiten indessen zu ihrer freyen Disposition erlassen werden mögten.

43. Heſſen-Darmſtädtiſches Promemoria, betreffen die feſtgeſetzten franzöſiſchen Republikaniſirungs-Operationen im Hanau-Lichtenbergiſchen Amt Lemberg jenſeits des Rheins, und die diesſeits ausgeſtreuten Aufruhrzettel, vom 21. Januar, 1793.

Die einer Hochanſehnlichen Reichs-Deputation unterm 10. Dezember v. J. angezeigte franzöſiſche Republikaniſirungs-Operationen im Hanau-Lichtenbergiſchen Amt

Lemberg jenseits Rheins, werden, nach neuerdings ein belangten Berichten, mit dem größten Eifer fortgesetzt, und, des widerstrebenden Sinnes der dortigen Einwohner ohngeachtet, zur Vollendung zu bringen gesucht. Denn obgleich die von dem französischen Regierungs Kommissär Rubler in den Ländern zwischen der Maas, dem Rhein und Mosel erlassene, und von dem Cantons=Richter in der Stadt Pirmasens förmlich publicirte Organisations=Proklamation, von den dortigen Bürgern mit der stärksten Abneigung aufgenommen wurde, und weitere, zur beabsichtigten neuen Organisation einladende Rublerische Arrêtés und Insinuationen des Cantons=Richters einen gleichen Eindruck verursachten, so wurde dennoch, dieser widrigen Stimmung ohngeachtet, von demselben ein Termin zu Pflanzung des Freyheitsbaums angesetzt, und der ganzen Pirmasenser Munizipalität bey strengster Verantwortlichkeit auferlegt, dieser Feyerlichkeit beyzuwohnen. Die Bürgerschaft erklärte hierauf in einer, mit den einzelnen Unterschriften versehenen, Vorstellung ihre Gesinnung in folgenden eigenen Ausdrücken.

„Daß sie zwar die Einladung zu Pflanzung des
„Freyheitsbaumes mit dem ehrerbietigsten Dank aner=
„kennten, und sich jederzeit als freundschaftliche und
„treueifrige Nachbaren der von ihnen stets hochgeschätz=
„ten franz. Nation bezeigen, somit derselben in allem,
„was in ihren Kräften stehe, bedient seyn würden;
„daß sie aber nach allen seit mehreren Jahren über=
„standenen Drangsalen nunmehr, da sie dem Ziele ih=
„rer Bestimmung so nahe seyen, sich als französische
„Unterthanen, ehe und bevor ihr Schicksal durch den
„Congreß zu Rastatt entschieden seyn würde, bekennen,
„und dadurch das Band der Treue, welches sie an

„ihre Landes-Obrigkeit knüpfe, auflösen könnten, oder
„daß die erhabene Nation solches von ihnen schon jetzt
„mit Nachdruck verlangen werde, stünden sie von der
„bekannten Gerechtigkeitsliebe derselben nicht in Erwar-
„tung. Vielmehr rufen sie im Vertrauen zur eigenen
„Unterstützung ihres Entschlusses die Wohlthätigkeit und
„Menschenliebe der französischen Nation an, und hof-
„ten, daß sie, so lange bis ihr Schicksal entschieden
„seyn würde, mit der ihnen gethanen Proposition ver-
„schont bleiben würden, wo sie alsdann, wenn sie der
„aufhabenden Bürger-Pflichten entledigt seyen, den
„Eid der Treue der erhabenen französischen Republik
„schwören, und eben so getreue und rechtschaffene Bür-
„ger seyn und bleiben wollten, wie sie es bisher gegen
„ihre Landes-Obrigkeit gewesen wären".

Diese in standhaftem Biedersinn gefaßte Erklärung
vermochte inzwischen nicht, das Vorhaben des Cantons-
Richters zu verhindern. Es erfolgte derselben ohngeachtet ein wiederholter geschärfter Befehl zu Pflanzung
des Freyheitsbaums, von dessen Erfolg noch keine Nachricht eingegangen ist.

Noch auffallender, als diese Vorgänge jenseits Rheins,
ist die so eben einberichtete Nachricht, daß verschiedene
Staatsbürger Volks-Aufwiegler, unter welchen einer
Namens Schwarz genannt wird, verwegen genug sind,
gedruckte aufrührerische Zettel, deren Abschrift hier an-
gefügt ist, sogar auf dem rechten Rheinufer, selbst in der
Nähe dieses Friedens-Congresses, und namentlich in
den Hanau-Lichtenbergischen Aemtern Lichtenau und Will-
städt in der Ortenau, auch in der Gegend um Lahr zu
verbreiten. Sie wenden, dem Vernehmen nach, alles
an, um die Unterthanen zum Aufruhr zu reizen, und
Unterschriften zu sammeln, die schon von mehr als 500.

Menschen bewürkt worden seyn sollen. Unter mehreren sachgemäßen, dagegen gemachten Anordnungen, hat man den hanauischen Beamten aufgegeben, dergleichen Ausstreuer, im Betretungs-Fall, sogleich zu gefänglichen Häften zu legen.

Diese während des Waffenstillstands und der Friedens-Verhandlungen sehr bedenkliche Ereignisse hat einer Hochansehnlichen Reichs-Deputation Unterzeichneter zu hochgefälliger und abhelflicher Maaßnehmung in schuldigster Ehrerbietung anzuzeigen nicht verfehlen sollen.

Anlage.

Freyheit.   **Gleichheit.**

Schon lange hat das deutsche Volk nach seiner Freyheit geseufzet, und die Ungleichheit der Stände war schon lange der Gegenstand seines Hasses und seiner Verachtung. — Es fühlet seine Würde und die Wahrheit, daß in ihm die Allgewalt und das Recht liegt, sich Gesetze zu geben, die eines freyen Volkes würdig sind.

Muthig steht es also gegen jene Menschen-Verkäufer auf, welche, ohne es zu fragen, Staaten und Völker mit der nämlichen Willkühr theilen, wie der sie Sie bis jetzt beherrschten.

Deutschlands Volk erklärt also hiemit, daß es das Joch jeder Art abwirft, und einen unabhängigen Freystaat bildet. Jeder, der es wagt, sich unsern Rechten entgegenzusetzen, wird als Vaterlands-Verräther bestraft; und wehe dem Fürsten, der unsere Rache reizt!

44. **Promemoria der zu Wisbaden versammelten Beamten verschiedener betheiligten Stände, vom 20. August, 1798.**

Es ist nur zu bekannt, daß gerade die Länder des rechten Rheinufers, die gegenwärtig noch die französischen Armeen besetzen, auch die sind, die in dem Lauf des letzter unglücklichen Reichskriegs am meisten verheert wurden. Die Geschichte dieses Kriegs beweist es.

Wenn auch die französischen Armeen, wie im Jahre 1796. in das Innere Deutschlands eindrangen, so entfernte sich doch der Kriegsschauplatz nicht aus ihnen, weil zwey Vestungen, die gerade in diesen Gegenden liegen, auch in diesem Zeitpunkt die Gegenwart beträchtlicher Armeen veranlaßten.

Doch nicht der Krieg allein, sondern auch besondere mit der französischen Regierung abgeschlossene Verträge mußten dazu beytragen, das Unglück dieser Länder zu erhöhen. Schon im Jahre 1795. wurden sie durch die damals von den Königl. Preußischen Truppen besetzte Demarcationslinie von den rückliegenden deutschen Staaten abgeschnitten, und die französischen Armeen gezwungen, sich in ihnen zu concentriren und alle ihre Bedürfnisse allein und ausschließend aus diesen Gegenden zu ziehen. Schon damals mußten sie also allein und für das übrige entferntere Deutschland leiden.

Doch dieses war nur ein Vorbote eines ähnlichen weit traurigern Schicksals, das sie erwartete. Wer weiß es nicht, daß zum Glück für die rückwärts liegenden deutschen Lande, aber zum gänzlichen Verderben der jetzt von den französischen Armeen besetzten, als im April 1797. der Abschluß eines Waffenstillstandes bekannt wurde, die französischen Truppen gerade in diesen Gegenden vorgedrungen waren, und gezwungen wurden, sie allein zu besetzen. Von diesem Zeitpunkt an fiel die Unterhaltung einer beträchtlichen französischen Armee, die, durch Verträge gebunden, sich nicht weiter ausbreiten konnte, allein auf diese unglücklichen Lande, und ruht nun seit 16. Monaten ausschliessend auf ihnen. Während ihre Nachbaren jenseits des Mains und der Nidda alle Vortheile des tiefsten Friedens genossen, zog eine zahlreiche Armee alle Mittel zu ihrer Subsistenz aus ihnen; sie mußten sie nicht nur ernähren und kleiden, sondern auch beträchtliche Geldcontributionen an die französische Regierung bezahlen. Ja sogar durch die Uebergabe der Vestung Mainz wurde noch ihr Unglück vermehrt. Denn sie veranlaßte jene druckende Requisitionen von Bau- und Brennholz für diese Stadt, die zu seiner Zeit einer Hochansehnlichen Reichs-Deputation bekannt gemacht worden sind.

Die Wirkungen aller dieser Lasten auf die Einwohner jener unglücklichen Gegenden übersteigen jeden Begriff, den derjenige sich davon macht, der nicht selbst Augenzeuge ihres Elends ist. Da, wo vor dem Jahr 1797. noch Wohlstand blühete, herrscht jetzt der größte Mangel. Die Einwohner sind im Begriff, Gegenden zu verlassen, wo sie der Gefahr ausgesetzt sind, durch die mit jedem Tag sich erneuernde Bedürfnisse der Truppen auch das Wenige zu verlieren, was ihnen von ihrem Eigenthum noch geblieben ist. Was also die Grösse einer zahlreichen Armee nicht verschlang, verschlingt doch die lange Dauer ihres Aufenthalts in einem im Verhältniß mit ihrer Grösse kleinen Strich Landes. Ißtlich schmeichelten sich die Einwohner, den unerträglichen Druck, der schon so lange auf ihnen ruht, vermindert zu sehn; täglich hoften sie, daß der Friede oder wenigstens der Lauf der schon so lange eröfneten Unterhandlungen, die Entfernung der französischen Armeen bewirken und zwar nicht ihr Elend (denn dieses kann nur ein Jahrhundert lindern) aber doch die Ursache, die es täglich vermehrt, entfernen werde. Aber auch dieser Hoffnung müssen sie entsagen. Anstatt sich zurückzuziehen, vermehren sich die französischen Armeen plötzlich in diesen schon zu Grund gerichteten Gegenden, und der Druck wächst zu einer grösseren Höhe als jemals, gerade in dem Augenblick, wo die Mittel ihn zu ertragen, durch die lange Reihe früherer Drangsale erschöpft, am geringsten sind.

Doch auch dieses ist nicht genug. Auf einmal werden die im ganzen Lande zuvor zerstreuten vermehrten Truppen zusammengezogen und die Einwohner, die sie zuvor in ihren Wohnungen mit geringeren Kosten verpflegten, gezwungen, unerschwingliche Geldbeyträge zu ihrer Verpflegung zu thun, die um so drückender sind, da längst alles baare Geld verschwunden ist.

Während dem langen Zeitraum der feindlichen Occupation hatten die Landesherren dieser unglücklichen Gegenden es sich zur Pflicht gemacht, mit Aufopferung ihres Privateigenthums ihre Unterthanen zu unterstützen und das allgemeine Elend zu mindern. Beträchtliche Beyträge sind zu den Geldcontributionen aus den Cammercassen geleistet und sogar manche drückende Requisitionen daraus erfüllt worden. Dadurch haben sich aber auch die Schulden, die auf den Landes- und Cammercassen ruhen, so vermehrt, daß aller Credit verschwunden ist. Den Landsherren sind also beynahe alle Mittel entzogen, ihre Unterthanen weiters zu unterstützen Aber auch das Wenige, was hier und da noch übrig ist, will ihnen noch gerade in dem Augenblick entzogen werden, wo ihre Unterſtützung den Unterthanen bey den vermehrten Laſten am unentbehrlichſten iſt.

Indem die franzöſiſche Regierung die Armee auf dem rechten Rheinufer vermehrt, wird von dem General en Chef Joubert eine neue ſich auf Millionen belaufende Geldbrandſchatzung ausgeſchrieben, wovon die Entrichtung auch nur des kleinſten Theils, ſelbſt bey den ſtrengſten Maasregeln, die von dem franzöſiſchen Militär, um ſie beyzutreiben, ergriffen werden dürfen, wegen Mangel an Geld und an Credit phyſiſch unmöglich iſt, die aber doch, da ſie neue Gewaltthandlungen und Bedrückungen veranlaſſen könnte, das ihrige beytragen wird, die Maſſe des allgemeinen Elends zu vermehren. Auch den Unterthanen wird alſo vielleicht dadurch noch eine geringe Hülfe und den Staatsdienern, die das allgemeine Unglück am härteſten trift, und deren Amt ſo unangenehm iſt, die nothdürftige Subſiſtenz für ſich und ihre Familien entzogen werden.

Unterzogene Deputirte der Regierungen und Adminiſtrationen dieſer unglücklichen Lande, halten es für ihre Pflicht einer Hochanſehnlichen Reichs-Deputation dieſe nur zu treue Schilderung des Zuſtands eines beträchtlichen Theils des deutſchen Reichs vorzulegen.

Der Jammer vieler tauſend Unglücklicher, die ſich berechtiget glauben, die Unterſtützung der Männer zu verlangen, in deren Hände das deutſche Reich die Sorge für ſein Wohl und ſeine Erhaltung gelegt hat, fordern ſie bringend dazu auf.

Den tiefen Einſichten einer Hochanſehnlichen Reichs-Deputation kann es nicht entgehen, daß dieſe Gegenden, die ein integrirender Theil des Reichs ſind, und es auch nach den öffentlichen Erklärungen der franzöſiſchen Regierung, die keine Eroberungen auf dem rechten Rheinufer machen will, ohne Zweifel bleiben, und aus eben diesem Grunde weit härter, als die deutschen Bewohner, jenseits Rheins behandelt werden, und für das ganze Reich leiden, die gerechtesten Ansprüche auf die thätigste Unterstützung einer Hochansehnlichen Reichs-Deputation und aller Glieder des deutschen Reichs haben. Ihr Schicksal ist nur darum so traurig, weil sich der Stand der französischen Armee nur auf diese Gegenden beschränkt; weil rückwärts liegende die Vortheile des tiefsten Friedens genießen. Könnten sich die Armeen ausdehnen, so würde die Last durch ihre Theilung geringer seyn. Schon in dieser Hinsicht sind sie also als ein Opfer für den ganzen deutschen Staat anzusehen, und schon aus diesem Grund ist das ganze Reich verbunden durch Geld- und Naturalbeyträge sie zu unterstützen. Hierzu kommt noch die Betrachtung, daß ohne Zweifel, (wenigstens muß eine Hochansehnliche Reichs-Deputation davon überzeugt seyn), nur zum Vortheil des ganzen Staatskörpers sich die Friedens-Unterhandlungen so sehr verlängern. Eben deswegen verlängert sich aber auch der Stand der Armee in diesen Gegenden; und eben dieser Verlängerung der Unterhandlungen sind auch dem Vernehmen nach zum Theil die gewaltsamen Maasregeln der französischen Regierung zuzuschreiben, die die Einwohner gegenwärtig vollends zur Verzweiflung bringen.

Ist aber das Unglück dieser Gegenden eine Folge höherer Rücksichten, deren Kenntniß niemand mehr als den erleuchteten Gliedern einer Hochansehnlichen Reichs-Deputation beywohnen muß, deren Beurtheilung aber ausser der Competenz Endsunterzogener liegt, so sind auch alle Glieder des deutschen Reichs zur Unterstützung dieser Länder verbunden, die (wenn anders es denkbar ist, daß die Verlängerung der Unterhandlungen dem Reich Vortheile bringen sollte, worüber die Zukunft entscheiden wird) für das Wohl des Ganzen verheert worden und noch verheert werden.

Unterzogene wagen daher gewiß keine Fehlbitte, wenn sie im Namen der unglücklichen Bewohner der occupirten Gegenden auf dem rechten Rheinufer eine Hochansehnliche Reichs-Deputation, von deren Verhandlungen die Schonung oder der gänzliche Ruin dieser Länder abzuhängen scheint, dringend ersuchen, in ihrer Weisheit diejenige Mittel und Wege einzuschlagen, die am schleunigsten den Abschluß eines so lange vergebens erwarteten Friedens, die Entfernung der französischen Armeen, die Verminderung der auf den Einwohnern ruhenden unerträglichen Lasten, unter welchen sich vorzüglich die gänzliche Verpflegung der Truppen und die an ausgeschriebenen Geldcontributionen auszeichnen, und eine Entschädigung für das schreckliche Unglück bewirken können, das dieser Theil Deutschlands allein zur Schonung der rückliegenden Lande und für das ganze Reich bisher doppelt getragen hat. Wiesbaden am 20. August, 1798.

Von wegen Kur-Trier, Friedr. Aug. v. Schütz.
  , , der Regierung zu Arnsberg, Schrage.
  , , Oranien-Nassau, Dapping.
  , , Nassau-Usingen, Huth.
  , , Nassau-Weilburg, Petsch.
  , , Wied-Runkel, Philippi.
  , , Sayn-Hachenburg, Wrebow.
  , , Leiningen-Westerburg, Knorr.
  , , Solms-Rödelheim und Solms-Laubach, Hofmann.

45. Vorstellung einiger betheiligten Partikular-Abgeordneten an die Reichs-Deputation, vom 26. August, 1798.

Wenn das allgemeine Elend, welches ein nun sieben volle Jahre angedauerter unglücklicher Krieg mit mehr oder weniger Härte über Deutschland verbreitet hat; wenn das traurige Schicksal derjenigen Stände des deutschen Reichs, welche durch die Ueberlassung des linken Rheinufers an die Republik Frankreich einen sehr beträchtlichen Theil ihrer Einkünfte, und, wie bey einigen sogar der Fall ist, Alles, unverschuldet verloren haben; wenn der unaussprechlich starke Druck, welcher auf einem bedeutenden Theil der Lande des rechten Rheinufers noch gegenwärtig ruhet, und dermalen kider mit verdoppelter Kraft seine nachtheiligen Wirkungen äussert; wenn diese offenkundige Lage allein schon hinlänglich ist, Mitleiden und aufrichtige Theilnahme mit dem Schicksal der Unglücklichen, und heisse Wünsche für deren Rettung und für eine günstigere Wendung der Dinge hervorzubringen, so muß gewiß der blosse Gedanke, daß noch grössere Uebel über Deutschland ausbrechen können, fürchterlich, und die Möglichkeit davon über alle Begriffe traurig und niederschlagend seyn.

Und doch liegt es dermalen nicht ausser dem Gebiete der Möglichkeit, daß noch ein Bruch der schon so lange gebauerten Friedens-Unterhandlungen eintreten, und ein neuer Krieg entstehen könnte, der noch grösseres Elend gebähren, noch mehr deutsche Länder verwüsten, und solche Umstände herbey führen würde, welche an sich und in ihren Folgen, mit einer verdammerten Ordnung der Dinge und dem Umsturz der bisher bestandenen Verfassung, unsägliches Unglück über das deutsche Vaterland ausstreuen und verbreiten müßten.

Endes Unterzogene Abgeordnete mehrerer deutschen, bey dem Friedensgeschäft vorzüglich interessirten Fürsten und Stände, welche von der Wahrheit und Wichtigkeit der vorstehenden Thatsachen und Betrachtungen, so wie von dem Satz vollkommen überzeugt sind, daß nur ein baldiger Friede Deutschland retten, und dessen Auflösung verhüten und abwenden könne, glauben daher ihren Pflichten gemäß zu handeln, wenn sie, in Conformität der Gesinnungen ihrer höchsten und hohen Committenten, und ermuntert durch die allgemeine Stimme der leidenden Menschheit, welche den Frieden mit Sehnsucht begehrt, einer Hochansehnlichen, zum Reichs-Friedens Congreß abgeordneten Deputation, das geziemende und ehrerbietige Gesuch vorlegen:

„In der gegenwärtigen kritischen Lage der Dinge, „alles, was zur Beschleunigung des Friedens zwischen „dem deutschen Reich und der französischen Republik, „nur immer beytragen kann, mit ihrem erprobten ruhmwürdigen Eifer anzugehen, und zu versuchen, einer, „mit ihren Pflichten vereinbarlichen, und mit den immer dringender werdenden Umständen in Verhältniß „stehenden Nachgiebigkeit ungehindert Platz zu geben."

Indem Endesunterzeichnete mit jener offenen Freymüthigkeit, welche eine Begleiterinn guter Absichten ist, und mit einem unbegränzten Vertrauen auf die Gesinnungen einer Hochansehnlichen Reichs-Friedens-Deputation, welche das allgemeine so wie das besondere Wohl deutscher Reichsstände und Angehörigen prüft und beherziget, derselben obiges Gesuch vorlegen, so ermangeln sie nicht, zugleich die Nachricht anzufügen, daß, in der festen Ueberzeugung, es werde ein ähnlicher Schritt auch bey der französischen Gesandschaft nicht ohne günstigen

Erfolg bleiben, solcher unter heutigem Dato bey selbiger gemacht worden ist.

Rastatt, den 26. August, 1798.

Frhr. v. Rechberg, wegen Pfalz-Zweybrücken.
Frhr. v. Pappenheim, w. Hessen-Darmstadt.
Frhr. v. Reitzenstein, wegen Baden.
Graf v. Solms-Laubach, wegen der westphälisch- und wetterauisch-protestantischen Grafen.
Frhr. v. Cruse, wegen der Nassauischen Häuser.

46. *Vorstellung des Nassauischen Abgeordneten an die Deputation, wegen der neuen Contribution, vom 7. Dezember, 1798.*

Noch nie war während diesem ganzen unglücklichen Krieg eine Epoche, in welcher die Lasten in denen durch die französischen Truppen occupirten Landen des rechten Rheinufers so groß und fühlbar und die Besorgniß einer gänzlichen Vernichtung und der Verzweiflung ihrer Einwohner so gegründet und nahe waren, als sie in dem gegenwärtigen Augenblicke sind. Kaum hatten jene Lande die ihnen während des Waffenstillstandes und bey der Annäherung des Friedens auferlegte unerschwingliche Geld-Contributionen wenigstens zur Hälfte abgeführt; kaum waren die neben der Verpflegung der Truppen verlangte und mit zerstöhrender Gewalt erpreßte Magazins-Anstalten durch die loyauté der franz. Generen, litt und durch die preiswürdige Verwendung der hiesigen französischen Gesandtschaft in ihren verderblichen

Fortschritten gehemmt worden; kaum hofte der erschöpfte Landmann dortiger Gegend, durch den Abmarsch mehrerer französischer Truppen, einiges Respiro und Linderung zu genießen, als unverhoft neue Anforderungen von ganz unerschwinglichen so Geld, als andern Prästationen durch das in seinem vollständigen Würkungs-Creise wieder eingetretene französische Commissariät gemacht worden sind. Anforderungen, die wenn sie auch nur zum Theil erfüllt werden sollten, den occupirten Lquden des rechten Rheinufers den letzten Herzensstoß beybringen, und ihren totalen Ruin zur Folge haben würden.

Die hier anliegenden Orignal-Papiere beweisen die Werkthätigkeit, Grösse und Wichtigkeit dieser Riquisitionen, und geben vor jeden unpartheilsch und gefühlvollen Beobachter nachstehende Resultate an die Hand.

a) Daß die monatlich abzuliefernde 15,000. Thr. in einem so sehr erschöpften Landes-Distrikt, in welchem bey durchaus stockendem Handel und Wandel fast alles baare Geld verschwunden ist, schlechterdings nicht aufgebracht und bezahlt werden können.

b) Daß die angesonnene ungeheure Fourniture an Holz und Eisen für die Vestung Mayns, eben so wenig als

c) Die geforderte beträchtliche Menge von Brantewein, ꝛc. zusammengebracht, am wenigsten aber

d) Die zur Verpflegung der durchziehenden Pferde in 24. verschiedenen Punkten anzulegende beträchtliche Magazine, die schon an sich, und weil sie unter der Regie und Manipulationen franz. Commissarien stehen sollen, doppelt verderblich seyn würden, ohne gänzlichen Ruin derer Lande angelegt und zusammengeführt werden können.

Mit voller Ueberzeugung und in dem Gefühl des

tiefsten Kummers haben daher auch die dieser Lieferungen halber nach Maynz berufenen ständische Deputirte das Ansuchen überhaupt und besonders auch das der eigenen Repartition durch mildernde Vorstellungen und Bitten bey dem französischen General-Commando abzulehnen gesucht; worauf aber, bey dem mächtigen Einfluß der Commissarien, von welchen eine grosse Menge ohne Beschäftigung aber nicht ohne Begierden ist, nicht viel ersprießliches zu erwarten, wohl aber zu befürchten ist, daß die Austheilung factisch und ungleich gemacht, und dann das jedem Zugetheilte durch die schärfste militärische Execution werde erpreßt und betrieben werden. Maaßnehmungen welche diese Gegenden fernerhin eben so wenig zu ertragen vermögen, als sie nach der jetzigen Lage der Dinge zu erwarten waren. Unter diesen höchstbeschwerlichen und dringenden Umständen, kann daher Endes Unterzogener nicht umhin, einer Hochverordneten Reichs-Deputation den Nothstand der Lande des rechten Rheinufers, der sich mit jedem Tage zu mehren scheint, abermals und mit dem auf dieselbe gesetzten vollkommensten Vertrauen und mit der geziemenden Bitte vorzutragen:

>Daß dieselbe geneigen möge, durch schleunige und triftige Vorstellungen, welche diesem für die Erhaltung eines nicht unbeträchtlichen Theils von Deutschland so wichtigen Gegenstand nur allein gewidmet sind, bey der französischen Gesandtschaft allhier sich zu verwenden, und dadurch eine wo nicht ganze Befreyung, doch mehrere Mäßigung und Linderung der unerträglichen Lasten dieser Länder zu bewirken.

47. **Promemoria verschiedener Partikular-Abgeordneten an die Reichs-Friedens-Deputation, die Beschleunigung des Friedens betreffend. Vom 7. Dezember 1798.**

Je sehnlicher Deutschland dem Glück des Friedens entgegen siehet, um so empfindlicher war es Endesunterzogenen, aus der neuesten Note der französischen bevollmächtigten Minister die drohende Gefahr der Auflösung der hiesigen Friedens-Unterhandlungen zu ersehen.

Auf der Einen Seite fühlt bereits ein beträchtlicher Theil der deutschen Reichslande am rechten Rheinufer durch die, seit mehreren Jahren und nun neuerlich wider der ausgeschriebenen Requisitionen und Contributionen der französischen Generale, die Lasten des Kriegs aller Art, welche diesen Landen, und eben so hart gedrückten Unterthanen den Untergang drohen, und bey Abbrechung der Unterhandlungen des Friedens solchen nothwendig herbeyführen müssen.

Auf der andern Seite sind diejenigen Stände des Reichs, welche ihre Besitzungen theils ganz, theils größtentheils am linken Ufer des Rheins hatten, und verloren haben, in der bedauerlichsten Lage.

Diese Betrachtungen werden Unterzeichnete rechtfertigen, wenn sie abermalen in dem vollkommensten Vertrauen zu Einer Hochansehnlichen Reichs-Deputation ihre Wünsche zu Beschleunigung des Friedens und zu Abwendung der so vielfach drohenden Gefahren für ihre Höchst und hohen Committenten Hochderselben vorlegen, und bey denen soweit gediehenen und dem gewünschten Ziel so nahe gebrachten Unterhandlungen, welche die Auskunfts-Mittel der Vereinigung erleichtern dürfte, solche wiederholt äussern. Unterzeichnete überzeugen sich, daß eine Hochansehnliche Reichs-Deputation in dem gegenwärtigen Vortrag derselben allein die Erfüllung ihrer theuern Pflichten gegen ihre Höchst und Hohen Committenten erkennen werde, so wie sich dieselbe vollkommen versichern, daß eine Hochansehnliche Reichs-Friedens-Deputation für das allgemeine Wohl des deutschen Vaterlands, so wie das besondere seiner Höchst und Hohen Glieder, die beruhigendsten Mittel zu Sicherung desselben durch einen baldigen Frieden ergreifen werde.

Rastatt, am 7. Dezember, 1798.

 Frhr. v. Rechberg, v. w. Pfalz-Zweybrücken.

 F. W. Weckherling, von wegen Würtemberg.

 Von Pappenheim, v. w. Hessen-Darmstadt.

 P. F. Noel, von wegen Salm-Salm und dem Rheingr. Hause.

 Franz Graf zu Sickingen, als Abgeordneter der Schwäbischen Grafen, und in Vollmacht des abwesenden Abgeordneten der Wetterauischen Grafen, Herrn Grafen v. Solms-Laubach.

 C. F. Kruse, von wegen Nassau.

 Lang, von wegen Leiningen.

 Nonne, von wegen Würtemberg und der beyden Häuser Leiningen-Westerburg.

48. **Chur-Trierisches Promemoria, wegen unmittelbarer Kaiserl. Verwendung für die Besatzung von Ehrenbreitstein. Rastatt, den 21. Dez. 1798.**

Auf die verschiedene Anträge, welche eine Hochansehnliche Reichs-Friedens-Deputation seit den letzten Monaten in Absicht auf die Ravitaillirung der Festung Ehrenbreitstein gemacht hat, ist endlich am 12. Dezember das Versprechen der französischen bevollmächtigten Minister erfolgt, daß sie diesen Gegenstand der Aufmerksamkeit ihrer Committenten empfehlen würden. — So lebhaft jener ehrerbietige Dank ist, womit Unterzeichnete Particular-Abgeordnete diese Reichspatriotische Verwendung für eine Festung erkennen, deren Garnison sich nun über 9. volle Monate gegen die feindseligste und im ganzen Völkerrecht unerhörte Behandlung mit eben so ehrenvoller Tapferkeit, als unglaublicher Kaltblütigkeit ausgezeichnet, und für welche Se. Churfürstl. Durchlaucht nicht nur als Höchster Reichsstand im Allgemeinen, sondern auch als Landes-Herr insbesondere in Rücksicht der Garnison sowohl als der aus einigen Tausend Seelen bestehenden Population des am Fuße der Festung liegenden Thales sich äusserst zu interessiren nicht aufhören können; so sehr finden sich jedoch dieselben verpflichtet, bey dem schon seit der letzten französischen Note dazwischen gekommenen Zeitraum einer Hochansehnlichen Reichs-Friedens-Deputation diese Angelegenheit, die mit jedem Tage bringender wird, neuerdings zu empfehlen; und da die diplomatische gewöhnliche Einschreitungen erschöpft zu seyn scheinen, Hochdieselbe gehorsamst zu ersuchen, durch die Hochansehnliche Kaiserl. Plenipotenz Se. Kaiserl. Majestät Allerhöchst selbst zu bitten, den bestehenden Conventionen durch Ihren mächtigen Nachdruck jene Folge geben zu laſſen, die nicht allein dieſen Platz dem geſammten Reiche bis zur Ratification des Reichs-Friedens, ſondern auch das Thal und ſeine unglaublich leidende Einwohner Sr. Churfürſtl. Durchlaucht zu erhalten im Stande ſeyn wird. Se. Kaiſerl. Majeſtät haben bekanntlich die Friedens-Präliminarien zu Leoben und den Waffenſtillſtand, ſoweit er das deutſche Reich betreffen ſollte, aus Vollmacht und im Namen des Reichs allein abgeſchloſſen; in Gefolg der einen und des andern ſind ferner die Particular-Traktaten zwiſchen den beyderſeitigen Militär-Behörden eben ſo wohl reguliert worden. Allerhöchſtdieſelbe können daher auch nicht gleichgültig bleiben, daß durch die einſeitige Nicht-Beobachtung dieſer Uebereinkünfte einerſeits die ſchreyendſte Feindſeligkeiten ausgeübt, und anderer Seits eine wichtige Feſtung mit einem vom Feinde bisher nicht eroberten Orte in die Hände deſſelben noch faſt am Ende der Friedens-Unterhandlungen gerathen ſoll.

Auf dem rechten Rheinufer ſind bisher die Waffenſtillſtands-Geſetze wenigſtens darinn beobachtet worden, daß die franzöſiſche Truppen die durch Militär-Konventionen bezeichnete Linien nicht überſchritten haben; da Se. Churfürſtl. Durchlaucht der einzige Reichsſtand ſeyn ſoll, der, nebſt ſeinem übrigen mehrfachen Verluſte, auch noch dieſen zu erleiden Gefahr läuft, ſo rufen Höchſtderſelben Unterzeichnete Particular-Abgeordnete die Interceſſion einer Hochanſehnlichen Reichs-Deputation an, um die ungeſäumte, Hochgefällige Verwendung bey Sr. Kaiſerl. Majeſtät zu Verleihung des nöthigen Schutzes eintreten zu laſſen.

49. Chur-Cöllnisches Promemoria wegen ganz neuerlicher Bedrückung des Herzogthums Westphalen, vom 19. Jenner, 1799.

Beyliegendes Ausschreiben der französischen Kriegs-Commissärs Huguier und Gauthier v. 16. Frim. (6. Dez.) 1798. worinn dem occupirten Theile des Herzogthums Westphalen neuerdings alle Monate die Zahlung von 16,000. Liv. in baarem Gelde, und alle Tage die Lieferung von 130. Cent. Heu, 75. Cent. Stroh, und 95. Cent. Haber in die franz. Magazine zu Lennet und Neuscheit aufgelegt wurde, war Unterzeichnetem bereits vor einiger Zeit zu dem Ende zugekommen, um die Verwendung einer Hochansehnlichen Reichs-Friedens-Deputation zu Einstellung dieser neuen Kriegs-Bedrückung zu reclamiren.

Er glaubte indessen um so mehr damit zurückhalten zu können, als die bereits von Hochderselben im Allgemeinen zu diesem Zweck gethane Einschreitungen und die darauf erfolgte beruhigende bereits mit Dank erkannte Versicherung der bevollmächtigten Minister der französischen Republik ihn zu der sichern Erwartung berechtigten, daß nunmehr endlich der unglaubliche Kriegs-Druck, worunter das Herzogthum Westphalen nebst andern occupirten Reichs-Landen seufzet, aufhören, mithin die neuern Contributions- und Requisitions-Ausschreibungen von selbst hinwegfallen würden. Leider enthält aber das fernere anliegende Ausschreiben der französischen Kriegs-Commissärs an die Deputirten des Herzogthums Westphalen vom 24. Nivose (13. Jenner 1799.) die traurige Gewißheit, daß auch diese neue

Contributionen und Requisitionen durch militärische Execution, welche in diesem Augenblick bereits wahrscheinlich angelegt ist, beygetrieben werden sollen, und die niederschlagende Versicherung, daß das der Wille des Vollziehungs-Direktoriums zu Paris sey. Es ist schmerzlich und empörend zugleich für alle aufrichtige Freunde des Friedens zu sehen, daß in derselben Zeit, wo die französische Regierung ihre friedliche Gesinnungen gegen das Reich durch ihre hiesige Bevollmächtigten Minister bey allen Gelegenheiten erklären läßt, ihre Agenten die von den französischen Truppen besetzten Reichs-Lande bis auf den letzten Blutstropfen aussaugen. Nur Augenzeugen können sich einen Begriff von dem Druck und der Erschöpfung machen, worunter die unschuldigen Bewohner der occupirten Reichs-Lande und insbesondere die Bewohner des an innern Hülfsquellen so armen Herzogthums Wesphalen, seit dem die Einstellung der Feindseligkeiten verordnenden Waffenstillstand von Leoben erliegen. Es ist endlich Zeit daß dieser Mittel-Zustand zwischen Krieg und Frieden, zehnfach drückender als offener Krieg aufhöre, und den Bewohnern des rechten Rheinufers wenigstens der Vorgeschmack des Friedens zu Theil werde, für dessen verschobenen Abschluß die Unschuldige leiden zu lassen, sich nicht ohne das Gefühl der himmelschreiendsten Ungerechtigkeit gedenken läßt.

Unterzeichneter entledigt sich demnach des besondern von seinem höchsten Committenten ihm ertheilten Auftrags, indem er die Hochansehnliche Reichs-Friedens-Deputation bringendst ersucht, die nachdrücklichsten

Maaßregeln zu ergreifen, um die unverzügliche Einstellung der auf dem rechten Rheinufer neuerdings ausgeschriebenen Contributionen und Requisitionen zu bewirken.

Rastatt, den 19. Jenner, 1799.

Graf zu Erbach.

Neunter Abschnitt.

Friedens-Instruments-Projecte.

50. **Erstes Friedensproject des Directorial-Gesandten Freyherrn von Albini.**

Ihro Majestät der Römische Kaiser und das deutsche Reich auf der einen, dann die fränkische Republik auf der andern Seite, von dem Verlangen lebhaft beseelt, durch einen festen, unverbrüchlichen Frieden den bisherigen Feindseligkeiten ein Ende zu machen, haben, um dießfalls in Unterhandlungen zu treten, und diesen Frieden abzuschließen, zu ihren Bevollmächtigten ernannt, und zwar

Se. Kaiserl. Majestät ⎤ hier werden der Kaiserl. Plenipo-
Das deutsche Reich: ⎬ tentiarius, die Reichs Deputirte,
Die fränkische Repu- ⎥ Stände und ihre Subdelegirte und
blik ⎦ die fr. Ges. namentlich genannt,

und sind beiderseits Bevollmächtigte, nachdem die respective Vollmachten gehörig ausgewechselt worden, über folgende Artikel übereingekommen.

1) Zusage von Friede und Freundschaft, und sorgfältige Vermeidung alles Anlasses zu neuen Feindseligkeiten und Mishelligkeiten.

2) Der Rheinstrom macht künftig die Gränze zwischen dem deutschen Reich und Frankreich, und zwar dergestalt, aus, daß der Thalweg des Flusses beyde Staaten scheidet; am Unterrhein ist diese Gränze nach dem Königl. Preußischen Churbrandenburgischen Pro Memoria d. d. den 15. Jun. noch näher bestimmt.

3) Eben dieser Thalweg des Rheinstroms bestimmt auch die Hoheits-Gränze zwischen beyden Staaten mit

Vorbehalt des jetzigen Besitzstandes des Privat-Eigenthums.

(Was wegen Cassel, Kehl, dem Fort Mars, der Peters-Aue, Ehrenbreitstein, und einigen von Frankreich bereits vor dem Krieg diesseits des Thalwegs besessenen Inseln sowohl als wegen künftiger Veränderung hier in das Friedens-Instrument einzuschalten ist; dies hängt noch von dem künftigen Concluso ab.)

4) Verbot einseitiger, dem Rheinstrom eine andere als die bisherige Richtung gebender, Wasser Gebäude. Unterhaltung und gemeinsamer Gebrauch der Leinpfade für beyderseitige Ufer-Bewohner.

5) Freye gemeinschaftliche Schiffarth auf dem Rhein für beyde Staaten, Aufhebung aller Stapelgerechtigkeiten, Schiffer - Zunft-Zwangs und Rang-Schiffarth; Ausdehnung der freyen Schiffarth, auch auf die batavische Republik, und diesfallsige Uebereinkunft mit derselben.

6) Gleich nach Auswechselung der Ratifikation des Friedens-Traktats wird man die Unterhandlung über einen Handels und Schiffarths-Traktat anfangen, auch sich über künftige Bestimmung wegen der Rhein-Zölle vereinigen; bis dahin bleiben diese in statu quo.

7) Feyerliche Verzicht-Leistung von Kaiser und Reich auf alle und jede deutsche auf der linken Rhein-Seite, und der zweyten bestimmten Gränze gelegenen Lande mit allen darauf haftenden Souverainitäts-Rechten und Zuständigkeiten.

8) Reciproque Verzichtleistung von Seiten der fränkischen Republik auf alle und jede Ansprüche, Rechte, Besitzungen und Gefälle in den deutschen Landen des rechten Rheinufers, welche etwa von den abgetretenen Landen hergeleitet werden könnten.

9) Die fränkischen Truppen haben das rechte Rhein-Ufer zu verlassen.

10) Die deutschen Reichs-Stände, und ihre Familien, Reichs-Ritterschaft, Reichs-Angehörigen, so wie alle und jede Unterthanen, behalten ihr Privat-Eigenthum in den abgetretenen Landen, und die freye Disposition darüber, sie mögen dort seßhaft oder ausgewandert seyn; umgekehrt gilt auch dieses bey den fränkischen Bürgern wegen ihrer Besitzungen im deutschen Reich.

11) Binnen einer zu bestimmenden Zeitfrist steht jedem frey, seine Haabe zu veräussern, und den Erlöß daraus, wie auch alle anfallenden Erbschaften, ohne irgend eine Taxe, Enregistrement, Nachsteuer, Abgabe, mit und an sich zu ziehen, und zu exportiren.

12) Eben so frey ist die persönliche Auswanderung binnen einer zu bestimmenden Frist; nach deren Verlauf aber treten die Emigrationsgesetze und die wegen Vermögens-Exportation bestehende Verordnungen und Taxen jeden Landes in ihre volle Kraft ein.

13) Die fränkische Republik wird dafür sorgen, daß die Personen, welche vor dem Krieg in den Landen der linken Rhein-Seite im Besitz von Zehnten, Gülten und andern rentes foncieres waren, für diese ihre Gerechtsame entschädiget werden.

14) Alles Privat-Eigenthum, welches vor oder während dieses Krieges in den cedirten Landen sequestrirt, confiscirt, oder als Eigenthum der fränkischen Nation behandelt worden ist, soll ohne Ausnahme seinen vorigen Besitzern wieder zurückgestellt, oder Ersatz dafür geleistet, auch das fränkische Emigrationsgesetz auf die neue cedirte Provinzen und ihre Ausgewanderte nicht angewendet, sondern diesen freye Rückkehr

Vorbehalt des jezigen Besitzstandes des Privat-Eigenthums.

(Was wegen Cassel, Kehl, dem Fort Mars, der Peters-Aue, Ehrenbreitstein, und einigen von Frankreich bereits vor dem Krieg diesseits des Thalwegs besessenen Inseln sowohl als wegen künftiger Veränderung hier in das Friedens-Instrument einzuschalten ist; dies hängt noch von dem künftigen Concluso ab.)

4) Verbot einseitiger, dem Rheinstrom eine andere als die bisherige Richtung gebender, Wasser Gebäude. Unterhaltung und gemeinsamer Gebrauch der Leinpfade für beyderseitige Ufer-Bewohner.

5) Freye gemeinschaftliche Schiffarth auf dem Rhein für beyde Staaten, Aufhebung aller Stapelgerechtigkeiten, Schiffer - Zunft-Zwangs und Rang-Schiffarth; Ausdehnung der freyen Schifforth, auch auf die batavische Republik, und dießfallsige Uebereinkunft mit derselben.

6) Gleich nach Auswechselung der Ratifikation des Friedens-Traktats wird man die Unterhandlung über einen Handels und Schiffarths-Traktat anfangen, auch sich über künftige Bestimmung wegen der Rhein-Zölle vereinigen; bis dahin bleiben diese in statu quo.

7) Feyerliche Verzicht-Leistung von Kaiser und Reich auf alle und jede deutsche auf der linken Rhein-Seite, und der zweyten bestimmten Gränze gelegenen Lande mit allen darauf haftenden Souverainitäts Rechten und Zuständigkeiten.

8) Reciproque Verzichtleistung von Seiten der fränkischen Republik auf alle und jede Ansprüche, Rechte, Besitzungen und Gefälle in den deutschen Landen des rechten Rheinufers, welche etwa von den abgetretenen Landen hergeleitet werden können.

9) Die fränkischen Truppen haben das rechte Rhein-Ufer zu verlassen.

10) Die deutschen Reichs-Stände, und ihre Familien, Reichs-Ritterschaft, Reichs-Angehörigen, so wie alle und jede Unterthanen, behalten ihr Privat-Eigenthum in den abgetretenen Landen, und die freye Disposition darüber, sie mögen dort seßhaft oder ausgewandert seyn; umgekehrt gilt auch dieses bey den fränkischen Bürgern wegen ihrer Besitzungen im deutschen Reich.

11) Binnen einer zu bestimmenden Zeitfrist steht jedem frey, seine Haabe zu veräussern, und den Erlöß daraus, wie auch alle anfallenden Erbschaften, ohne irgend eine Taxe, Enregistrement, Nachsteuer, Abgabe, mit und an sich zu ziehen, und zu exportiren.

12) Eben so frey ist die persönliche Auswanderung binnen einer zu bestimmenden Frist; nach deren Verlauf aber treten die Emigrationsgesetze und die wegen Vermögens-Exportation bestehende Verordnungen und Taxen jeden Landes in ihre volle Kraft ein.

13) Die fränkische Republik wird dafür sorgen, daß die Personen, welche vor dem Krieg in den Landen der linken Rhein-Seite im Besitz von Zehnten, Gülten und andern rentes foncieres waren, für diese ihre Gerechtsame entschädiget werden.

14) Alles Privat-Eigenthum, welches vor oder während dieses Krieges in den cedirten Landen sequestrirt, confiscirt, oder als Eigenthum der fränkischen Nation behandelt worden ist, soll ohne Ausnahme seinen vorigen Besitzern wieder zurückgestellt, oder Ersatz dafür geleistet, auch das fränkische Emigrationsgesetz auf die neue cedirte Provinzen und ihre Ausgewanderte nicht angewendet, sondern diesen freye Rückkehr

in ihre Wohn-Orte und Disposition über ihr dortiges Vermögen gestattet werden.

15.) Vollkommene Vergessenheit und Amnestie auf beyden Seiten mit allen ihren Wirkungen.

16.) Wer ohne Verschulden durch die neue Einrichtungen, Besoldung, Beneficien, Emolumente und Einkünfte verliert, und von dem fränkischen Gouvernement nicht anderwärts wieder placirt wird, enthält von demselben eine billigmäßige Entschädigung.

17.) Alle Dependances auf dem linken Rheinufer von geistlichen Etablissements auf dem rechten verbleiben der fränkischen Republik, und sic vice versa.

18.) Personen geistlichen Standes, welche durch die neue Einrichtungen, Organisation oder Suppression, verlieren, erhalten Entschädigung oder Versorgung von demjenigen Gouvernement, welches sie supprimirt.

19.) Unter geistlichen Etablissements oder Körperschaften werden auch die sogenannten pia corpora, als Universitäten, Schulanstalten, Seminarien, Wittwen-Instituten, Hospitäler, Armen-Anstalten, Waisen-Häuser, u. s. w. verstanden, und einstweilen bis auf nähere Bestimmung nach Art. 17. behandelt; jedoch ist billig, daß Local-Stiftungen, wie Partikuliers, nach Art. 10, ihr Vermögen auf beyden Seiten des Rheins behalten, hingegen die Güter und Einkünfte der, für ganze Lande bestimmt gewesenen frommen Stiftungen, zwischen der fränkischen Republik und ihren vorigen Landesherren, nach dem Verhältniß getheilt werden, nach welchem das Land an jedes Gouvernement gekommen ist.

20.) Die Wittwen und Waisen-Institute insbesondere, welche in den nunmehr gänzlich abgetretenen Landen errichtet sind, haben fortan, nach den Statuten und Gesetzen dieser Anstalten, ihre Obliegenheiten gegen ihre Theilhaber und deren Wittwen und Waisen zu erfüllen, und hingegen diejenigen, in Landen, welche nur zum Theil an die fränkische Republik abgetreten werden, theilen ihre Fonds und Capitalien nach Verhältniß und Anzahl der Participanten unter letztere.

21) Die fränkische Republik übernimmt die Cameralschulden der Reichsstände, deren Lande an sie cedirt worden. Die Unterpfänder bleiben den Gläubigern verhaftet; Zinsen, und Capital-Zahlung geschieht ganz in baaren vollgültigen Zahlungs-Mitteln auf die Zeit, welche die Schuldverschreibung bestimmt, ohne Rücksicht auf den Aufenthaltsort des Gläubigers und ohne irgend einen Abzug.

22) Die Bestimmungen gelten auch von den Cameral-Schulden der Stände, deren Lande nur zum Theil abgetreten werden; jedoch nur pro rata.

23) Schulden von einzelnen Gemeinden, Ortschaften, Städten, Corporationen, Aemtern, Landständischen Versammlungen und ganzen Landen, bleiben den Schuldnern in den verhypothecirten Gegenständen, nach wie vor, zur Last.

24) Wegen des Kriegs angelegte Sequester und Zahlungs-Verbote sollen vom Tag der Ratifications-Auswechselung, an beyden Seiten aufgehoben seyn.

25) Die fränkische Republik macht auf die in gegenwärtigem Krieg gemachten Geld- und Naturalien-Requisitionen, Contributionen und andere Forderungen, insofern solche nicht geleistet worden, keinen weitern Anspruch.

26) Jeder Einwohner der cedirten Lande bleibt in Ausübung der christlichen Religion ungestört, und das zum Gottesdienst bestimmte Vermögen der Kirche unversehrt.

27) Beyderseitige Kriegsgefangene und Geissel, werden 14. Tage nach Auswechslung der Ratification zurückgegeben.

28) Alle vor Justizstellen noch hängende bürgerliche Prozesse der Einwohner der cedirten Lande, sie mögen Kläger oder Beklagte seyn, sollen da, wo sie pendent sind, entschieden und die Urteln von dem frakisischen Gouvernement exequirt werden; wenn alle beyde zu den cedirten Landen gehörten und ihre Akten zurückverlangen, so sollen ihnen solche ausgefolgt werden.

29) Dies gilt auch von Auslieferung der Original-Akten beym Kammer-Gericht, wenn sämmtliche Partheyen es verlangen. Hingegen stellt auch die frakisische Republik dem deutschen Reich, die noch zu Straßburg befindliche Reichs-Kammer-Gerichtliche Akten wieder zu.

30) Dem Reichstag und Reichs-Kammer-Gericht und ihren Aufenthaltsorten, wird für alle künftige Fälle eine unverletzliche Neutralität und durchgängige Einquartierungs-Freyheit bedungen und zugestanden.

31) Alle vorstehende Artikel erstrecken sich auch auf die in Elsaß und Lotharingen betheiligte Stände und Angehörigen des Reichs und deren Besitzungen, insofern solche auf sie Anwendung leiden. Insbesondere erhalten sie

a) Wegen des durch die Revolution erlittenen Verlusts verhältnißmäßigen Schadensersatz.

b) Zurückgabe ihres Eigenthums oder Vergütung und freye Disposition darüber.

c) Eben so auch ihre Diener und angehörige Personen, wovon die auf die Emigranten-Liste gesetzten wieder ausgestrichen werden sollen.

d) Wegen der besondern Rechtsverhältnisse und verschiedener Zuständigkeiten, welche einige dieser Stänbe und Angehörige des Reichs durch die vorigen Reichs-Friedens-Schlüsse und letteres patentes erlangt haben, soll eine eigene Uebereinkunft getroffen werden.

32) Beyde Staaten beobachten künftig gegen einander das nämliche Ceremoniel und Etiquette, wie vor Ausbruch des Krieges.

33) Kaiser und Reich verzichten zu Gunsten der mit Frankreich alliirten Republiken auf alle in deren Gebieten habende Rechte und Ansprüche, jedoch mit Bedingung der reciproken Verzichtsleistung dieser Republiken gegen Kaiser und Reich und mit Vorbehalt der Proprietäten, Besitzungen und Gerechtsame, welche die Stände und Mittel- und Unmittelbaren des Reichs in dem Gebiet der Republiken oder die Bürger dieser Republiken im deutschen Reich besitzen und hergebracht haben.

34) Das deutsche Reich willigt für den, auf dem linken Rheinufer entstehenden Verlust in die verlangte, durch Secularisationen zu erzielende Entschädigungen, jedoch dergestalt ein, daß dabey mit allen denjenigen Maasregeln und beschränkenden Vorschriften eingeschritten werde, welche zu Erhaltung der Constitution des deutschen Reichs in jeder Hinsicht, auch zu Wiederherstellung und Befestigung des darauf gegründeten Wohls der Stände und Reichs-Angehörigen und Unterthanen, wesentlich erfoderlich sind.

(Hier müssen nun die weitern Artikel folgen, welche sich auf das Entschädigungswesen, auf die Friedens-Exekution und Auswechselung der Ratificationen beziehen.)

51. Tabellarische Ueberſicht des Reichs-Friedens-Inſtruments von der Bremiſchen Subdelegation.

I. Allgemeine Artikel.
  1. Friede und Freundſchaft, Art. I.
  2. Einſtellung der Feindſeligkeiten. Art. II.
  3. Amneſtie. Art. III.
  4. Zurückgabe der Gefangenen. Art. IV.

II. Beſondere und Hauptartikel.
A) Frankreich räumt das rechte Rheinufer. Art. V.
B) Das Reich cedirt das linke Rheinufer und nimmt den Rhein zur Grenze an. Art. VI.

Bedingungen.
1. In Anſehung der cedirten Länder jenſeits des Rheins, im

  a) Weltlichen.
    1) Das Reich entſagt ſeinen Rechten auf dieſe Provinzen, und Frankreich entſagt den Rechten derſelben gegen das Reich. Art. VII.
    2) Auch die Landeshoheit, Regalien et droits seigneuriaux werden an Frankreich abgetreten. Art. VIII.
    3) Hingegen die Reichs-Ritterſchaft, und alle Privat-Eigenthümer werden mit Aufhebung alles Verfahrens wider ſie — der Emigration halber — in dem Beſitze ihres Eigenthums zu laſſen, oder wieder eingeſetzt. Art. IX.
    4) Doch mit Vorbehalt der Zehnten und Lehenrechte, wofür Frankreich ſie entſchädigt. A. X.

5) Auch Eigenthümer, welche diesseits des Rheins wohnen, können ihr jenseitiges Eigenthum frey benutzen. Art. XI.
6) Sie haben die Wahl es zu behalten oder zu verkaufen. Art. XII.
7) Freyheit der Emigration für alle Einwohner. Art. XIII.
8) Rechte auf den künftigen Erwerb der Erbschaft u. s. w. Art. XIV.
9) Rechte der Städte in den cedirten Provinzen. Art. XV.
10) Bestätigung aller bisher geschlossenen Contracte. Art. XVI.
11) Passiv-Schulden. Art. XVII.
12) Rechtshängige Prozesse. Art. XVIII.
13) Auslieferung der Archive. Art. XIX.

  b) Im Geistlichen.
1) Freye Uebung der Religion. Art. XX.
2) Kirchengüter, fromme Stiftungen. Art. XXI.
3) Geistliche Gerichtsbarkeit, Diöcesan-Rechte. Art. XXII.
4) Dependances ecclesiastiques. Art. XXIII.

2. In Ansehung des Lothringens und Elsaß. Artikel XXIV.
3. In Ansehung der Rhein-Grenze:
  a) Die Bestimmung derselben. Art. XXV.
  b) Schifffahrt, Benutzung und Unterhalt des Rheins und seiner Ufer. Art. XXVI.
  c) Rheinzölle. Art. XXVII.

C) Renunciationen Frankreichs auf alle diesseits des Rheins belegenen Güter, Ansprüche, u. s. w. Art. XXVIII.

D) Das Reich verspricht die Verlierenden auf dem rechten Rheinufer allenfalls mittelst Secularisation zu entschädigen. Art. XXIX.

E) Frankreich entsagt allen seinen Ansprüchen auf rückständige Kriegs-Contributionen. Art. XXX.

F) Kehl und Cassel und alle Verschanzungen auf dem Rhein sollen geschleift werden. Art. XXXI.

G) Neutralitäts-Rechte in künftigen Reichs-Kriegen. Art. XXXII.

III. Allgemeine Erinnerung und Bestätigung der vorigen Friedens-Schlüsse. Art. XXXIII.

IV. Ratificationen. Art. XXXIV.

Zehnter Abschnitt.

Noten welche zwischen den Französischen Gesandten und einzelnen Ständen, auch den Königl. Preuß. und Kaiserl. Königl. Ministern gewechselt sind.

52. **Vorstellung einiger betheiligten Partikular-Abgeordneten an die Bevollmächtigten Minister der französischen Republik, vom 26. August, 1798.**

Les Soussignés ont l'honneur de prevenir les Ministres plénipotentiaires de la République Française qu'ils viennent de remettre à la Députation de l'Empire une note, par laquelle ils la sollicitent vivement d'accélérer la pacification de l'Empire. Ils se flattent que les Ministres de la République voudront bien se convaincre, qu'ils ont employé tous leurs efforts pour rendre cette démarche éfficace et pour atteindre le but bienfaisant et généralement desiré.

Penetrés de la plus juste confiance dans les sentimens d'équité et d'humanité des Ministres de la République Française, les soussignés s'abstiennent de retracer le tableau affligeant des malheurs sans nombre qui pèsent depuis 7. années sur l'Allemagne, et plus particuliérement sur les pays de leurs Commettans, les sacrifices enormes qui ont été la suite de cette guerre desastreuse sont connues, et le desespoir des habitans de ces contrées seroit à son comble, si l'atante d'un meilleur avenir ne les relevoit.

Les soussignés en reclamant par les sollicitations les plus pressantes les Ministres plénipotentiaires de la République Française de vouloir concourir efficacement à la pacification, se promettent qu'ils ne se refuseront pas à envisager cette demarche comme une nouvelle preuve des voeux qui animent les princes et états de l'Empire pour la plus promte conclusion de la paix. Ils osent espèrer que les Ministres plénipotentiaires de la République Française en deferant à cette instante réclamation voudront prouver de leur côté que ce n'est point en vain, mais avec une confiance bien fondée, qu'on ne cesse de compter sur la générosité d'une grande nation qui rehaussera l'éclat de sa puissance en aportant des adoucissemens aux conditions dont depend l'accomplissement de leurs voeux.

Les soussignés ont l'honneur d'offrir aux Ministres plénipotentiaires de la République Française l'hommage de leur haute consideration.

Signé, le Baron de Rechberg.
de Pappenheim.
de Kruse.
de Reitzenstein.
le Comte de Solms.

53. **Note des französischen Chargé d'Affaires, B. Alquier. München, den 21. Nov. 1798.**

Unterzeichneter Chargé d'Affaires der französischen Republik bey Sr. Churfürstl. Durchlaucht von Pfalzbaiern kann nicht länger anstehen, im Namen seiner Regierung die Ausführung des Waffenstillstands-Traktats zu reclamiren, der am 21. Fructidor des 4. Jahrs der Republik zwischen dem General Moreau, Commandanten en Chef der französischen Armee, und den Commissarien Sr. Churfürstl. Durchlaucht ist abgeschlossen worden. Alle Bedingungen, die der Commandant der französischen Truppen eingieng, sind genau erfüllt; das Eigenthum ist von den Truppen der Republik respectirt und selbst beschützt; der Gottesdienst, die Gesetze und die Constitution des Staats sind nicht im geringsten verletzt, und in allen Theilen der Länder Sr. Durlaucht ist die friedliche Ruhe aufs völligste wieder hergestellt worden. Dagegen hat man aber noch keine Bedingungen in Ausführung gebracht, die für die Bayersche Regierung verpflichtend waren, und seit länger als 2. Jahren, seit welchen Sr. Durchlaucht die glücklichen Folgen des Waffenstillstandes geniessen, haben Sie das völligste Stillschweigen über die Verbindlichkeiten beobachtet, welche die Commissarien in Ihrem Namen geschlossen haben. Auf den Eifer, womit der General der französischen Armee den friedlichen Gesinnungen Sr. Durchlaucht beytrat, hat die Republik den ausgezeichnetsten Beweis ihres Wunsches folgen lassen, die Bande wieder zu knüpfen, die vormals zwischen den beyden Mächten bestanden. Der Resident derselben erhielt den Auftrag, die ausgedehntesten Entschädigungen für den durch den Krieg verursachten Verlust anzubieten. Er erklärte selbst, daß das vollziehende Direktorium seine Einwilligung dazu geben würde, die völlige Vollziehung des Waffenstillstands=Traktats nicht zu verlangen, und daß man von dessen Ergebenheit gegen die Bayersche Regierung eine Verringerung der stipulirten Summe erhalten würde, wenn der Gesandte Sr. Durchlaucht auf dem Congreß die Ordre erhielte, die Absichten Frankreichs zu unterstützen, und Europa einen nahen Frieden, Bayern einen Zuwachs an Macht, und dem deutschen Reich eine wahre Unabhängigkeit zu verschaffen. Unterzeichneter will nicht alle Sachen in Erinnerung bringen, welche beweisen, daß das Conseil Sr. Durchlaucht, weit entfernt, mit gehöriger Theilnahme solche für Bayern so vortheilhafte Vorschläge anzunehmen, und den zuvorkommenden Schritten voller Freymüthigkeit, wo von die französische Republik das Beyspiel gab, zu entsprechen — seine Grundsätze beständig dem Willen der Feinde Frankreichs untergeordnet hat, und daß täglich Zurüstungen, die mit diesen Mächten verabredet worden, den gefaßten Entschluß anzeigen, die Projecte derselben zu unterstützen, und an ihrer Sache Theil zu nehmen. Unterzeichneter wünscht, daß die Bayersche Regierung, durch die Folge der Begebenheiten aus dem Irrthum gerissen, zu einem System zurückkehren möge, das ihrem wahren Interesse angemessener ist. Er begnügt sich für jetzt, die unwiderleglichen französischen Ansprüche zu reclamiren, die durch die Gewalt der Waffen erworben, und durch eine förmliche Convention feyerlich bestätigt worden. Die gegenwärtigen Umstände machen es ihm selbst zur Pflicht, die schleunigste Ausführung des Waffenstillstandes zu verlangen. Se. Durchlaucht haben von dem Pabst eine Bulle erhalten, die Ihnen erlaubt 15. Millionen Gelder von den Gütern der Geistlichkeit zu erheben; eine um so schätzbarere Erlaubniß, da sie die Quellen nicht verstopft, woraus geschöpft wird, und die reichen Besitzungen des Maltheser-Ordens und der Capitel, die durch die Bulle von dem zu besteurenden Eigenthum förmlich ausgenommen werden, künftig den Gegenstand einer neuen Ansuchung und die Nahrung für neue Bedürfnisse ausmachen können. Die im Namen Sr. Durchlaucht bisher erhobenen Zehnten ꝛc. sollen verkauft werden. Eine so beträchtliche Verbesserung der Finanzen setzt die Regierung in die glückliche Möglichkeit, ihre Verpflichtungen zu erfüllen, und es giebt keine derselben, die dringender und heiliger, als diejenige ist, welche sie mit der französischen Republik contrahirt hat. Unterzeichneter ersucht demnach den Herrn Grafen von Vieregg, zufolge des Traktats von Pfaffenhoven, sobald als möglich die stipulirten Summen an die franz. Regierung oder an die Agenten bezahlen zu lassen, die sie dazu bestellen wird. Er hat dabey die Ehre, den Herr Grafen von Vieregg seiner hohen Achtung zu versichern.

54. Antwort des Churfürstlichen Staats-Ministers Grafen von Vieregg. München, den 30. November, 1798.

Indem der Bürger Alquier mit aller der Achtung, die einem Particulier gebührt, den seine Regierung mit ihren Aufträgen beehrt, und mit all dem Zutrauen zu München aufgenommen wurde, welches seine persönlichen Eigenschaften — verbunden mit den günstigen Erklärungen, die er wiederholt über die freundschaftlichen und großmüthigen Gesinnungen seiner mächtigen Nation gegen das Pfalz-Bayersche Haus geäussert hat — gleich anfangs einflößten, hatten sich Se. Churfürstl. Durchl. beständig geschmeichelt, daß — weit entfernt, unmittelbar die Verlegenheiten zu vermehren, die einige unruhige Köpfe unter Ihren Unterthanen allen Finanz-Operationen entgegenzusetzen suchen, welche die unglücklichen Umstände des Kriegs und der Verlust der Hälfte der Churfürstlichen Länder und Einkünfte nothwendig gemacht haben — daß, weit entfernt, jene Verlegenheiten zu vermehren, indem man im voraus die Reßourcen reclamire, die kaum entworfen worden, um den füglichen und dringenden Bedürfnissen des Staats abzuhelfen — der Bürger Alquier alle Details der innern Administration von Bayern der Weisheit der Churfürstl. Regierung überlassen, und daß er — den Grundsätzen so treu, die er zu Anfange geäussert hat — stets sein Ohr den hinterlistigen Eingebungen übel unterrichteter Intriganten verschliessen würde, die alle Schritte des Churfürsten und selbst seine künftigen Absichten auf ihre Art auszulegen suchen. Auch wird Unterzeichneter, so wie alle Mitglieder der Bayerschen Regierung, dem weisen und völlig honnetten Betragen, so wie dem artigen Benehmen mit Vergnügen stets Gerechtigkeit wiederfahren lassen, wodurch sich der Bürger Alquier bisher die Achtung des Publikums und der Churfürstl. Minister gesichert hat, wobey man auf eine gerechte Reciprocität zu eifersüchtig ist, um ihn nicht gegen die strafbaren Absichten der obenerwähnten Uebelgesinnten zu prämuniren.

„Unterzeichneter wiederholt bey dieser Gelegenheit dasjenige, was er so oft erklärt hat: Daß Se. Churfürstliche Durchlaucht, indem Sie alle die Pflichten erfüllen, die Ihnen Ihre Eigenschaft als Reichsfürst und die Vertheidigung Ihrer Unterthanen auflegen, nie aufgehört

gehört haben, bey jeder Gelegenheit Ihren aufrichtigen Wunsch erkennen zu geben, das Elend, worunter die Menschheit seufzt, durch den Abschluß eines gerechten, festen und dauerhaften Friedens beendigt zu sehen, zu dessen Beförderung Sie zu Rastadt größere und empfindlichere Opfer gebracht haben, als irgend ein anderer Souverain. Auch wird es sicherlich nicht ihre Schuld seyn, wenn dieser so sehr gewünschte Friede noch länger verzögerte, die alten Bande wieder herzustellen, die so lange zwischen der französischen und der Pfalz-Bayerschen Regierung bestanden haben".

„Was den Traktat von Pfaffenhoven betrift, über dessen Vollziehungsart so vieles zu sagen wäre, so begnügt sich Unterzeichneter, dem B. Alquier zu bemerken, daß die Contributionen, Requisitionen und andere Militär-Lieferungen, die seit der Zeit in den verschiedenen, von den franz. Truppen besetzten Staaten des Churfürsten gefordert worden, bey weitem die Prätensionen übersteigen, die aus jenem Traktat herrühren".

Uebrigens steht diese Discussion mit den Unterhandlungen zu Rastadt, wo das Interesse der Angelegenheiten der Reichsfürsten mit der franz. Republik concentrirt zu seyn scheint, in so genauer Verbindung, daß man, besonders in dem gegenwärtigen Augenblicke, wo die Hauptschwierigkeiten, die den Reichs-Frieden verzögerten, beygelegt zu werden scheinen — nicht hätte erwarten sollen, jenen Gegenstand zu München durch den B. Alquier wieder aufs Tapet gebracht zu sehen, welcher übrigens ersucht wird, diese vertraulichen Bemerkungen mit der Versicherung der vorzüglichen Hochachtung des Unterzeichneten aufzunehmen.

v. Vieregg.

VI. Q.

55. **Note der Preußischen Gesandtschaft an die französischen Minister, vom 17. May, 1798.**

Le Roi a appris avec une extrême surprise les demandes aussi nouvelles qu'inattendues, formées par la République françoise, depuis les négociations sur les deux bases, de la rive gauche, et des indemnités: telles que celle de transporter sur la rive droite du Rhin, les dettes des pays de la rive gauche; de donner des indemnités sur la rive droite à la noblesse immédiate: et que toutes les isles du Rhin et divers postes militaires soient cédés à la République. Mais surtout la demande de la démolition d'Ehrenbreitstein a été pour le Roi très-inattendue. S. M. se flatte que la France changera de résolution, et se départira d'elle même de ces demandes, si elle desire rester sur le même pied d'amitié et de bonne harmonie avec le Roi. Car la démolition d'Ehrenbreitstein et la possession d'autres postes militaires sur la rive droite du Rhin, annonceroient ouvertement le dessein de prendre une contenance offensive et menaçante contre l'Allemagne septentrionale, et d'obliger ; particuliérement le Roi,, à des mesures continuelles de précaution et défense. Le Roi est assurement bien oloigné de s'engager dans aucune nouvelle coalition contre la France; et S. M. est persuadée que la République, de son côté, ne voudra point par une contenance offensive, menacer la tranquillité de autres étais.

56. **Entwurf des Cessions-Vertrags wegen der Preußischen Lande jenseits des Rheins, zu Anfang Juny, 1798.**

S. M. l'Empereur ayant consenti, pour rétablir la paix, à la cession de la rive gauche du Rhin, la Prusse ne veut pas différer plus long temps à céder ses possessions situées de ce côté du fleuve; mais sous la réserve d'une indemnité suffisante sur la rive droite, et aux clauses et conditions suivantes.

1) S. M. renonce à la Gueldre prussienne, Moers, Creveld, et à la partie du duché de Cleves située sur la rive gauche. Le Rhin gardant son vrai lit dans le canal de Buderich, sera à l'avenir la frontière entre la France et la Cleve prussienne jusqu'à Pandern, et dela le Waal, de la même manière qu'entre la France et l'Empire germanique. 2) La République en prendra possession pour toujours, avec tous les droits de souveraineté et de propriété, ainsi que des domaines territoriaux, revenus etc. 3) Pour prévenir toute contestation, la Prusse renonce à toutes pretentions sur les pays cedés, et la France à tous droits de subrogation qu'elle pourroit faire valoir, et à tous les droits des anciens possesseurs. 4) Comme les possessions prussiennes sur les deux rives du Rhin ont des archives communes, on les partagera convenablement. 5) Les dettes fondées et non fondées sur Moers, Creveld et la Gueldre, seront à la charge de la République. Celles qui sont hipothequées sur Cleves, seront supportées en commun par les deux puissances. 6) Les dettes des villes, villages, communautés, corporations, restent à la charge des domaines sur lesquels elles ont été faites. 7) L'intérêt commun exige que le Rhin ait un cours determiné par des travaux hydrotechniques. 8) La navigation, la pêche et le trajet, seront libres pour les habitans des deux rives. A l'égard des péages et du transit, ils seront reglés par une commission speciale, qui sera nommée en commun. 9) Toutes les propriétés particu-

lieres demeureront intactes et invariables. Cela s'entend des possesseurs tant absens que présens. 10) De même que l'intégrité de tous les états et corporations etc. qui ne sont pas contraires au but de la société. 11) De ce nombre sont les réunions en commun de certains districts pour l'entretien du culte; en cas qu'elles ne soient pas abolies ou contraires au bien de l'état. Les établissemens pour les pauvres, les veuves et orphelins conserveront leurs propriétés mobiliaires et immobiliaires. 12) Les communautés religieuses, qui n'ont pour but ni le culte public, ni l'éducation, pourront être supprimées; mais de manière que l'on assure un sort à chaque individu; leurs pensions seront proportionnées aux revenus. Si la république veut les éloigner de son territoire, il leur sera libre de s'établir dans les pays prussiens. 13) Les villes, villages, corporations tant écclesiastiques que laïques, sur la rive droite, conserveront toutes leurs propriétés sur la rive gauche, moyennant qu'ils se soumettront aux loix de l'état. 14) Si le gouvernement supprime une corporation établie sur son territoire, les propriétés qu'elle aura sur l'autre rive du Rhin, demeureront au souverain sur le territoire duquel elles se trouvent, et réciproquement. 15) Les dixmes sur les deux rives du Rhin seront supprimées, moyennant une indemnité équitable. 16) Les possesseurs de biens francs d'impositions, seront indemnisés par des capitaux ou des propriétés pour pouvoir supporter les impôts. 17) On pourra disposer librement de toute espèce de propriétés. 18) Il sera libre aux habitans, corporations etc. des pays cedés, de vendre leurs propriétés dans l'espace de 5. ans, et d'en transporter la valeur sur la rive droite. 19) Liberté du culte. 20) Tous les employeés civils conserveront leurs places, ou seront indemnisés. 21) Les employés du Roi, qui ne voudront pas rester, auront la faculté de vendre leurs propriétés, pendant l'espace de 5. ans, et de se transportes sur la rive droite. 22) Tous les procés civils entre les habitans des pays cédés, seront portés devant les tribunaux françois. Tous contrats anterieurs à la cession seront valables. 23) S'il s'élève quelques doutes, ils seront interprètés en faveur des particuliers. 24) Le present traité aura son effet, aussitôt après la ratification. 25) Juques à cette époque, tous les revenus resteront au roi à l'exception de 80. mille livres, par mois, en conformité de la convention du 7 Juin 1797. 26) Une commission speciale nommée de part et d'autre, sera chargée de l'execution. 27) Si la république cède ces pays à d'autres puissances, elles seront tenues aux mêmes conditions.

57. Note der Königl. Preußischen Gesandtschaft wegen der Stadt und des Amts Hülßen, vom 19. Juny, 1798.

D'après des informations officielles adressées aux soussignés Ministres plénipotentiaires de Sa Majesté le Roi de Prusse au Congrès de Rastatt, les Commissaires de la République françoise sur la rive gauche du Rhin ne continuent pas seulement de faire précéder la cession formelle des provinces transrhénanes prussiennes de toutes sortes d'organisations d'autant plus prématurées, que le Roi s'étoit flatté de l'amitié du gouvernement françois, qu'on auroit égard à ses instances réitérées, pour suspendre en attendant toute organisation quelconque; mais ils prétendent même comprendre dans leurs prise de possession précipitée la ville et le baillage de Huissen, situés sur la rive droite du Waal, et dont par consequent la position est telle quelle ne sauroit en aucun cas constituer partie de la cession à faire des susdites provinces transrhénanes.

Dans la conviction où se trouve le Roi, que les principes d'équité du gouvernement françois ne lui permettront jamais de donner sa sanction à des mesures contraires à la justice, et que la prise de possession du district susdit ne sauroit provenir que d'une erreur des employés de la République, les soussignés munis d'ordres exprès pour cet effet, s'empressent de fournir ici les éclaircissemens suivans sur cet objet important.

Le Rhin, *en quittant le pays de Clèves*, passe en Hollande et prend le nom du Waal. Une autre branche qui avoit le nom du Bas-Rhin, est dessèchée depuis un siécle; ses eaux, qui passoient par cette branche, sont conduites depuis nombre d'années par un canal artificiel, qui commence bon du territoire de Clèves près le village hollandois Pandern, dont il a aussi le nom; cette branche passe également en Hollande par la seigneurie de Lymen ou le district de Sevenaar, qui est une appartenance indubitable du pays de Clèves, quoique enclavée dans le territoire hollandois. Dans ce district le baillage mentionné de Huissen est situé entre la rive gauche de ce canal de Pandern et la droite du Waal, de sorte qu'il paroît que les employés de la République ont pris ce canal pour le Rhin. Il est évident cependant que ce n'est que la continuation naturelle d'un fleuve qui peut être regardée comme son vrai lit, et cette continuation non interrompue ne se trouve que dans le Waal, ce que la carte géographique démontre présqu'à l'evidence. Ce n'est donc que ce dernier fleuve qui peut déterminer dans la suite la frontière entre les deux états, et nullement un canal artificiel, sujet au desséchement, répondant mal à l'idée d'une frontière naturelle dont le désir a fait la base des demandes de la République. — En conséquence de ce principe, les soussignés prient les Ministres plénipotentiaires de la république, de vouloir faire parvenir ces observations à leur Gouvernement sans perte de tems et effectuer par leur entremise qu'on veuille donner des ordres précis aux employés de la République, pour qu'ils ne se permettent sous aucun prétexte une transgression de la limite du Rhin, soit qu'il porte ce nom ou celui du Waal.

La justice évidente d'une demande qui n'a d'autre but que le maintien de l'ordre et de la bonne harmonie entre les deux états, ne sauroit échapper au Gouvernement éclairé de la République, et les soussignés se flattent, que les Citoyens Ministres plénipotentiaires seront bientôt à même de leur faire parvenir une réponse satisfaisante, qu'ils s'empresseront avec plaisir de mettre sous les yeux du Roi, comme une nouvelle preuve du désir de la République, de s'entendre amicalement avec Sa Majesté sur tous les objets, qui pourroient encore partager et intéresser l'opinion des deux gouvernemens.

Signé, Görtz.
Jacobi. K.
Dohm.

58. Note der Königl. Preußischen Gesandtschaft an die französischen Minister, vom 8. October, 1798.

Les soussignés Ministres plénipotentiaires de S. M. le Roi de Prusse ont vû avec une satisfaction particulière par la derniere note des Citoyens Ministres plénipotentiaires de la République françaisé, que touchés par la force des argumens exposés par la Députation de l'Empire, ils ont bien voulu consentir à l'abondon plénier des territoires de Kehl et Cassel, et s'en tenir, à quelque modification prés, à la premiere fixation des limites de la rive gauche du Rhin.

La Roi ne pourra qu'applaudir à la resolution condenscendante du Directoire exécutif sur cet objet si important pour le repos futur de l'Allemagne; mais il y en a d'autres dans la susdite note, où S. M. se trouvera entierement frustrée dans sa juste attente. Telles sont entr'autres dans le Nro. 1. l'adoption, qu'on qualifie rigoureuse, de l'ancien cours du Rhin, pour la limite réciproque, moyenant le Thalweg, ou le chemin de la navigation. Par cette explication on rejette ainsi entiérement celles contenues dans la note officielle remise par la legation du Roi en date du 19. Juin. Plus cette détermination, si elle étoit péremptoire, seroit contraire auy voeux et aux intérêts majeurs du Roi, plus les soussignés aiment à se persuader, qu'en prenant de nouveau en considération favorable les raisons détaillées dans la susdite note, relativement au vrai cours actuel du Rhin, les Ministres plénipotentiaires de la République françoise, se refuseront d'autant moins à déférér aux conclusions qu'elle présente en dernier résultat. Cette espérance est de plus fondée sur la circonstance connue qu'anciennement le Rhin portoit véritablement le nom de Waal. Un autre point lié plus ou moins à la détermination défavorable du Thalweg regarde le cours du Rhin vis-avis de Wesel.

Les soussignés ont eu l'honneur d'appeller à diverses reprises l'attention de la légation françoise sur l'importance extrême dont il est pour la conservation de la forteresse et de la ville de Wesel, que l'isle de Buderich formée par le canal qui dirige le cours du Rhin, de maniere qu'il la laisse à droite, reste à l'Empire, pour que les ouvrages hydrostatiques nécessaires à l'existence de l'une et de l'autre rive, puissent y être poursuivis et soignés avec la ponctualité qu'ils exigent. Un coup d'oeil jetté sur la carte géographique suffira pour constater la vraie position de cette isle; il prouvera jusqu'à l'evidence que tant s'en faut que le Roi, en exprimant itérativement ses desirs pour que cette isle reste à l'Empire, n'exige rien qui soit le moins du monde dérogatoire aux intérets de la France, qui plaident même la cause qu'on expose.

Il seroit donc superflu d'alléguer encore que le principe général de la conservation intacte des places sur la rive droite milite déjà pour les désirs du Roi dans cette occasion, et que cette place sera véritablement entre les mains de S. M. un gage réciproque du maintien de la paix entre les deux nations.

Tels sont les deux points principaux que les soussignés se voyent obligés de recommander de nouveau à l'attention toute particuliere des Ministres plénipotentiaires de la République françoise. C'est en les priant, dans le cas que leurs pleins-pouvoirs n'auroient pas assez de latitude pour le permettre de déférer là-dessus aux réprésentations des soussignés, de vouloir bien faire passer la présente note sous les yeux du Directoire exécutif en l'accompagnant d'un rapport favorable. L'amour de la paix, les sentimens d'humanité qui animent les Ministres plénipotentiaires de la Rép. franç. et qu'ils on manifestés tout récemment, permettent aux soussignés de nouveau d'avancer l'espoir si doux pour les coeurs sensibles, que dans la vue d'accélérer la conclusion de paix, ils accueilleront avec empressement, non seulement les instances susmentionnées par raport aux deux points qui viennent d'être exposés à leur profonde considération, mais qu'ils ne refuseront pas d'admettre des adoucissemens à plusieurs points de leur note qui touchent de si près les intérêts majeurs de la nation allemande.

Une prompte adhésion aux réprésentations des soussignés, ne pourra que servir essentiellement à resserrer de plus en plus les liens qui unissent déjà si heureusement le Roi et la République françoise. En finissant les soussignés expriment avec bien du plaisir leur haute considération pour les cit. Ministres de la République françoise.

59. Antworts-Note der französischen Minister, vom 13. Oktober, 1798.

Les soussignés ministres plénipotentiaires de la République française ont reçu le 18. vendémiaire présent mois, la note qui leur a été adressée par Mrs. les Ministres plénipotentiaires de S. M. le Roi de Prusse. Ils se sont empressés dans le tems de transmettre à leur gouvernement la note sur le même objet remise par la légation du Roi le 1. messidor de l'an 6.

Depuis, ils n'ont pas manqué de faire connoître aux membres de la légation la réponse précise qu'ils avoient reçue, et l'impossibilité où se trouvoit le gouvernement françois de condescendre au voeu de la Prusse. Les soussignés ne sauroient donc prendre sur eux de reproduire auprés du Directoire exécutif, des demandes sur lesquelles il s'est déclaré négativement, et de manière à leur faire régarder cet objet comme terminé. S. M. Prussienne et Mrs. ses Ministres plénipotentiaires sont trop justes, pour voir dans l'application d'un principe reconnu, et auquel la République elle même a fait tant de sacrifices, rien qui puisse affoiblir la bonne intelligence et les relations d'amitié que le Directoire exécutif aura toujours à coeur de conserver entre les deux Etats. Les Ministres plénipotentiaires de la Repub. franç. expriment avec plaisir leur haute considération pour Mrs. les ministres plénipotentiaires de S. M. le Roi de Prusse. Rastadt le 22. vendémiaire, an 7. de la République françoise.

60. Fernere Note der Königl. Preuß. Gesandschaft vom 17. Oct. 1798.

Les soussignés ministres plénipotentiairs de S. M. Pr. ont reçu le 13. de ce mois la note que les citoyens Ministres plenipotentiaires de la Repub. fr. leur ont adressée en réponse à celle du 8. de ce mois. Le contenu de cette réponse oblige les soussignés aux explications suivantes.

Les Citoyens Ministres y assurent qu'ils n'ont pas manqué de faire connoitre aux membres de la légation du Roi la réponse précise qu'ils avoient reçu sur l'objet de la note de la mission prussienne du 1. messidor de l'an 6. (19 Juin.) et l'impossibilité où se trouvoit le Gouvernement fr. de condescendre au voeu de la Prusse.

Les soussignés ne savent rien d'une réponse précise qui leur étoit donnée par les Citoyens Ministres plenipotentiaires de la Repub. fr. sur la note susdite de la légation prussienne : ils ne sauroient supposer qu'on veuille régarder comme telles des insinuations, qui ont été faites à quelqu'un d'eux, occasionnellement et par maniere de conversation d'individu a individu. Ce mode d'explication a été déclaré formellement par la légation fr. ne devoit jamais être regardé comme officiel, la légation fr. étant indivisible. Mais dans le cas même qu'une réponse précise auroit été donnée aux soussignés sur leur note du 19. Juin, ils ne sauroient regarder comme péremptoire les conclusions qu'en tirent les Citoyens Ministres plen. de la Rep. fr. Ils témoignent dans leur note du 13. octobre, ne pouvoir prendre sur eux de réproduire auprès du Directoire des demandes sur lesquelles il s'est déclaré négativement et de maniére a leur faire regarder l'objet en question comme terminé.

La franchise avec laquelle les soussignés se sont fait une loi de s'ouvrir dans toute occasion vis-a-vis des Ministres plen. d'une puissance amie du Roi leur maitre, fera encore dans celle-ci la régle de leur conduite: fidéles à ce principe, ils ne dissimuleront pas aux Ministres plén. de la Rep. qu'ils n'ont pu qu'être fort surpris de trouver dans le passage précité des expressions qui leur paroissent renfermer un refus formel de porter sous les yeux du Directoire leur note du 8. de ce mois ; note, qui n'a pas seulement pour objet l'article déduit dans leur note antérieure du 19. Juin, mais qui en outre renferme d'autres objets importans aux quels le Roi et l'Empire mettent un aussi grand intérêt; une note enfin qui contient les assurances réitérées les plus amicales de sa Majesté envers la Rep. fr. Les soussignés aiment à croire que dans aucun cas les Citoyens Ministres de la Rep. au Congrès ne voudront se refuser de porter à la connoissance de leurs commettans les demandes qui leur seront adressées de la part des soussignés qui négocient au nom du Roi leur maitre. Ils observent de plus, que quand même leurs demandes paroitroient a la légation de la Rep. des objets terminés, ce jugement ne sauroit être envisagé par les soussignés comme sans appel.

Dans le cours de toutes les négociations, il se présente des cas où d'un côté ou d'autre des discussions ultérieures sont jugées inadmissibles: il arrive toute fois que d'après des répresentations réiterées, des modifications importantes et quelque fois des renonciations absolues sont admises.

Les soussignés ne voudroient pas non plus renoncer à l'espérance que le Directoire exécutif de la Rep. trouvera dans sa justice les explications ultérieures sur l'objet de la note du 19. Juin, dignes de toute son attention. Ils ajoutent ici un dessein topographique sur l'objet du vrai cours du Rhin avec une note explicative, qui fera voir jusqu'à l'evidence les seuls principes à suivre dans cette occasion. L'île de Buderich fait un autre objet de la note du 8. de ce mois; il n'a pas encore été traité par écrit de la part des soussignés, si non dans la note du 8. de ce mois. En reconnoissant la justesse de l'application du principe reconnu, ils ne sauroient se résoudre cependant d'abandonner l'espérance d'une déférence complette du Directoire au voeu du Roi et de tout l'Empire germanique sur l'objet de cette ile. La députation de l'Empire s'est décidée dans un cas semblable à consentir (comme une exception à un principe reconnu) à la cession de l'ile fortifiée de St. Pierre, malgré les sacrifices immenses qu'elle avoit déja portés à l'amour de la paix. Tout concourt aussi a faire espérer d'avance que par un juste retour, et considérant surtout que l'ile de St. Pierre importoit infiniment moins à l'existence de Mayence que ne le fait l'ile de Buderich avec son canal au maintien de la forteresse et à la conservation des habitans de la ville de Wesel, le Directoire exécutif n'hésitera plus à laisser cette derniere ile entre les mains du Roi et de l'Empire, auquel il ne reste d'ailleurs aucune forteresse du côté de la rive droite pour sa défense, tandis que les possessions de la République sur la gauche se trouvent défendues par une triple chaîne de forteresses inexpugnables. — Par toutes ces considérations les soussignés renouvellent ici leurs instances de la maniere la plus pressante pour que les Citoyens Ministres plénip. de la Repub. fr. n'hésitent plus à reproduire auprés du Directoire toutes leurs demandes, et à faire passer pour cet effet sans délai sous les yeux du directoire leur note du 8. de ce mois ainsi que la présente. Ils se flattent que le Directoire en cela d'accord avec les principes suivis par S. M. Prussienne dans toute la négociation, ne voudra jamais consentir à ce que les communications entre les Plenip. de Prusse et ceux de la Répub. au Congrès soient obstruées sur aucun point des pourparlers respectifs, avant que d'être reconnues par les deux gouvernemens définitivement comme terminées.

Les soussignés réiterent aux Citoyens Ministres p'énipotentiaires de la République les assurances de leur haute considération.

61. Note der Königl. Preußischen Minister an die französische Gesandtschaft wegen der Ravitaillirung von Ehrenbreitstein, vom 6. Nov. 1798.

Les Citoyens Ministres de la République françoise refusent dans une de leurs derniéres notes d'avoir égard aux représentations de la Députation de l'Empire pour obtenir la liberté du ravitaillement d'Ehrenbreitstein. Ils alléguent pour motif que cette demande appartenant à la partie militaire est hors de leur compétence. Ils se référent cependant sur ce point à ce qu'ils ont déclaré touchant la retraite des troupes; le terme en a été renvoyé après la pacification générale. Il s'ensuivroit de ce délai, que l'empêchement mis au ravitaillement de cette forteresse au moyen du blocus, ne cesseroit qu'à la susdite époque, de sorte que tôt ou tard la garnison de la place, pressée par le manque de subsistances, se verroit réduite à abandonner son poste, et les troupes, qui le cernent, pourroient s'en emparer.

La conservation intacte de cette forteresse pendant la durée des négociations de Rastadt, importe trop au Roi, pour que les Ministres plénipotentiaires de Sa Majesté n'ayent dû suivre cet objet avec l'attention la plus sérieuse: en conséquence ils croient de leur devoir urgent de communiquer les réflexions suivantes aux Plénipotentiaires de la République.

La légation prussienne ne sauroit d'abord regarder le point de ravitaillement de la forteresse d'Ehrenbreitstein comme hors de la compétence des Ministres françois, parceque c'est un objet militaire. Ce point n'est assurement pas plus militaire que la démolition de cette place, qui pendant plusieurs sémaines a fait le sujet des négociations les plus actives de la légation françoise. Au surplus le caractère de négociateurs de paix des Ministres de la République à Rastadt, semble devoir embrasser tous les objets, tous les points de vue, qui plus ou moins peuvent intervertir l'état des possessions reciproques, pour mettre l'une des parties contractantes dans une position relativement plus avantageuse que celle de l'autre. Sans ce maintien réligieux des positions respectives, la confiance mutuelle doit devenir plus que précaire.

Aussi cette maxime, qui fut de tout temps le fondement de toute négociation, ne paroît admettre aucune objection solide quelconque. Quant à l'empêchement mis au ravitaillement convenu d'Ehrenbreitstein, il paroit impossible d'en soutenir la justice sous aucun point de vue; l'existence d'un armistice établi réciproquement pendant le cours des négociations de paix, devroit seule suffire pour réprouver toute mesure qui, indépendamment de son origine illégale, prendroit par ses suites le caractère d'une hostilité prononcée, parcequ'elle tendroit à arracher, au

milieu

milieu de la cessation convenue de toute hostilité, une forteresse des plus importantes, d'entre les mains d'une des parties. Si c'est ainsi que les règles, découlant de l'existence d'un armistice général, prescrivent à la bonne foi une suspension absolue de toute mesure hostile, combien cette obligation ne devient elle pas plus forte, quand il existe en outre une convention conclue précisément par la raison qu'on a prévu, qu'Ehrenbreitstein auroit besoin d'être ravitaillée plusieurs fois, avant que les négociations de paix pussent être terminées! Une troisiéme considération rend le blocus en question superflu, quand même on voudroit admettre des cas où la prudence sembleroit pouvoir excuser le cernement d'une forteresse. En effet, la députation a formellement consenti à la démolition d'Ehrenbreitstein; la République en a la garantie entre ses mains; elle est en possession de Kehl et Kassel; ses troupes couvrent une partie de l'Allemagne, qui en, se confiant dans les apparences de paix, a déposé, en attendant, les armes, pour ne conserver qu'une attitude pacifique. Les choses étant ainsi, ne doit-il pas s'élever dans l'esprit de toutes les parties intéressées au maintien actuel des choses, les craintes les plus justes, lorsque, malgré toutes les représentations fondées sur des argumens sans réplique, on voit continuer une mesure illégale, tendante ouvertement à faire tomber par la famine une des forteresses les plus importantes! Les Citoyens Ministres Plénipotentiaires de la république se rappellent sans doute les rémontrances amicales faites par la légation du Roi sur cet objet, il y a plusieurs mois.

A cette époque S. M. souhaita par les raisons connues, que la République voulût renoncer entièrement a ses vues sur cette forteresse. Dans la suite du tems, la Députation de l'Empire ayant, pour marquer encore plus fortement son desir d'avoir la paix, consenti même à la démolition d'Ehrenbreitstein, le Roi devoit croire que ce surcroît de sacrifices, fait à l'amour de la paix, et auquel S. M. ne s'est plus opposée, rempliroit la mesure entière des prétentions de la République. Cette démoliton future privoit, à la vérité, le nord de l'Allemagne d'une forteresse importante pour sa défense; mais le Roi se reposoit sur les protestations amicales du Directoire, et S. M. espéroit d'en ressentir les effets dans la suite. Le blocus actuel de cette place, qui paroit devoir répugner autant à la justice qu'à la générosité de la nation françoise, ne sauroit donc nullement être indifférent au Roi; et si son but avoué étoit obtenu, la face des affaires du nord de l'Allemagne en souffriroit un changement important, très défavorable, en égard à sa sûreté. En pesant surtout cette dernière réflexion, il devient évident, que l'intérêt direct de S. M. y est particuliérement compromis. S'étant chargé de la garantie de la neutralité du nord de l'Allemagne, le Roi a pris, au sû et de l'aveu du gouvernement françois, toutes les mesures les plus propres au maintien de ce systême pacifique. Les arrangemens militaires ont été naturellement établis d'après les positions respectives: il saute aux yeux que l'état ou Ehrenbreitstein s'est trouvé jusqu'ici y est entré pour beaucoup. Or, le blocus de la place apporte un changement notable aux positions militaires respectives. Et, si la garnison réduite à la famine, étoit obligée à abandonner son poste en présence de troupes encore en état de guerre, quoique non d'hostilités avec l'Empire, et qui pourroient, contre tout droit, s'en mettre en possession, alors la face des affaires seroit entièrement changée d'une manière qui équivaudroit à un envahissement. L'armée, protectrice de la neutralité du Nord de l'Allemagne, ne suffiroit plus à son but. Les mesures défensives devroient être augmentées pour se trouver proportionnées à l'attitude offensive que prendroit cette forteresse; et tout cela seroit la suite d'une infraction de l'état d'armistice, d'une violation des stipulations d'une convention formelle. L'esprit de conciliation qui inspire les Ministres plénipotentiaires de S. M. Prussienne, les a portés à ne pas différer un moment d'exposer, dans ce tableau raccourci, le véritable état de la question relativement au blocus d'Ehrenbreitstein, et des suites que cette mesure doit entraîner. Ils ne doutent pas que les mêmes sentimens n'animent les Ministres plénipotentiaires de la République. Dans cette confiance ils se flattent, qu'ils n'auront rien de plus empressé, que de déférer aux instances des Plénipotentiaires de S. M. Prussienne au Congrès, et de transmettre là où il appartient les réflexions importantes qui font l'objet de cette note, en l'accompagnant d'un rapport favorable. Le Directoire informé des vrais points de vue qu'offre la position actuelle d'Ehrenbreitstein avec ses suites, sera sans doute alors disposé de lui même, à donner au Roi une preuve de sa déférence pour les justes désirs de S. M., en sorte que le blocus de cette forteresse soit d'abord levé, et la liberté de son ravitaillement rétablie conformément aux stipulations réciproques.

Les soussignés profitent avec empressement de l'occasion pour réitérer aux Citoyens Ministres de la République l'assurance de leur haute considération.

62. **Note der Königl. Preußischen Minister an die franz. Gesandtschaft, wegen des Elsflether Zolls, vom 16. Nov. 1798.**

Les soussignés Ministres plénipotentiaires de S. M. Prussienne ont eu l'honneur de faire connoître verbalement, d'après des ordres précis du Roi, aux différens membres de la légation françoise, que S. M. envisageoit le péage d'Elsfleth comme un objet dont la discussion n'appartenoit point aux négociations de Rastadt. Ils s'etoient flattés que l'exposition claire et précise de leurs insinuations amicales, tendantes à engager la légation françoise à laisser tomber cette affaire, auroit trouvé un plein accès dans l'esprit des Citoyens Ministres plénipotentiaires de la République françoise. Mais leur dernière note à la Députation du 21. Brumaire (11. du courant mois) faisant de nouveau mention de ce péage, en alléguant diverses raisons, pour réitérer la demande formelle faite à la Députation de son abolition en faveur de la République, les soussignés se voyent dans la nécessité de revenir sur cet objet. Ils aiment à croire que ce n'est que par l'effet de suggestions étrangères, et de notions peu exactes et incompatibles avec la nature du péage dont il s'agit, que ce point a trouvé place dans la dernière note de la legation françoise. Dans cette conviction, ils hésitent d'autant moins à faire connoitre de nouveau aux Citoyens Ministres de la République, qu'en sa qualité de garant de la neutralité et de la tranquillité intacte du nord de l'Allemagne, et des pays situés dans l'enceinte de la ligne qui en détermine la démarcation, S. M. Prussienne ne sauroit permettre et ne permettra jamais que la République, françoise ni quelque puissance que ce soit, forme des demandes relatives à ces contrées; et que S. M. croit avoir droit de s'attendre que le Gouvernement françois ne voudra point persister à faire de cet objet un article des négociations à Rastadt, mais qu'il en fera plutôt abstraction entière, en cessant de comprendre les péages dont il s'agit dans les négociations actuelles de la paix de l'Empire. Les soussignés réitérent aux Citoyens Ministres de la République françoise l'assurance de leur haute considération.

63. Note der französischen Minister, an den Kaiserlichen Minister Grafen von Lehrbach. Rastadt, den 2. Jenner, 1798. (13. Nivose.)

Les Ministres français préviennent celui de S. M. l'Empereur, comme Roi de Hongrie et de Bohême, que la légation française a remis le même jour à la Députation de l'Empire une note relative à la marche des Russes: ils croient en devoir communication à une puissance amie; mais en même tems ils ont ordre de déclarer à S. M. l'Empereur, comme Roi de Hongrie et de Bohême, et Archiduc d'Autriche, qu'en laissant le passage libre aux troupes d'une puissance en guerre avec la France, et en leur permettant de traverser ses états pour atteindre les troupes françaises, l'Empereur met la République dans le cas de regarder cet acte comme une rupture des liens qui unissaient les deux états. En conséquence S. M. est invitée, à donner à cet égard une explication précise et satisfaisante, capable de rassurer les amis de la paix.

Rastatt, le 13. Nivôse, an 7 de la Rép. franç.

Bonnier. *Jean Debry.* Roberjot.

64. Note der franz. Minister an den Kaiserl. Minister Grafen von Lehrbach. Rastadt, den 31. Jenner, 1799. (12. Pluviose.)

Les soussignés Ministres plénipotentiaires de la République française, expriment à M. le Comte de Lehrbach, Ministre plénipotentiaire de sa Majesté l'Empereur, Roi de Hongrie et de Bohème, Ministre d'Autriche, leur étonnement de n'avoir point reçu de réponse sur la marche des Russes, qui annoncent hautement, que c'est contre la République française qu'ils sont dirigés.

Le gouvernement français ne peut supporter plus long-tems une incertitude qui compromet la dignité et les interêts de la République; les soussignés ont ordre de demander à sa Majesté l'Empereur, par l'organe de M. le Comte de Lehrbach, son Ministre plénipotentiaire, une assurance positive, que les troupes Russes évacuent le territoire de sa Majesté l'Empereur et Roi, et que des ordres sont donnés en consequence. Ils demandent que dans l'espace de quinze jours à compter d'aujourd'hui 12. pluviôse, cette assurance leur soit donnée, déclarant que la marche ultérieure des Russes sera regardée par le Gouvernement français comme aggressive, et que le silence, ou le défaut de l'assurance demandée par la présente note, étant une preuve manifeste de l'accession de l'Empereur aux entreprises de la Russie, seront regardés forcément par le gouvernement français comme un acte d'hostilité.

Le Directoire exécutif accueillerait avec le plus grand plaisir et de l'Empire et de l'Empereur, toute preuve d'évacuation du territoire autrichien par les Russes, qui seule annoncerait la franche et ferme disposition, soit d'observer les traités conclus, soit de hâter en commun la conclusion de celui qui est en négociation à Rastatt.

Rastatt, le 12. pluviôse, an 7. de la Républ. française.

Bonnier. Jean Debry. Roberjot.

65. Note der französischen Minister, an den Kaiserl. Königl. Minister Grafen von Lehrbach. Rastadt, den 1. März, 1799. (11. Ventose.)

Les soussignés Ministres plénipotentiaires, de la République franç. ont reçu ordre du Directoire exécutif, de donner connoissance à M. le Comte de Lehrbach Ministre plénipotentiaire de S. M. l'Empereur, Roi de Hongrie et de Bohême, Archiduc d'Autriche, de la proclamation du Directoire et de l'adresse du Général Jourdan à l'armée qu'il commande, et dont ils s'acquittent en joignant à la présente note un exemplaire certifié par eux de cette proclamation.

Les soussignés chargés, en même tems, de déclarer qu'on ne doit voir dans cette marche de l'armée qu'une précaution commandée par les circonstances; que le désir de la paix de la part du Gouvernement françois est toujours vif et sincère, et qu'il persiste à la conclure avec l'Empire, en supposant toutefois que l'Empire se declarera contra la marche des Russes.

Rastatt, le 11. Ventôse (1. Mrz.) an VII. de la République françoise.

Bonnier. Jean Debry. Roberjot.

# Inhalt.

Achter Abschnitt.

Vorzüglich merkwürdige Eingaben einzelner Reichs-Stände und Reichs-Angehörigen bey der Deputation.

Nro.		Pag.
1.	Circularschreiben des Churpfälzischen Hofes an alle geistliche u. altfürstliche Stände dd. Manheim, den 27. Jan. 1798.	3
2.	Erklärung über vorstehendes Schreiben.	5
3.	Memoire pour les membres de la noblesse immédiate d'Empire nés sous la souveraineté de France, qui ont été inscrits contre le droit des gens, et même contre les termes les plus précis des décrets de l'assemblée nationale de France, sur la liste des emigrès françois. 1796.	9
4.	Schreiben der Fürstl. Baselischen Gesandtschaft an die Reichs-Friedens-Deputation, vom 22. und 23. Dezember, 1797.	44
5.	Vorstellung des Fürst-Bischofs von Basel wegen Nichtbehandlung der Baselischen Unterthanen als Emigranten, vom 20. März, 1790.	50
6.	Fernere Vorstellungen der Fürstlich-Baselischen Abgeordneten, v. 23. Jun. 1798.	58
7.	Vorstellung des Fürst-Bischofs von Lüttich, wegen Nicht-Behandlung der Lüttichischen Unterthanen als Emigranten, vom 23. Sept. 1798.	72

Nro.		Pag.
8.	Bemerkungen des Fürst-Bischöflichen Lütticheschen Abgeordneten über die Unanwendbarkeit der französischen Emigrations-Gesetze, vom 8. Oktober, 1798.	89
9.	Vorstellung des Salm-Salmischen Abgeordneten, gegen Anwendung der französischen Emigrations-Gesetze, v. 9. Okt. 1798.	94
10.	Erklärung wegen Abtretung des linken Rhein-Ufers, ab Seiten des Herzogs v. Ahrenberg, der Fürsten und Grafen von Löwenstein-Wertheim und Virneburg.	98
11.	Erklärung von Chur-Cölln über die von der französischen Republik geforderte Abtretung des linken Rhein-Ufers.	101
12.	Erklärung der Fürstlich-Nassauischen Häuser über die von der französischen Republik geforderte Abtretung des linken Rheinufers.	102
13.	Erklärung von Pfalz-Zweybrücken über die von der französischen Republik geforderte Abtretung des linken Rhein-Ufers.	104
14.	Erklärung der Preußischen Minister, wegen der von Seiten Frankreichs gefordert werdenden Abtretung des linken Rhein-Ufers.	104
15.	Erklärung der Reichs-Ritterschaft über die von der französischen Republik geforderte Abtretung des linken Rhein-Ufers.	106
16.	Erklärung von Chur-Cölln über die von der französischen Republik geforderte Abtretung des linken Rhein-Ufers.	107

Nro.		Pag.
17.	Erklärung von Thurn und Taxis über die von der französischen Regierung geforderte Abtretung des linken Rhein-Ufers.	107
18.	Chur-Trierische Vorstellung, die Bestimmung des an Frankreich abzutretenden Theils vom linken Rheinufer betreffend, vom 28. Februar, 1798.	108
19.	Vorstellung der unmittelbaren Reichs-Ritterschaft über die ihr von den Franzosen aufgelegte Bedingungen, und ihre zu hoffende Entschädigung, von 26. Juny, 1798.	110
20.	Vorstellung von Chur-Cölln, die Bestimmung der Rheingrenze betreffend, vom 28. Juny, 1798.	115
21.	Königl. Preuss. und Chur-Brandenburgisches Promemoria wegen näherer Bestimmung der Niederrheingrenze, und Beybehaltung der Rheinzölle, vom 14. Juny, 1798.	121
22.	Chur-Trierisches Promemoria wegen der Rheinzölle, vom 6. Aug. 1798.	128
23.	Königlich Preussisches Promemoria, Ehrenbreitstein betreffend, an die Deputation, vom 19. Oktober, 1798.	137
24.	Vorstellung von Hollstein-Oldenburg, wegen des Elsflether-Zolls, vom 13. Nov. 1798.	138
25.	Promemoria der Königlich Dänischen Gesandtschaft wegen des Elsflether-Zolls, vom 14. November, 1798.	142
26.	Promemoria der Königlich Preussischen Gesandtschaft, an die Reichs-Deputation,	

Nro.		Pag.
	die Rheingrenze und den Elsflether-Zoll betreffend, vom 15. Nov. 1798.	145
27.	Fernere Vorstellung von Hollstein-Oldenburg wegen des Elsflether-Zolls, vom 19. November, 1798.	149
28.	Promemoria der Herzoglich-Hollsteinisch-Oldenburgischen Gesandtschaft an die Reichs-Deputation, wegen des Elsflether-Zolls vom 27. November, 1798.	150
29.	Promemoria der Königlich Dänischen Gesandtschaft an die Reichs-Deputation wegen des Elsflether-Zolls, vom 28. November, 1798.	154
30.	Promemoria der Königlich Preussischen Gesandtschaft, wegen des Elsflether-Zolls, vom 28. November, 1798.	156
31.	Promemoria der Königlich Preussischen Gesandten wegen der Büdericher-Insel und des Elsflether-Zolls, v. 10. Dez. 1798.	159
32.	Vorstellung des Bischofs von Trient, wegen des für das Marquisat Castellano zu bewürkenden Ersatzes, vom 8. März, 1798.	161
33.	Schreiben der Schwäbischen Reichsstädte, Ulm den 12. März, 1798.	163
34.	Cammergerichtlicher Collegial Bericht an Kaiserliche Majestät, vom 26. Juny, 1798.	167
35.	Verschiedener Ständischer Gesandten Promemoria, wegen der Reichsständischen Dienerschaft auf dem linken Rheinufer, vom 4. July, 1798.	172

Nro.		Pag.
36.	Naſſauiſches Promemoria wegen des Abſchoſſes u. der Nachſteuer, v. 5. Jul. 1798.	175
37.	Fürſt-Biſchöflich-Speyeriſches Promemoria, das Landzollweſen betreffend, vom 6. July, 1798.	178
38.	Churpfälziſches Promemoria wegen der Verhältniſſe mit der batavischen Republik, vom 12. July, 1798.	181
39.	Vorſtellung der Reichsritterſchaft, Cantons Ober- und Niederrhein, an die Deputation vom 24. Auguſt, 1798.	182
40.	Vorſtellung des Abgeordneten der ſchwäbiſchen Grafen-Curie an die Deputation, vom 20. Oktober, 1798.	185
41.	Vorſtellung der Abgeordneten des Schwäbiſchen Städtiſchen Collegiums wegen Sicherſtellung der Freyheiten der Reichsſtädte, vom 14. November, 1798.	188
42.	Summariſcher Auszug derer der Reichs-Friedens-Deputation bis zum 26. Dezember 1797. von mehreren beſchwerten Reichs-Ständen über die drükende Behandlung der franzöſiſchen Truppen übergebenen Vorſtellungen.	193
43.	Heſſen-Darmſtädtiſches Promemoria, betreffend die fortgeſetzten franzöſiſchen Republikaniſirungs-Operationen im Hanau-Lichtenbergiſchen Amt Lemberg, jenſeits des Rheins, und die dieſſeits ausgeſtreuten Aufruhrzettel, vom 21. Jenner, 1798.	203

Nro.		Pag
44.	Promemoria der zu Wisbaden versammelten Beamten verschiedener betheiligten Stände, vom 20. August, 1798.	207
45.	Vorstellung einiger betheiligten Particular-Abgeordneten, an die Reichs Deputation, vom 26. August, 1798.	213
46.	Vorstellung des Nassauischen Abgeordneten an die Deputation wegen der neuen Contribution, vom 7. Dezember, 1798.	215
47.	Promemoria verschiedener Particular-Abgeordneten, an die Reichs-Friedens-Deputation, die Beschleunigung des Friedens betreffend, vom 7. Dezember, 1798.	218
48.	Chur-Trierisches Promemoria, wegen unmittelbarer Kaiserlicher Verwendung für die Befreyung von Ehrenbreitstein. Rastadt, d. 21. Dezember, 1798.	220
49.	Chur-Cöllnisches Promemoria wegen ganz neuerlicher Bedrückung des Herzogthums Westphalen, vom 19. Jenner, 1798.	222

Neunter Abschnitt.

Friedens-Instruments-Projecte.

50.	Erstes Friedens-Project des Directorial Gesandten Freyherrn von Albini.	225
51.	Tabellarische Uebersicht des Reichs-Friedens-Instruments von der Bremischen Subdelegation.	232

Nro. Pag.

Zehnter Abschnitt.

Noten welche zwischen den Französischen Gesandten und einzelnen Ständen, auch den Königlich Preussischen und Kaiserlich Königlichen Ministern gewechselt sind.

52. Vorstellung einiger betheiligten Particular-Abgeordneten an die bevollmächtigten Minister der franz. Rep. vom 26. Aug. 1798. 235

53. Note des französischen Chargé d'Affaires, Bürger Alquier, München den 21. November, 1798. 237

54. Antwort des Churfürstlichen Staatsministers, Grafen von Vieregg, München den 30. November, 1798. 239

55. Note der Preussischen Gesandtschaft an die franz. Minister, vom 17. May, 1798. 242

56. Entwurf des Cessions-Vertrags wegen der preussischen Lande jenseits des Rheins, zu Anfang Juny, 1798. 242

57. Note der Königlichen Preussischen Gesandtschaft wegen der Stadt und des Amts Huissen, vom 19. Juny, 1798. 245

58. Note der Königl. Preussischen Gesandtschaft an die französischen Minister, vom 8. Oktober, 1798. 248

59. Antworts-Note der französischen Minister, vom 13. Oktober, 1798. 250

Nro.		Pag.
60.	Fernere Note der Königl. Preußischen Gesandtschaft, vom 17. Oktober, 1798.	251
61.	Note der Königl. Preußischen Minister an die französische Gesandtschaft wegen der Kapitulirung von Ehrenbreitstein, vom 6. November, 1798.	255
62.	Note der Königl. Preußischen Minister an die franz. Gesandtschaft wegen des Elsßer*) Zolls, vom 16. Nov. 1798.	260
63.	Note der franz. Minister an den Kaiserl. Minister Grafen von Lehrbach. Rastadt, 2. Jenner, 1799.	261
64.	Note der franz. Minister an den Kaiserl. Minister Grafen von Lehrbach. Rastadt, den 31. Jenner, 1799.	262
65.	Note der franz. Minister an den Kaiserl. Königl. Minister Grafen von Lehrbach, Rastadt, den 1. März, 1799.	263

www.ingramcontent.com/pod-product-compliance
Lightning Source LLC
Chambersburg PA
CBHW031952230426
43672CB00010B/2138